地方智库报告
Local Think Tank

Zhengzhou Dushiquan Gaozhiliang Fazhan Yanjiu

郑州都市圈高质量发展研究

主　编　高亚宾
副主编　王超亚　弋伟伟

中国社会科学出版社

图书在版编目（CIP）数据

郑州都市圈高质量发展研究 / 高亚宾主编 . —北京：中国社会科学出版社，2023.5
ISBN 978-7-5227-1723-4

Ⅰ.①郑… Ⅱ.①高… Ⅲ.①城市群—区域经济发展—研究—郑州 Ⅳ.①F299.276.11

中国国家版本馆 CIP 数据核字（2023）第 059179 号

出 版 人	赵剑英
责任编辑	许　琳
责任校对	谈龙亮
责任印制	郝美娜

出　　版	中国社会科学出版社
社　　址	北京鼓楼西大街甲 158 号
邮　　编	100720
网　　址	http：//www.csspw.cn
发 行 部	010-84083685
门 市 部	010-84029450
经　　销	新华书店及其他书店
印刷装订	北京市十月印刷有限公司
版　　次	2023 年 5 月第 1 版
印　　次	2023 年 5 月第 1 次印刷
开　　本	710×1000　1/16
印　　张	19
插　　页	2
字　　数	283 千字
定　　价	118.00 元

凡购买中国社会科学出版社图书，如有质量问题请与本社营销中心联系调换
电话：010-84083683
版权所有　侵权必究

编 委 会

主　编　高亚宾
副主编　王超亚　弋伟伟
编　委　王　梁　李　旭　冯书晨　李登辉
　　　　　王笑阳　李　猛　张亚凡　翁　珺

前 言

党的二十大报告指出，深入实施区域协调发展战略，以城市群、都市圈为依托，构建大中小城市协调发展格局，促进中部地区加快崛起。都市圈是城镇化空间格局的重要形态，是经济社会高质量发展的核心引擎，在培育城市竞争新优势、推动新型城镇化发展、构建新发展格局中起到重要作用。当前，我国已经进入都市圈时代，培育和建设现代化都市圈，推动都市圈高质量发展，促进区域内城市协作发展，是提升区域与城市竞争力的有效手段。

"十四五"时期，我国全面进入新发展阶段，将加快构建国内大循环为主体，国内国际双循环相互促进的新发展格局。河南是中部地区重要省份，正处于爬坡过坎、转型攻坚的关键时期，郑州作为全省第一经济强市、第一人口大市，先后被国家确定为国家中心城市、中部地区重要的中心城市、国际性综合交通枢纽，推动以郑州为引领的郑州都市圈建设，被赋予新时代新征程上新的使命任务，是深化全省区域协调发展的重要举措和战略选择。近年来，郑州都市圈发展从中原城市群一步步分合演变，其规模不断壮大、内涵不断丰富，不断向高能高效高质演进，提质扩容后的郑州都市圈，已形成了良好的基础条件，同时发展环境发生更加深刻复杂的变化，面临着更多的新机遇新挑战。积极推进郑州都市圈高质量发展，强化发展协同、功能协同、机制协同，促进各类要素合理流动和高效集聚，打造带动支撑全省发展的主引擎主载体，是深入贯彻落实习近平总书记视察河南重要讲话重要指示的重大决策，是锚定"两个确保"，实施

"十大战略"的实际行动，是实现中原更加出彩、奋力谱写以郑州都市圈高质量发展为首要任务的中国式现代化篇章应有之义。

本书围绕郑州都市圈高质量发展这一主题，立足郑州都市圈特色和发展实际，深入研究国内外都市圈发展的一般规律和趋势特征，在比较和借鉴先进地区成功经验的基础上，探索提出推进郑州都市圈高质量发展的策略和建议，以期对建设现代化高能级郑州都市圈、推动郑州国家中心城市"起高峰"、引领带动区域竞争中增强城市影响力和话语权有所助益。

本书由高亚宾负责总体审核并定稿，对整体框架大纲和相关专题研究工作给予全程指导和帮助。框架建构上，以一篇主报告加八篇专题报告的形式，分别从九个维度展开研究：总报告"郑州都市圈高质量发展研究"，由王超亚撰写；专题一从同城化的视角研究以郑开同城化等为引领促进郑州都市圈一体化发展，由王梁撰写；专题二从制造业高质量发展视角研究郑州都市圈产业分工协作发展问题，由冯书晨撰写；专题三从创新驱动的视角研究郑州都市圈创新创业生态的构建与优化，由李旭、翁珺撰写；专题四从集聚资本要素的视角着重研究郑州建设区域性现代金融中心的重点任务，由李猛撰写；专题五从区位优势和枢纽禀赋的视角研究郑州都市圈加快发展枢纽经济的路径，由王笑阳撰写；专题六从扩大内需战略的视角研究如何加快建设郑州国际消费中心城市，由弋伟伟撰写；专题七从人口变迁的视角研究郑州都市圈人口变化特征，由李登辉撰写；专题八从新发展格局的视角研究郑州都市圈如何推动更高水平改革开放，由张亚凡撰写。

2022 年 12 月

目　　录

总报告　郑州都市圈高质量发展战略研究　　(1)
　一　研究背景　　(2)
　　（一）都市圈相关概念综述　　(2)
　　（二）国外主要都市圈发展概况　　(6)
　　（三）建设都市圈的重大意义　　(11)
　二　我国都市圈发展研究　　(14)
　　（一）我国区域协调发展和城镇化历史回顾　　(14)
　　（二）都市圈演化机理　　(18)
　　（三）国内都市圈发展特征及趋势　　(23)
　三　郑州都市圈发展形势与特征　　(31)
　　（一）郑州都市圈发展历史沿革　　(31)
　　（二）郑州都市圈发展基础条件　　(35)
　　（三）郑州都市圈发展阶段性特征　　(41)
　四　郑州都市圈高质量发展战略构想　　(43)
　　（一）战略导向　　(43)
　　（二）战略框架　　(45)
　五　郑州都市圈高质量发展的重点任务　　(48)
　　（一）强化战略实施保障体系　　(49)
　　（二）协同建设现代产业体系　　(50)
　　（三）共建都市圈交通体系　　(52)

（四）打造科技协同创新体系 (53)
（五）健全同城化合作体系 (55)
（六）完善公共服务同标体系 (56)
（七）构建多维对外开放体系 (57)
（八）建立生态环境共治体系 (59)
（九）建设要素高效配置体系 (60)

专题一　郑开同城化高质量发展路径研究 (62)
一　同城化背景 (62)
（一）同城化的内涵特征 (63)
（二）推动同城化的重要意义 (64)
（三）同城化需要把握的重点 (66)
二　郑开同城化取得的成效与面临的问题 (67)
（一）郑开同城化的演变 (67)
（二）郑开同城化发展现状 (69)
（三）郑开同城化发展存在的问题 (72)
三　国内部分都市圈同城化的主要做法 (73)
（一）典型做法 (73)
（二）主要启示 (77)
四　郑开同城化的发展思路 (78)
（一）推动郑开同城化的目标 (78)
（二）推动郑开同城化的着力点 (80)
五　郑开同城化发展路径 (81)
（一）深化同城化发展机制 (82)
（二）强化郑开产业合作 (83)
（三）推动基础设施同城化发展 (85)
（四）推进公共服务共建共享 (86)
（五）加强环境共同治理 (87)

（六）持续优化营商环境　　　　　　　　　　　　　　（89）

专题二　郑州都市圈制造业高质量发展路径研究　　（91）
 一　国际国内制造业发展的趋势特征研判　　　　　（92）
  （一）国际制造业发展面临的新变化　　　　　　　（92）
  （二）国内制造业发展的新态势　　　　　　　　　（94）
 二　郑州都市圈制造业发展的基础与面临的形势　　（97）
  （一）发展现状　　　　　　　　　　　　　　　　（97）
  （二）存在的问题　　　　　　　　　　　　　　　（99）
 三　国内其他都市圈推动制造业高质量发展的主要做法　（101）
  （一）国内其他都市圈的主要做法　　　　　　　（101）
  （二）启示借鉴　　　　　　　　　　　　　　　（103）
 四　郑州都市圈制造业高质量发展的路径和对策　（105）
  （一）做大做强优势产业集群　　　　　　　　　（105）
  （二）培育壮大千亿级新兴产业集群和未来产业集群　（110）
  （三）以"三大改造"提升传统产业集群　　　　（112）
  （四）培育壮大创新型企业群　　　　　　　　　（113）
  （五）推动制造业与生产性服务融合发展　　　　（115）
  （六）构建产业创新协同发展体系　　　　　　　（116）
  （七）加快开发区提质升级　　　　　　　　　　（117）

专题三　郑州都市圈优化创新生态研究　　　　　　（120）
 一　国内外主要都市圈创新情况及趋势　　　　　（121）
  （一）国外都市圈创新情况及趋势　　　　　　　（121）
  （二）国内都市圈创新情况及趋势　　　　　　　（123）
 二　郑州都市圈创新生态发展的基础与存在的问题　（128）
  （一）发展基础　　　　　　　　　　　　　　　（128）
  （二）存在的短板　　　　　　　　　　　　　　（130）

三 郑州都市圈优化创新生态对策与建议 (135)
 （一）高标准高起点推动顶层设计 (136)
 （二）培育壮大创新创业主体 (136)
 （三）完善科技创新协同机制 (138)
 （四）优化科技创新政策环境 (140)
 （五）以人才"磁场"促进创新生态提升 (142)
 （六）构建多维度科技金融服务网络 (144)
 （七）探索建设开放式创新生态 (145)

专题四　郑州建设国家区域性现代金融中心路径研究 (146)
一 区域性金融中心的内涵与发展趋势 (147)
 （一）区域性金融中心的概念及其特征 (147)
 （二）区域金融中心的形成要素 (150)
 （三）当前区域性金融中心发展趋势 (151)
二 郑州建设国家区域性现代金融中心的基本判断 (152)
 （一）发展基础 (153)
 （二）存在的问题 (156)
三 外省建设区域性金融中心的主要做法 (158)
 （一）武汉：打造科创、低碳为主的区域性金融中心 (158)
 （二）合肥：打造"科创＋战新产业"为主的区域性金融中心 (160)
 （三）大连：打造东北亚重要的国际金融中心 (161)
 （四）成渝：打造中国西部金融中心 (162)
 （五）西安：打造"丝绸之路"金融中心 (163)
四 郑州打造国家区域性现代金融中心的对策 (164)
 （一）加强顶层设计，做好系统规划 (164)
 （二）强化政策支撑，推动金融机构集聚发展 (166)
 （三）统筹发展和安全，促进可持续发展 (168)

（四）强化金融合作，提升开放发展水平　　　　　　　　　（168）
　　（五）加强宣传推介，提升金融中心的影响力　　　　　　　（169）

专题五　培育壮大以郑州为核心的枢纽经济研究　　　　　　　（171）
　一　枢纽经济的内涵与演变规律　　　　　　　　　　　　　　（172）
　　（一）枢纽经济的内涵　　　　　　　　　　　　　　　　　（172）
　　（二）枢纽经济的发展模式　　　　　　　　　　　　　　　（174）
　　（三）枢纽经济的演变规律　　　　　　　　　　　　　　　（177）
　二　国内发展枢纽经济的主要做法　　　　　　　　　　　　　（178）
　　（一）国家发展枢纽经济的概况　　　　　　　　　　　　　（178）
　　（二）外省发展枢纽经济的主要做法　　　　　　　　　　　（179）
　　（三）经验启示　　　　　　　　　　　　　　　　　　　　（184）
　三　枢纽经济发展基础　　　　　　　　　　　　　　　　　　（185）
　　（一）发展现状　　　　　　　　　　　　　　　　　　　　（185）
　　（二）存在问题　　　　　　　　　　　　　　　　　　　　（189）
　四　推动枢纽经济发展的对策建议　　　　　　　　　　　　　（192）
　　（一）以"四条丝路"为引领，打造链接国内外的枢纽
　　　　　经济网络　　　　　　　　　　　　　　　　　　　　（192）
　　（二）壮大枢纽产业集群，夯实枢纽经济发展基础支撑　　　（194）
　　（三）推动融合发展，促进"枢纽功能"变"平台经济
　　　　　功能"　　　　　　　　　　　　　　　　　　　　　（196）
　　（四）深化区域一体化发展，促进"交通圈"变
　　　　　"经济圈"　　　　　　　　　　　　　　　　　　　（197）
　　（五）打造一流营商环境，促进"服务质量"变"竞争
　　　　　力量"　　　　　　　　　　　　　　　　　　　　　（198）

专题六　加快建设郑州国际消费中心城市研究　　　　　　　　（200）
　一　国际消费中心城市的内涵、特征与衡量标准　　　　　　　（201）

（一）国际消费中心城市基本内涵　　　　　　　　　　（201）
　　（二）国际消费中心城市发展特征　　　　　　　　　　（203）
　　（三）国际消费中心城市衡量标准　　　　　　　　　　（206）
二　各地建设国际消费中心城市的实践经验　　　　　　　　（207）
　　（一）发展演绎　　　　　　　　　　　　　　　　　　（207）
　　（二）主要做法　　　　　　　　　　　　　　　　　　（209）
三　郑州建设国际消费中心城市的现实基础　　　　　　　　（213）
　　（一）优势条件　　　　　　　　　　　　　　　　　　（213）
　　（二）存在短板　　　　　　　　　　　　　　　　　　（216）
四　郑州建设国际消费中心城市的思路导向　　　　　　　　（218）
　　（一）总体思路　　　　　　　　　　　　　　　　　　（218）
　　（二）发展导向　　　　　　　　　　　　　　　　　　（219）
五　对策建议　　　　　　　　　　　　　　　　　　　　　（220）
　　（一）创新消费供给，集聚优质消费资源　　　　　　　（220）
　　（二）突出特色文化优势，培育国际文旅消费新亮点　　（222）
　　（三）推动消费融合创新，拓展国际消费新业态　　　　（224）
　　（四）推进高水平对外开放，加快城市国际化　　　　　（226）
　　（五）优化消费环境，培育良好消费生态　　　　　　　（228）

专题七　郑州都市圈人口变动的特征、影响与对策分析　（230）
一　河南人口迁移的规律性特征　　　　　　　　　　　　　（231）
　　（一）河南省人口向国内发达地区跨省流出　　　　　　（231）
　　（二）河南省人口向省会城市省内流入　　　　　　　　（233）
二　郑州都市圈人口现状及变化特征　　　　　　　　　　　（236）
　　（一）郑州都市圈人口发展的总体特征　　　　　　　　（236）
　　（二）郑州都市圈各地市人口发展特征　　　　　　　　（237）
　　（三）郑州都市圈人口空间变化特征　　　　　　　　　（241）
三　中西部地区都市圈人口发展对比分析　　　　　　　　　（252）

（一）郑州市人口增长率位居前列，人口规模持续提升 （253）
（二）郑州都市圈人口集聚水平较高，但增速缓慢 （254）
（三）郑州市人口受教育程度排名靠前，各中心城市文盲率
　　　下降 （254）
（四）郑州市老龄化程度最轻，学龄人口占比相对较大 （255）
（五）郑州市男女失调加重，其他中心城市男女比例有所
　　　下降 （256）
四　郑州都市圈人口变动的影响分析 （258）
（一）县域人口流失加剧，发展动力不足 （258）
（二）住房成本继续上升，房地产市场进一步分化 （259）
（三）人口老龄化加重，公共服务需求升级 （259）
（四）农村劳动力流失，社会问题凸显 （260）
五　对策建议 （261）
（一）推动现代产业集聚，创造更多就业机会 （261）
（二）留住人才，充分挖掘"人才红利" （262）
（三）积极应对人口老龄化，推动老龄事业高质量发展 （263）
（四）促进流动人口市民化，提高公共服务均等化水平 （263）
（五）搞好人力资源开发，强化人才保障和智力支持 （264）

专题八　推动郑州都市圈更高水平对外开放研究 （266）
一　国际国内开放型经济发展的趋势特征 （266）
（一）国际开放型经济发展趋势特征 （267）
（二）国内开放型经济发展情况 （268）
二　郑州都市圈开放型经济发展基础 （270）
（一）对外贸易在全省占据主导地位 （270）
（二）对外开放度呈现"北高南低"的时空特征 （271）
（三）利用外资持续增长 （272）
（四）开放通道基本形成 （272）

（五）开放平台不断完善 (273)
（六）国内外合作空间不断拓展 (274)
（七）开放制度环境显著优化 (274)
三　郑州都市圈与中西部都市圈对外开放的比较分析 (275)
（一）主要指标的比较分析 (275)
（二）存在的问题 (279)
四　推动郑州都市圈更高水平对外开放的对策建议 (281)
（一）以"四条丝路"高效协同为牵引，优化都市圈开放布局 (281)
（二）提升产业支撑能力，推动"走出去"和"引进来"相结合 (282)
（三）实施自贸区提升战略，深入推动制度型开放 (284)
（四）加强对外交流合作，建立高水平开放环境 (285)

参考文献 (287)

总报告

郑州都市圈高质量发展战略研究

摘　要： 都市圈是我国区域协调发展战略的重要基石。当前，我国已初步形成以城市群、都市圈为依托，大中小城市协调发展的格局，都市圈将是未来一段时期我国城镇化发展的主体形态和经济增长的主要潜能。郑州都市圈正处于资源要素加速集聚的阶段，产业经济分工布局持续优化调整，对圈外的人口吸引力持续增强，但受产业布局尚未完成、制度环境有待融合等因素影响，圈内人口城镇化将呈现加速分化态势。未来一段时期推动郑州都市圈高质量发展，要把规划引领作为构"圈"之首、把交通先行作为融"圈"之基、把市场主导作为筑"圈"之魂、把区域联动作为强"圈"之要，按照"强心同城、圈层涓滴，由内而外，小步快走"的战略方针，通过建设都市圈交通体系、要素高效配置体系、科技协同创新体系、同城化合作体系、现代产业体系、公共服务同标体系、战略实施保障体系、多维对外开放体系和生态环境共治体系等"九大体系"，分步骤分阶段高质量进行建设。

关键词： 都市圈；高质量发展；战略

党的二十大报告指出，要"深入实施区域协调发展战略、区域重大战略、主体功能区战略、新型城镇化战略，优化重大生产力布局，构建优势互补、高质量发展的区域经济布局和国土空间体系"，"以城市群、都市圈为依托构建大中小城市协调发展格局，推进以县城为重要载体的城镇化建设"。在新发展格局下，推动以郑州国家中心城市为引领的郑州都市圈建设、研究完善郑州都市圈协调发展机制，是锚定"两个确保"、实施"十大战略"的重要抓手，对于促进河南乃至中部地区区域协调发展具有重大意义。本研究基于"宽视野、大纵深"的理念，从研究背景、历史脉络、发展基础、形势特征等角度，由点及面、点面结合深入研究国内外都市圈发展的一般规律和趋势特征，深入分析郑州都市圈建设发展的现实基础和历史方位，提出推进郑州都市圈高质量发展的战略导向、战略框架和重点任务。

一 研究背景

（一）都市圈相关概念综述

都市圈是一种高能级、高层次的城市空间体系，是城市化发展的一定阶段的产物，代表着城市演化发展的高阶段与高水平。国内外关于都市圈的理论研究，无不是基于对城市、都市圈发展的实践观察和经验总结。19世纪以来，西方工业国家对城市、区域和空间经济的发展进行相关研究，为都市圈的理论研究奠定了重要基础，同时都市圈理论也指导着各地都市圈经济的发展和繁荣。

1. 都市圈的概念及其发展

都市圈尤其是国内都市圈的研究和实践，始终存在学术和政策两条线。学术研究层面，德国经济学家勒施最早提出了城市经济圈模式，论述了城市在一个区域的经济发展中发挥重要作用，并进一步揭示了城市经济圈的形成过程。而一般认为的都市圈理论起源于日本。20世纪50年代，日本学者木内信藏提出了大城市的"三地带学说"，即大城市由中心地域、周边地域和边缘广阔腹地三个圈层组成。后来这一思想被具体化为"都市圈"，并逐步得到日本政府认可，在此理念指导下多次编制了以东京都市圈规划为代表的都市圈规划。20世纪80年代，我国学者开始从地理、规划、经济等学科角度对都市圈理论和我国都市圈发展进行广泛研究，但是，一直以来，广大中国学者对都市圈的认识并不一致，对都市圈概念的理解和界定也没有公认的标准。1996年，王健首次提出了发展九大都市圈的区域经济，对21世纪中国区域布局提出了总体构想。2001年，邹军、陈小卉等提出，"都市圈"是以一个或者多个城市为中心的城市在空间上的集合体，这些城市之间具有较高的经济互补性和依存度，并给出了大都市圈形成的四个条件。2003年，张伟提出，构建都市圈的本质在于淡化行政区划、协调城镇关系、促进区域经济社会与生态环境的可持续发展等。2007年，肖金成等人对城市群和都市圈的概念进行了辨析。2018年，张学良认为，与城市群相比，都市圈是促进生产要素突破行政边界实现优化配置的更小空间尺度，并界定了上海都市圈和上海大都市圈的空间范围。在中国知网以"都市圈"为"关键词"进行检索，截至2022年12月底，共有4756篇中文文献，特别是2019年国家发展改革委印发《关于培育发展现代化都市圈的指导意见》后，关于都市圈的研究受到学术界高度关注，文献数量激增。众学者结合我国当前的国情和政策导向，纷纷从都市圈形成与演化过程、都市圈的功能模式以及都市圈的建设路径等方面对我国都市圈发展道路进行系统研究。无论是国外还是国内学术界的研究，普遍认为，都市圈将是未来世界城市发展的主要模式、区域发展的主体单元、经济发展的主要方向。

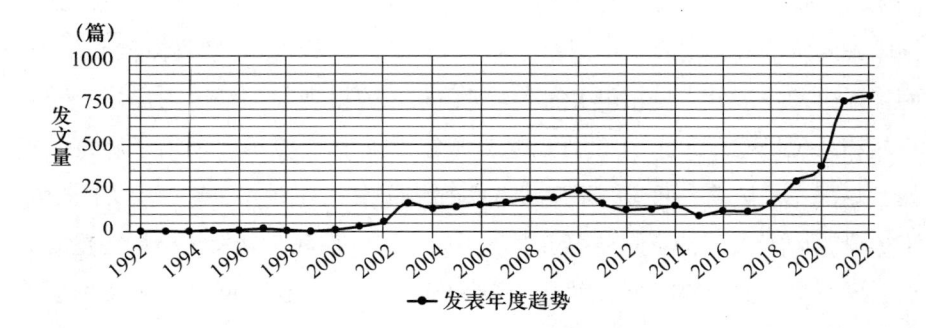

图1-1 中国知网以"都市圈"为关键词的历年文献数量

资料来源：https://kns.cnki.net/kns8/Visual/Center

政策实践层面，2000年，江苏省委、省政府在全省城市工作会议上正式提出"南京都市圈"的概念。2002年，南京、徐州都市圈规划相继开展，我国都市圈从概念走向实践。2014年，都市圈被写入《国家新型城镇化规划（2014—2020）》。2017年10月，党的十九大报告指出，"实施区域协调发展战略"，"以城市群为主体构建大中小城市和小城镇协调发展的城镇格局"。2018年11月，中共中央、国务院专门出台了《关于建立更加有效的区域协调发展新机制的意见》，提出要建立"以中心城市引领城市群发展、城市群带动区域发展新模式，推动区域板块之间融合互动发展"，同时强调要"加强城市群内部城市间的紧密合作，推动城市间产业分工、基础设施、公共服务、环境治理、对外开放、改革创新等协调联动"。2019年2月出台的《国家发展改革委关于培育发展现代化都市圈的指导意见》（发改规划〔2019〕328号）首次明确了都市圈的概念："都市圈是城市群内部以超大特大城市或辐射带动功能强的大城市为中心、以1小时通勤圈为基本范围的城镇化空间形态"。这是中央政府第一个有关都市圈发展的重要文件，在规划和政策层面标志着我国城镇化迎来全面的城市群、都市圈时代。2020年10月，党的十九届五中全会审议通过的《中共中央关于制定国民经济和社会发展第十四个五年规划和二〇三五年远景目标的建议》进一步强调要"发挥中心城市和城市群带动作用，建设现代化都市圈"。2021年3月，在《中华人民共和国国民经济和社会发展第十四个五年规划和二〇三五年远景目标纲要》中，明确提出"发展壮大城市群和都市圈"，并就建设现代化都市圈提出了明确方向和系统目标。2021年2月以来，国家发展改革委先后批复了南京、福州、成都、长株潭、西安、重庆、武汉都市圈发展规划，在政策层面上形成了7个"国家级"都市圈。都市圈有望成为"双循环"新发展格局的重要节点、城乡融合的重要区域、实现大中小城市和小城镇协调联动的主要推动单元和我国数字经济和创新发展的核心区。

2. 都市圈的识别与特征

自然条件良好、地理位置优越的区域更容易形成都市圈。在都市圈内，往往存在一个或多个具有强大辐射带动能力的区域性中心城市，圈内城市间能够形成合理的产业协作体系和紧密的经济社会联系。一般而言，都市圈具有以下几个特征：

（1）从发展水平看，都市圈具有较高的城镇化水平

从国际经验看，当一个国家或地区的城镇化率超过50%以后，会逐渐步入快速工业化时期，进入城市型社会。随着工业化城镇化进程的加速，人口暴增、交通拥挤、服务不足等"大城市病"将相继出现，此时人口和经济产生外溢效应，通常通过加强公共交通体系建设、优化产业要素布局等手段推动区域间产业合理分工和人口要素流动，此时中心城市的辐射带动能力显著增强，中心城市与周边中小城市开始加速形成都市圈发展格局。

（2）从产生条件看，都市圈拥有足够强大的中心城市

都市圈内存在一个具有强大辐射带动能力的区域性中心城市。在都市圈的形成与发展过程中，无论是各种要素在中心城市产生集聚效应，还是中心城市原有产业、人口向外围产生扩散效应，一个足够强大的中心城市都是最基本的基础和前提。以东京和伦敦都市圈为例，其中心城市东京和伦敦对其国家的GDP贡献均超过20%。目前已批复的七大"国家级"都市圈，其中心城市GDP都超过了万亿元，整个都市圈的经济总量最低也突破了1.5万亿元。中心城市经济规模要足够，这是一个形成都市圈普遍的先决条件。

（3）从空间布局看，中心城市周边中小城市得到充分发育

都市圈是由一个具有"头雁"功能的中心城市与周边"雁阵"的中小城市组成。中心城市吸引着大量资源、产业和人口，并通过密切的交通、经济和社会联系，促进城市之间形成合理的产业协作体系，带动周边地区经济协同发展。纵观国外代表性都市圈，其中心城市以外中小城镇的GDP贡献均占40%以上，其中伦敦都市圈高达58.4%。国内长三角、珠三角等地都市圈内也形成了数量众多、实力较强的中小城市和小城镇，这些中小城镇在承接产业转移的同时，也实现了自身实力的同步提升、与中心城市的协同发展，为未来都市圈发展创造了条件、提供了支撑。

(4) 从产业结构看，具有分工合理的城际产业组合体系

产业是都市圈赖以发展的动力所在。一个成熟的现代都市圈经济，应是内部多个城市之间产业分工明显，各有侧重，错位发展，相互补充，实现"1+1>2"的群体集聚效应。如东京大都市圈，从核心层、中间层、外围区域的视角来看，存在着核心区以专业服务业、研究机构、批发零售、金融保险、不动产等服务业为主，中间层以制造业为主，外围区域以建筑业、制造业、运输业、住宿餐饮业等产业为主的分布格局。目前，东京大都市圈是由多个职能分工明确、各具特色的自立式区域组成的有机整体，具备明显的区域职能分工体系。

(5) 从内部联系看，具有较为完善发达的公共交通网络

都市圈发展的核心是各类要素能够自由流动、高效配置，而发达的基础设施与快捷的公共交通网络则成为保障要素自由流动、人口高效流动、城市有序分工的必要条件。东京、纽约、伦敦、巴黎等都市圈均建成了发达的城际轨道交通和海、陆、空立体交通网络。近年，轨道上的都市圈正在国内各地加紧建设，半小时通勤圈、1小时交通圈将极大改善都市圈内各城市的经济社会联系。这些都为人口和产业空间优化提供了可能，为增加高品质多元化服务供给创造了条件，为都市圈协调发展营造了有利条件。

（二）国外主要都市圈发展概况

在全球众多都市圈之中，以纽约、伦敦、东京、巴黎和旧金山为代表的大都市圈，其中心城市都是国家人口、财富和资源高度集中的全球城市，拥有雄厚的产业基础、金融资本、科创能力、管理资源，逐渐崛起成为各国各地区提升经济实力、参与国际竞争的主要平台。这些大都市及都市圈之间相互联系形成的全球城市网络系统，几乎主宰着全球经济的命脉。

1. 纽约都市圈：基于城市分工和多元治理的多核型都市圈

纽约都市圈位于美国东北部沿海平原地区，以纽约市为核心，北起缅

因州、南至弗吉尼亚州，跨越10个州，包括纽约、波士顿、费城、巴尔的摩和华盛顿5个大城市以及40多个10万人以上的中小城市，总面积约13.8万平方公里。圈内人口达到6500万，占美国总人口的20%；城市化水平达90%以上，集中了美国70%的工业，是美国最大的都市圈和波士华城市群的重要组成部分。

纽约都市圈的形成主要源于三个方面：第一，发展基于地缘优势的外向型经济。纽约、费城等依靠其港口的优势带动国际贸易，充分利用世界资源、先进技术，迅速发展成为区域核心增长极。并以纽约、费城为核心的城市发展轴线不断向周围区域辐射扩散，形成大规模产业集聚与城市蔓延态势，强化了圈内各城市的枢纽功能及形态演化。第二，形成明显的城市分工圈层。受历史、地理、政治、经济等因素的影响，纽约都市圈形成了纽约、波士顿、费城、巴尔的摩、华盛顿五大核心城市，纽约作为"塔尖"城市，是区域增长的心脏；波士顿、华盛顿、费城、巴尔的摩四座次中心城市分别承担了科教、政治、重工业、现代化工等职能，各具特色、优势互补；分布于外围的众多中小城镇及卫星城起到承载产业、人口的支撑作用。不同层次的城市各有分工、共同形成聚集优势，自上而下的有序分布构成了纽约都市圈完备的城市体系。第三，建立"多中心"治理机制。经历了近两百年的漫长发展过程，纽约都市圈在城市化与市场化的互动中形成了产业发展、社会分工和市场细化的选择结果。一方面，在市场机制主导下，以价值杠杆为手段有效调节了区域内资源配置；另一方面，将政府与非政府、行政手段与市场手段相结合，运用城市土地审批程序（ULURP）等手段，从制度上整合规划委员会、市议会、地方政府、公众、社区、团体等利益主体，有效协调了都市圈建设管理的现实矛盾，增加区域发展的整体收益。

2. 伦敦都市圈：基于工业基础和法治引领的全球性都市圈

伦敦都市圈位于英伦城市群的东南部，是以英国经济人口第一大城市伦敦市为中心、半径为150—200公里的产业和城市核心区，主要包括大伦敦（Greater London）、曼彻斯特、利物浦、伯明翰、牛津、剑桥等城市和周边众多小城镇。这一地区总面积约占全国总面积的18%，城市人口约占英国的60%，作为工业革命后英国主要的生产基地和经济中心，其经济总量占英国的80%左右。

伦敦都市圈的形成主要源于三个方面：第一，具备良好的工业基础。工业革命为伦敦奠定了良好的工业基础、为英国城市化提供了必要的产业条件，之后伦敦以金融业和生产性服务业取代了传统工业，发展成为世界金融和贸易中心；曼彻斯特是世界上第一座工业化城市，以雄厚的现代棉纺织工业起家，积极承接伦敦外溢产业，成长为仅次于伦敦的全国第二大金融中心和科技中心；利物浦依托港口贸易，从造船业、船舶修理业和传统制造业起家，转型发展为著名的文化旅游之都；伯明翰是现代冶金和纺织机械制造工业的创始地和双向气缸蒸汽机的发明地；牛津和剑桥则分别以牛津大学和剑桥大学而闻名于世。第二，坚持法治引领的基本规划思想。1944年英国启动《大伦敦规划》，计划以伦敦市区为中心建设城市内环、郊区环、绿带环、乡村外环"四个同心圈"，奠定了伦敦都市圈的发展基础。1946年通过《新城法》，开始在伦敦周边建设8个卫星城的新城建设运动。1994年英国发表了伦敦战略规划建设书，明确了伦敦都市圈的发展战略。大伦敦管理局分别于2004年、2008年、2011年及2016年制定了《大伦敦地区空间发展战略规划》，对不同时期大伦敦的城市空间发展作出了权威规划和有效引导。2015年的伦敦都市圈地方政府峰会，通过成立伦敦都市圈政治领导小组、设立战略空间规划官员联络小组、建立伦敦都市圈跨域协同治理网站等，进一步健全了伦敦都市圈的协同治理综合工作机制。第三，注重通过立法提升城市空间品质。伦敦都市圈在规划发展过程中，始终注重提升城市空间环境品质、保障都市圈生态安全，将自然环境保护、社会生态维护融于经济发展之中。一方面，19世纪以来，英国先后颁布了《控制蒸汽机和炉灶排烟法》（1843年）、《都市改善法》（1847年）、《河流污染防治法》（1876年）、《绿带法案》（1944年）、《污染控制法》（1974年）、《环境保护法》（1990年）、《污染预防和控制法》（1997年）、《环境许可证条例》（2016年）等，通过采取严厉的环保立法逐步缓解城市环境污染。另一方面，伦敦都市圈在对城市产业转型和布局的调整和变革中，一开始就将"城市绿环"的理念嵌入城市发展建设中。1919年，伦敦协会（London Society）提出建设伦敦环状绿地的建议，1944年的《大伦敦规划》中落实了宽度为8—15公里的绿环方案，此后几十年，绿环根据时代需求不断调整发展定位，通过"绿链模式""100个公共空间计划"、MOL（大都会开敞绿地）政策、米尔顿·凯恩斯"森林城市"建设、"东英格兰腹地后花园"建设等，促进了绿色环境空间与城市发展空间的和谐共生。

3. 东京都市圈：基于交通互联和规划引导的强核心都市圈

东京都市圈位于著名的东京湾地区，以日本最大的城市东京为核心，包括东京都、埼玉县、千叶县、神奈川县"一都三县"，广域都市圈达到"一都十一县"，人口达4000万，城市化率达85%以上，是目前全球人口规模最大的都市圈。

东京都市圈的形成主要源于三个方面：第一，具有独特的工业化城市化模式。针对独特的地形地貌和地狭人稠的情况，东京湾根据工业和城市发展需求，持续进行了几十年的填海造陆工程，并通过重化工业化、外向型经济和快速城市化造就了大规模、高密度的城市社会和世界最大的工业区。东京作为日本首都具有综合性，第三产业比重高达88%，科技、金融、商务、咨询等生产性服务业十分发达，是东京都市圈强有力的核心；川崎市因港而兴，是日本的重工业以及服务业基地，拥有川崎重工等众多大型制造业企业；横滨是京滨工业带的核心，以钢铁、化工、炼油、造船等工业为主，同时也承担着航运物流的重要功能。第二，以政府为主导积极推动都市圈规划建设。东京都市圈是政府主导推动规划建设的成功典范。1958—1999年，日本大约每10年修订一次《首都圈基本规划》，先后进行了五次大规模的修订，空间范围和人口规模不断扩大，规划思路也在不断地作适应性调整和完善。2009年，《首都圈基本计划》升级为《首都圈广域地方规划》，2016年又进行大规模调整，保持了较好的连续性和衔接性。此外，政府还先后制定了《首都圈整备法》《城市规划法》《土地基本法》等十多项相关法律来保障都市圈规划的实施，并建立了大都市圈整备局等跨区域协作机制和机构。在政府规划的有力推动下，东京都市圈的圈层结构不断优化，城市网络体系不断完善，经济和人口承载能力得到有效提升。第三，以轨道交通为主线构建现代交通网络。遵循"公共交通优先"的原则，东京都市圈的新干线、轻轨以及城市电气列车等各种轨道交通形成了世界上最密集的轨道交通网络，成为贯穿东京都市圈各个城市的重要纽带。此外，东京都市圈还建成了新干线、航空、港口、公路等构成的极为发达的现代公共交通网络，覆盖了东京都市圈绝大多数关键节点，为人口和资源要素的高效流动提供了有力保障。

4. 旧金山都市圈：基于科创驱动和均质增长的多中心都市圈

旧金山都市圈位于美国的太平洋沿岸，一般指围绕旧金山湾的9个县，包含旧金山、圣何塞和奥克兰3个中心城市，十多个10万以上人口规模的城市和其他大大小小100多个城镇，总面积达2.6万平方公里，占美国陆地面积的0.3%。经过170多年的发展，旧金山都市圈发展成为全美最大都市圈之一和世界级科创圣地，如今依然保持着旺盛的增长势头。

旧金山都市圈的形成主要源于三个方面：第一，以"硅谷"为引领打造世界级科创高地。随着来自世界各地的移民涌入和科技革命蓬勃发展，依托以斯坦福大学为代表的丰富科教创新资源，世界上第一个产研高度融合的高校工业区——斯坦福工业园区于1951年成立。自此，全球各地的科研人员、创业者不断集聚于硅谷，诞生了苹果、Facebook等一批里程碑式的企业，硅谷地区获得了巨大发展。除了联邦的创新保护法律体系外，加州政府为硅谷企业的技术创新和人才流动提供了良好的政策环境，硅谷的200多家风险投资公司还为广大高科技中小企业提供全生命周期金融产品与服务，形成了人才、资金、创新、政策的循环累积优势，逐步奠定了硅谷在科创领域的国际地位。第二，以科创为引擎形成产业分工布局。各类科创要素的集聚效应大大提升了硅谷企业的技术"变现"能力。以此为引擎，旧金山都市圈的相关企业得以快速发展，带动产业高质量发展、合理分工布局。硅谷作为世界研发设计中心，在技术研发、硬件设计等领域的全球优势地位无可撼动。旧金山作为都市圈的人口和金融中心，为其他城市的产业发展提供着源源不断的人才、资金和市场。奥克兰作为都市圈的制造业中心和交通枢纽，诞生于硅谷的技术创新和创意设计可以获得旧金山便捷的资金支持，通过奥克兰生产的产品也可迅速到达全球各地。而隔海相望的湾区北部则借助酒乡和美食之都的美誉成为旧金山的"后花园"，吸引诸多富人前来居住。第三，以独特的城郊化发展促进均质增长。房价高昂的城市中心区、高度发达的交通等基建配套、地产成熟的产业功能区，促使湾区较早地开启了城郊化进程。旧金山都市圈各城市均有自己的优势产业，城市相互联系的同时也带动了周边地区产业的发展。遵循"人随产业走"的规律，多中心化的城市和产业分布使得都市圈内人口、产业、配套不会过于集中，而是呈现出均质增长的态势。人口合理向郊区迁移，在缓解中心区域人口压力、带动产业要素不断向外围延伸的同时，也进一步促进了周边基础的发展和成熟。

（三）建设都市圈的重大意义

都市圈作为一个国家或区域参与全球竞争、国际治理、经济协作的空间单元，成为现代区域经济发展最重要的表现形式，深刻影响着其国际竞争力和全球要素集聚能力，因此建设现代化的都市圈具有重大意义。

1. 都市圈是全球城市化发展的重要方向

都市圈是市场规律支配下人口、经济、城市自然演化的结果。20世纪60年代以来，在科技革命、经济全球化和区域一体化背景下，全球经济布局和区域分工深刻调整，大城市地域的空间组织发生了很大的变化，以城市空间集聚为主的大都市区、城市群、都市圈等将成为未来城市发展的主要载体和空间支柱。在当前发展阶段，基于社会经济紧密联系所构建的都市圈介于大城市和城市群之间，相对而言更节约土地、更节约能源、更有活力、更有效率、更符合经济社会发展规律。从发达国家城市化发展经验来看，未来一段时期，人口将会继续向都市圈，特别是若干头部都市圈集聚。例如，英法两国首都的人口占全国比重约为19%，而两国新增人口中超过20%都进入了以首都为核心的都市圈；以中小城市兴盛闻名的德国，在近二十年也出现了人口向大城市集聚的趋势。这些都市圈要素集聚度高、国际交往能力强，汇聚了大量财富和先进生产力。从这个意义上讲，未来世界的发展格局将不再是单纯国家与国家之间的较量，也不再是单一城市或产业集群的竞争，而是以都市圈为核心的区域资源竞争。

2. 都市圈是我国新型城镇体系格局中的重要一环

从我国区域协调发展的现状来看，正在形成"小城镇—中小城市—大城市—都市圈—城市群"的城镇发展空间尺度，都市圈是其中承上启下的重要一环。在"经济和人口向大城市及城市群集聚的趋势明显，发展动力极化现象日益突出"的条件下，具备比较优势的大城市客观上成为中国城镇化发展的重点区域，但是在有限的自然资源约束下，部分中心城市的资源承载能力已达或接近上限，生产环节和基础性生产要素开始向城市外围近域溢出。而城市群作为城镇化发展的更高级阶段，涉及城市太多、面积太大，城市群内部一体化协同发展难度较大，现阶段也只有长三角、粤港澳等经济社会要素高度密集的地区能够呈现出城市群特征。都市圈既是大城市发展的更高阶段，也是城市群建设的重要基础，是介于大城市和城市群之间、以社会经济联系为基础构建的空间尺度，自然成为当前更具科学性和可操作性的城镇化空间载体。因此，以更小空间尺度的都市圈为抓手，大城市发挥辐射作用，带动周边中小城市协同发展，有利于形成都市圈内要素合理流动和产业高效集聚的城市网络新结构，在提升都市圈整体人口、经济承载力的同时，推动形成更具活力、更有效率、更加集约的城镇发展动力体系和空间格局。

3. 都市圈是优化区域空间分工的重要载体

区域空间分工和经济增长往往遵循着"企业—城市—地区产业"的空间演变逻辑：企业通过产业链、供应链开展分工合作，形成企业网络，促进城市职能空间分工，形成区域产业垂直分工、水平分工和网络分工。出于成本、效率、资源等种种原因，生产部门多选择中小城市或大城市郊区，且某类产业在某些城市实现集聚经济；研发部门多选择研发资源丰富的城市；而企业总部、区域总部及与之配套的商务服务则常在中心城市或城市核心位置集聚，由此，通过"企业—城市—产业"三重维度的空间分工合作机制形成区域空间分工网络，城市综合竞争力及空间经济联系也反映出了企业网络、城市职能和区域产业的空间分工情况。因此，与单个城市相比，都市圈的作用在于实现城市跨区域分工协作，进而形成优化高效的城市空间网络分工格局。从世界发展规律来看，以都市圈建设来实现集约高效、分工合理的跨区域协调发展，通过微观企业网络和宏观产业协作强化不同城市、区域间的人口经济联系，也是全球主要城市发展的普遍做法。

4. 都市圈是有效促进区域协调发展的重要抓手

在全国布局建设若干都市圈，首先，能够为东北地区、东部地区、中部地区、西部地区等四大经济板块配置更多的核心经济增长极，增加全国区域经济发展的空间支点，释放出更多的发展动能和开放势能，辐射带动周边地区实现高质量发展，使分布于广阔国土的各种资源、各类要素依托都市圈最大限度发挥作用，从而在区域层面培育全国经济发展的新动力，拓展全国经济发展新空间，进而激发出更多的新的发展活力、推动全国经济转型升级。其次，通过在内地各个经济板块培育若干现代都市圈，能够引导形成有利于要素合理流动、产业有序转移、区域合理分工的区域经济地理秩序，既能把更多发展中区域及广大乡村融入现代化建设进程、为区域经济协调发展提供空间组织保障，又能通过都市圈之间的经济联系网络有效促进全国辐射联动、形成相对平衡的全国经济协调发展格局，从而有效达到推动区域共享发展、促进共同富裕的目的。

5. 都市圈是构建"双循环"新发展格局的重要节点

加快构建以国内大循环为主体、国内国际双循环相互促进的新发展格局，是"十四五"期间我国重要的战略任务之一。都市圈特别是其中心城市作为区域产业链与供应链组织的基本单元，圈内信息链、资金链、人才链、创新链和制度链打破了产业和地域的边界，有效促进了区域产业集聚扩散和经济循环畅通，是推动空间分工协作、参与全球竞争的重要载体，将在新发展格局中承担着促进城市分工协作、沟通内外循环、参与全球竞争的重要节点功能。一方面，全面都市圈夯实发展基础，加快补齐各类基础设施和公共服务短板，提高区域要素市场化和产业一体化水平，能够有效释放内需潜力和创新动力，提升都市圈作为全国增长极的重要作用；另一方面，充分发挥都市圈在要素流通、产业集聚和资源优化配置方面的优势，能够极大增强产业链和供应链韧性，以区域能级提升增强地区发展内生动力和全球竞争力。

二 我国都市圈发展研究

新中国成立以来，党中央高度重视城镇化和区域协调发展，始终结合国际国内形势的变化，及时调整战略导向，先后经历了均衡发展、非均衡发展、再均衡发展、统筹协调发展四个阶段，有效促进了区域公平、效率提升、协调发展。当前，我国已初步形成以城市群、都市圈为依托，大中小城市协调发展的格局，都市圈将是未来一段时期我国城镇化发展的主体形态和经济增长的主要潜能。

（一）我国区域协调发展和城镇化历史回顾

新中国成立以来，我国经济发展总体上一直处于相对集聚的状态，从初级产品生产阶段进入工业化中后期阶段，经济发展格局呈现出"均衡—不均衡—再均衡—统筹协调"的演变特征；与此同时，城镇发展也经历了"小城镇—大中小城市—中心城市—都市圈（城市群）"的演化过程，我国城镇化率呈总体上升的趋势，城镇化进程呈现出诺瑟姆曲线的特征。当前，都市圈特征日益显著，作为中心城市向城市群发展的重要空间载体，都市圈正在发挥极为重要的作用。

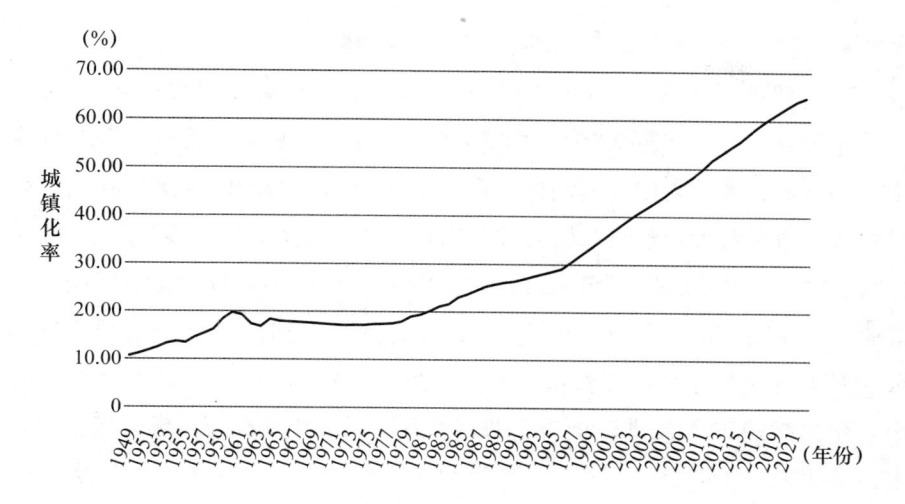

图 1-2 1949—2021 年全国城镇化率

资料来源：Wind 数据库。

1. 促进内地工业城市发展的"均衡发展"阶段（1949—1978）

1949 年 3 月，毛泽东同志在党的七届二中全会上指出，"从 1927 年到现在，我们的工作重点是在乡村"，"从现在起，开始了由城市到乡村并由城市领导乡村的时期"，"必须用极大的努力去学会管理城市和建设城市"。面对旧中国 70% 的工业设施在沿海、内地有限的工业集中在少数几个城市、占全国 1/3 国土面积的西北地区仅占全国 2% 的工业产值等极端不均衡状况，经过三年国民经济恢复期（1949—1952 年）的铺垫，党中央先后通过"一五"时期（1953—1957 年）苏联援助项目建设、"二五"时期（1958—1962 年）七大协作区划分、"三五""四五"时期（1966—1975 年）"三线"建设等一系列重大举措，推动工业由沿海集中向内陆有序转移，加快了内地工业化进程，推动了太原、武汉、重庆等传统工业城市进一步发展，也带动了攀枝花、六盘水、绵阳、十堰、西昌等内地新兴工业城市的发展。总的来看，这一阶段改变了旧中国区域经济发展极不平衡的状况，极大改善了沿海与内地生产力和城市布局、实现了资源相对均衡配置，但由于缺乏有效市场机制、忽视了不同地区的资源禀赋差异，仅是低水平、行政化的均衡发展。

2. 优势地区城镇率先发展的"非均衡发展"阶段（1978—1990）

1978年，邓小平同志提出"部分先富、先富带后富、逐步实现共同富裕"的论断，此后党中央提出优先发展东部沿海地区的区域经济非均衡发展战略，国家政策、资金开始向部分条件较好的地区倾斜，通过先行先试特区、试验区、示范区等政策，允许和鼓励部分地区先富起来，影响带动其他地区发展，生产力布局开始向沿海地区倾斜。1979年，国家率先在广东、福建两省实行"特殊政策、灵活实施"，此后又先后开辟5个经济特区，开放了14个沿海港口城市，并将长江三角洲、珠江三角洲和闽南厦漳泉三角地区和辽东半岛、胶东半岛等地区开辟为沿海经济开放区，大批农民"离土又离乡、进厂又进城"，形成诸多小城镇化模式。"七五"（1986—1990年）计划提出要正确处理东部沿海、中部、西部三个经济地带（地区）的关系，改变了传统内陆和沿海的划分，并明确了"先东再中后西"的开发顺序，1986年国家成立贫困地区经济开发领导小组，开展"老少边穷"地区扶贫开发。总的来看，这一阶段促进了东部地区迅速崛起，形成沿海开放地带和工业城市集群，东部地区社会总产值占全国比重由1980年的52.9%上升到1991年的58.5%，而中部、西部地区却分别由1980年的31.4%、15.7%下降到1991年的26.6%、14.0%。同时，东部地区发展的扩散效应在一定程度上带动了中西部地区尤其是广大城镇的发展，全国城市数量由1979年的203座增长到1991年的479座，城镇人口由1979年的1.95亿人上升到1991年的3.12亿人，城镇化率由1979年的18.96%上升到1991年的26.94%。此外，效率优先导向推动生产要素大量由农村流向城市、由内地流向沿海，形成单向流动趋势，不可避免地扩大了东中西区域间的差距，也引发了区域产业结构趋同、区域经济割裂、重经济增长轻环境保护等诸多问题。

3. 沿海与内地城镇协调发展的"再均衡发展"阶段（1991—2011）

针对区域经济发展和城镇建设的非均衡性，1988年，邓小平同志提出了"两个大局"的战略构想。随着我国经济体制加快向中国特色社会主义市场经济转型，区域经济发展开始由非均衡发展态势进入"再均衡发展"阶段。"八五"（1991—1995年）计划第一次正式提出区域经济协调发展的思路。1992年，我国开放了长江沿岸28个城市、8个地区、13个边境城市和内陆省会城市，形成了"经济特区—沿海开放城市—沿海经济开放区—沿江经济开放区—内地中心城市—铁路沿线和沿江地带"的梯次开放格局，促进了这些地区城镇的快速发展。"九五"（1996—2000年）计划专设"促进区域经济协调发展"一章，进一步明确"坚持区域经济协调发展，逐步缩小地区发展差距"。"十五"（2001—2005年）计划提出"走符合我国国情、大中小城市和小城镇协调发展的多样化城镇化道路，逐步形成合理的城镇体系"。新世纪以来，我国在继续鼓励东部地区率先发展的同时，相继作出实施西部大开发、振兴东北地区等老工业基地、促进中部地区崛起等重大战略决策，初步形成了四大板块协调优势互补、相互促进、共同发展的区域发展总体战略。"十一五"（2006—2010年）规划纲要提出"把城市群作为推进城镇化的主体形态"，拉开了城市群建设序幕。2009—2011年密集出台了珠江三角洲、江苏沿海地区、长江三角洲、黄河三角洲等37个"国家战略性"区域规划，支撑全国经济增长的主要区域不断增加，成渝、长江中游、中原、关中等地区城市、城市群对全国经济增长的贡献不断增大，对全国区域协调发展起到了积极的促进作用。这一阶段突破了原有点状为主、点线结合的区域开发模式，初步构建了网络化开发模式和各具特色的经济带、经济区，为构建以城市群为主体形态、大中小城市和小城镇协调发展的城镇体系奠定了实践基础。

4. 新时代城镇格局下的"统筹协调发展"阶段（2012年至今）

新时代以来，针对区域经济发展分化态势明显、发展动力极化现象日益突出、经济和人口向大城市及城市群集聚的趋势比较明显的新现象，习近平总书记多次强调要完善、创新区域政策，特别是要缩小政策单元，重视跨区域、次区域规划，提高区域政策精准性，推动区域协调发展迈向更高质量、更高水平。2012年，党的十八大报告提出要"继续实施区域发展总体战略，充分发挥各地区比较优势"，"加快实施主体功能区战略"。党中央提出了京津冀协同发展、长江经济带发展、共建"一带一路"、粤港澳大湾区建设、长三角一体化发展、黄河流域生态保护和高质量发展等新的区域发展战略，区域发展协调性进一步增强。《国家新型城镇化规划（2014—2020 年）》明确提出"优化城镇化布局和形态"的新型城镇化战略任务。2017 年，党的十九大报告提出要建立更加有效的区域协调发展新机制，同时提出了以城市群为主体构建大中小城市和小城镇协调发展的城镇格局。针对实践中各地发展水平不均、城市群空间尺度依然过大、大范围跨区域协调难度大等问题，2019 年，国家发展改革委印发的《关于培育发展现代化都市圈的指导意见》（发改规划〔2019〕328 号）明确提出在城市群内培育发展以超大特大城市或辐射带动功能强的大城市为中心、以 1 小时通勤圈为基本范围的都市圈。都市圈以全国 4.5% 的国土面积承载了 32.1% 的常住人口，创造了约 51.6% 的国内生产总值，城镇化经济密度和发展效率突出，发挥了支持国民经济和社会发展的核心骨干作用。2022 年，党的二十大报告明确提出："以城市群、都市圈为依托构建大中小城市协调发展格局，推进以县城为重要载体的城镇化建设。"新时代以来，区域政策更加精准、科学、灵活、聚焦，区域划分的空间尺度进一步缩小，政策措施的针对性进一步提升，有效促进了经济要素在更大范围、更高层次、更广空间顺畅流动与合理配置，区域间区域内互动合作和发展协调性持续增强。发展城市群和都市圈将成为实现 2035 年新型城镇化目标的重要路径。

（二）都市圈演化机理

从国内外都市圈发展历程来看，随着经济现代化水平逐步提高，区域城市一体化的趋势越来越明显，中心城市及周边城镇紧密联系，具有高度的互补性和依存度，形成一体化程度很高的都市圈，成为生产要素高效集聚的增长极。都市圈的发展有其内生性和阶段性，并在现时表现出一定的趋势特征。

1. 都市圈是一个"四位一体"的空间共生系统

从经济社会发展层面上讲，都市圈建立在区域统一市场的基础上，是一个集人口、经济、技术、资本、土地、社会等为一体的城镇体系，本质上是人口、产业、环境和要素集聚扩散、互动耦合的"四位一体"网络化空间"共生系统"，都市圈的形成、演化和发展实践，莫不是由这四个维度的关系变化演绎推动的。建立拥有高效通勤圈、高质量产业、高品质生活的现代化都市圈，必须依托以企业"法人"为基础的产业现代化和以自然人为核心的新型城镇化"双轮驱动"，推动耦合互动、高效配置的要素和宽松和谐、协调共享的环境"双轨并进"。

从人口的角度看，随着都市圈区域经济一体化的推进，城市间、城乡间逐渐发展成为一个高度关联的社会，都市圈既是经济圈，也是一个高度关联的社会圈、生活圈。人是从事生产活动、创造劳动价值的"生产者"，跟随产业转移而转移；同时也是享受各类生活服务、融入社会、共享发展成果的"消费者"，推动生产生活环境改善提升。作为推动都市圈发展最活跃的因素，以人为本的发展理念和实践将贯穿都市圈发展的始终。从要素角度看，包括有形的自然资源要素和无形的资本、技术要素，都是生产力的重要组成部分。它们的自由流动、优化配置，一方面为生产力的发展和生产关系调整提供了支撑保障，另一方面也为人的生产生活奠定了物质基础。正是因为要素在跨城市、跨区域的空间范围内高效配置，搭建起了不同城市形成紧密型都市圈的底层逻辑。从产业角度看，都市圈是以产业分工协作为基础的优势互补、特色鲜明、功能完备的产业体和经济体集合。无论是产业链供应链的建立，还是现代产业体系的形成，都需要市场在资源配置中起决定性作用的前提下，在整个都市圈甚至更大范围内有效、高效利用各类资源要素，在有利于综合竞争优势培育的发展环境中实现高质量发展。从环境角度看，大的方面包括关于产业发展的制度环境、营商环境、市场环境等，以及关于人们生活和发展的产业环境、社会环境、生态环境等。一方面，统一要素市场、市场配置资源、公共基础设施网络等良好的产业发展环境为都市圈内要素优化配置和产业分工协作发展营造了有利氛围，有效提高了都市圈的产业承载力；另一方面，完善的基础设施、公共服务均等化配置、广阔的发展空间、优美的生态环境等良好的生活发展环境为人口向都市圈最适宜的位置集中创造了宜居宜业的生态系统，有力提升了都市圈的人口承载力。

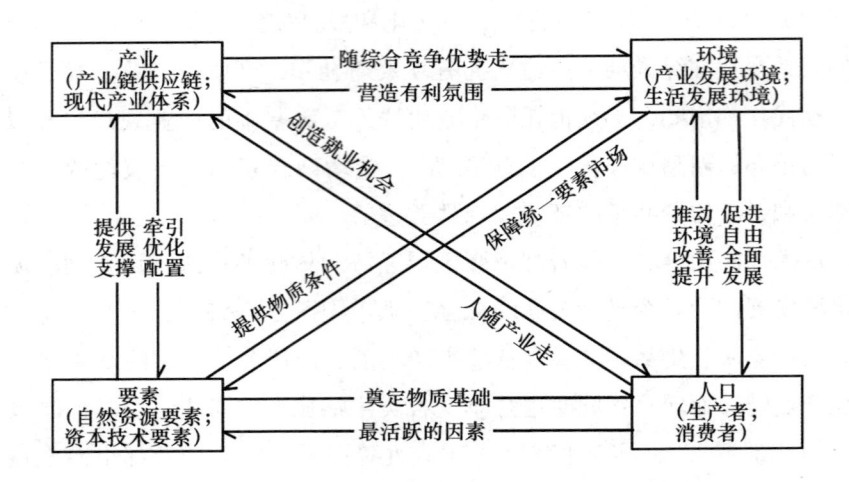

图1-3 都市圈"四位一体"空间共生系统作用机理

资料来源：笔者绘制。

2. 都市圈演化具有阶段性规律

都市圈是由圈内中心城市通过市场配置资源，辐射带动周边城镇及广阔腹地一体化发展的结果。相对于单个都市，都市圈重在"圈"的紧密性、协同性和稳定性，既包括具象的交通、基础设施、产业一体化圈层，也包括抽象的要素市场、公共服务、区域政策和制度一体化圈层。从区域发展一体化的实施操作层面看，都市圈自身的建设发展大致可以分为三个阶段、"版本"。

（1）都市圈1.0：以基础设施互联为牵引的空间结构一体化

基础设施互联互通在都市圈建设中往往起到基础性、先导性作用，同时也相对容易实施。都市圈的各类城市功能最终是要通过有形（公路、铁路等公共交通网络）或无形（电信、5G基站、信息网络等），以实体或虚拟空间"流"的形式在城市空间网络结构中形成，完善的基础设施建设，能够有效扩大都市圈的人口通勤范围和就业范围，增强圈内城市产业经济联系、提升互动效率。因此，都市圈建设首先应拥有完善的交通运输网络、信息网络、企业网络、商贸网络等基础设施，以此为基础率先实现空间结构一体化。这是都市圈重点发展"城市通勤圈"的先导阶段，也可称之为1.0版的都市圈。

（2）都市圈2.0：以产业要素互通为牵引的内生动力一体化

都市圈内基础设施一体化仅仅是基础，空间的顺畅联通并不能完全等于成熟的都市圈，更多地需要通过市场一体化、要素一体化、产业一体化来加强区域深层次联系。基础设施互联不会带来产业、人口、要素的自发流动，还需要进一步通过打造高质量的区域统一要素市场和商品市场，推动各类生产要素和商品自由流通、高效配置。随着都市圈的发展，核心城市产业向外围转移，都市圈产业协同发展形成明显的圈层结构，通过深化都市圈内产业分工形成城市功能分工，邻近地区产业同质化程度高、协同化程度低和无序竞争问题得到有效改善，实现产业协同优势向经济利益共赢转化。这是都市圈重点发展"产业功能圈"的深化阶段，也可称之为2.0版的都市圈。

（3）都市圈3.0：以制度环境互融为牵引的发展环境一体化

良好且可预期的制度互融环境，能够更好地发挥"黏合剂"的作用，使都市圈的圈层结构更加紧密、更加稳定。公共服务一体化实际上是都市圈内部公共服务的均等化，是促进人口自由流动、安居乐业、全面发展的前提条件和重要基础，包括养老、教育、医疗、文化、社会保障等资源和相关基础设施的有效衔接。区域政策环境一体化包括产业、财政、投资、金融、创新、土地、环保等相关政策层面实现跨行政区划的统筹协调，旨在提升都市圈发展战略协同性、制度供给有效性和合作利益一致性，以破解体制机制障碍对都市圈建设带来的制约。此外，都市圈环境一体化还包括生态空间的协同治理。这是都市圈重点发展"社会生态圈"的成熟阶段，也可称之为3.0版的都市圈。

值得强调的是，无论都市圈建设处在什么阶段、什么"版本"，基础设施一体化、产业结构一体化、市场和要素一体化、公共服务一体化、区域政策一体化都是多线程同步推进、逐步深化的过程，只是在不同阶段各有侧重、分别起主导作用。其中，基础设施一体化相对基础，也相对容易实施；市场、要素和产业一体化是重点，也是持续动态深化、优化的过程；而最大的难点在于公共服务一体化和区域制度一体化。以此为基础的都市圈空间结构一体化、内生动力一体化、发展环境一体化，通过不断打破空间和行政界限，在建设统一市场、促进要素自由流动、发挥区域比较优势、实现空间外溢和规模经济等方面发挥重要作用，并进一步带动人力资本、实物资本、货币资本的集聚以及技术的扩散，在供给侧和需求侧同时发力，进而促进都市圈的形成、发展、成熟和区域经济社会的螺旋式上升。

		公共服务一体化 区域政策一体化
	统一要素市场 产业协同体系	发展环境一体化
公共交通网络 信息基建网络	内生动力一体化	
	空间结构一体化	
都市圈1.0 城市通勤圈	都市圈2.0 产业功能圈	都市圈3.0 社会生态圈

图 1-4 都市圈演化阶段

资料来源：笔者绘制。

表 1-1　　　　　都市圈演化阶段划分及其特征内涵

	都市圈1.0	都市圈2.0	都市圈3.0
人口	人口加速向中心城市周边中小城市集聚，同时可以在都市圈各城市间自由便捷流动	遵循人随产业走的规律，人口加速向都市圈集聚，人力资本跟随相关产业的配置方向流动	都市圈人口承载力稳步提升，人们综合考虑生活和发展环境，选择最宜居宜业的区域扎根

续表

	都市圈1.0	都市圈2.0	都市圈3.0
要素	中心城市极化效应大于辐射效应；资金、技术、数据等要素流动主要由都市圈内外城市向中心城市集聚	腹地发展要素向都市圈集聚；高端产业要素向中心城市和重要节点城市集聚；一般要素和产业向中小城市集聚	打破城际行政壁垒和阻碍要素流动的体制机制障碍，人才、商品和要素可以在都市圈内高效自由流动
产业	都市圈中心城市产业集聚扩散并存且以集聚为主；周边中小城市依托自身优势产业集聚相关要素和产业集群	高端服务业和高端制造业在中心城市及其紧密区集聚提升；一般产业加快外溢并促进当地产业结构优化升级	借助市场机制实现产业分工协作，形成中心城市与周边中小城市产业错位布局和特色发展的格局
环境	形成以公共交通为主的1小时通勤圈；科教文卫等公共资源向中心城市周边区域扩散；以行政区划为单位推进营商环境和生态文明建设	都市圈内政务服务联通，社会保障接轨衔接；营商环境与产业发展水平不断优化适配；生态网络共建和环境联防联治初步实现	基本公共服务、社会保障、社会治理一体化发展达到较高水平；区域市场环境、政策环境、制度环境趋同；生态环境实现协同共治
空间网络结构	规模较大的城市、交通枢纽城市或者辐射带动能力强的中心城市呈现出外溢、扩张趋势，周边中小城市缓慢拓展的总体特征	中心城市优化调整、新城建设加快；周围中小城市和小城镇快速成长，都市圈城市体系逐步成型，城乡、区域发展差距不断缩小	中心城市呈现积极的辐射效应；形成以中心城市及其周边为核心、各中小城市为纽带和支点的紧密型都市圈，圈内城市竞争与合作更加充分

资料来源：笔者整理概括。

（三）国内都市圈发展特征及趋势

自2002年南京、徐州率先开展都市圈规划编制以来，我国各地都市圈发展建设方兴未艾。党的十八大以后，新发展理念在思想上统一了各地对区域协调发展的认识，在大的区域发展格局下，小尺度空间下的都市圈城市合作越发紧密。由于区域经济社会发展差异和政策倾向的影响，我国都市圈虽然快速发展，但发展并不平衡，所处阶段也呈现出明显差异，当前呈现出以下几个特征及趋势。

1. 都市圈规划与建设进入提速发展新阶段

城市竞合区域化的大趋势，使以大城市为中心的现代化都市圈成为地区间竞争合作的重要平台，都市圈能够克服单个城市分工协作不够、低水平同质化竞争等问题，实现各类资源要素在更大范围内合理配置。自2019年2月国家发展改革委印发《关于培育发展现代化都市圈的指导意见》后，交通运输部、自然资源部等部委也相继发布了相关政策文件，都市圈战略地位大幅提升，都市圈建设进程明显加快。据统计，在各省市"十四五"相关规划文件中明确提出要打造的都市圈或大都市圈、都市区、经济圈等类似的概念单元（以下统称"都市圈单元"）共有约43个，已逐步成为各自区域内集聚产业、人口、资源、创新要素的重要平台。例如，上海以"1+8"的方式联动江苏、浙江毗邻地区，携手打造10万亿级经济总量的中国最大都市圈；北方经济第一省山东明确了省会经济圈、胶东经济圈、鲁南经济圈三大经济圈；中部省份安徽省以合六经济走廊、合淮产业走廊建设为抓手加快推动合肥都市圈一体化发展；西部省份四川省明确提出通过成德眉资同城化发展构建以成都为中心的现代化都市圈；东北省份吉林省则聚焦于发挥"长春现代化都市圈"辐射带动作用实现新发展。

表1-2　　　各省区市"十四五"规划中明确打造的都市圈

都市圈单元名称	核心城市	涵盖范围	涉及省份	所在板块	发展阶段
首都都市圈	北京	无官方文件明确，大致包含北京、廊坊、天津、唐山、保定、承德、张家口等地	北京市、天津市、河北省	东部	都市圈3.0
上海大都市圈	上海	上海、苏州、无锡、常州、南通、宁波、嘉兴、舟山、湖州	上海市、江苏省、浙江省	东部	都市圈3.0
石家庄都市圈	石家庄	石家庄、邯郸、邢台、衡水、辛集、定州	河北省	东部	都市圈1.0
南京都市圈	南京	南京、镇江、扬州、淮安、芜湖、马鞍山、滁州、宣城、常州	江苏省	东部	都市圈3.0
徐州都市圈	徐州	徐州、连云港、淮安	江苏省	东部	都市圈2.0
苏锡常都市圈	苏州、无锡、常州	——	江苏省	东部	都市圈3.0
杭州都市区	杭州	——	浙江省	东部	都市圈3.0
宁波都市区	宁波	宁波、舟山	浙江省	东部	都市圈2.0
温州都市区	温州	——	浙江省	东部	都市圈2.0

续表

都市圈单元名称	核心城市	涵盖范围	涉及省份	所在板块	发展阶段
金义都市区	金华、义乌	——	浙江省	东部	都市圈2.0
福州都市圈	福州	福州、莆田、南平、宁德、平潭	福建省	东部	都市圈2.0
厦漳泉都市圈	厦门、漳州、泉州	——	福建省	东部	都市圈2.0
省会经济圈	济南	济南、淄博、泰安、聊城、德州、滨州、东营	山东省	东部	都市圈2.0
胶东经济圈	青岛	青岛、烟台、威海、潍坊、日照	山东省	东部	都市圈2.0
鲁南经济圈	临沂、枣庄、济宁、菏泽	——	山东省	东部	都市圈2.0
广州都市圈	广州	广州、佛山、肇庆、清远、云浮、韶关四市市区（后在《广东省都市圈国土空间规划协调指引》中调整为广州、佛山两市全域，肇庆市端州区、鼎湖区、高要区、四会市，清远市清城区、清新区、佛冈县）	广东省	东部	都市圈3.0
深圳都市圈	深圳	深圳（含深汕特别合作区）、东莞、惠州四市全域，汕尾、河源两市市区（后在《广东省都市圈国土空间规划协调指引》中调整为深圳、东莞两市全域，惠州市区、惠东县、博罗县）	广东省	东部	都市圈3.0
珠江口西岸都市圈	珠海	珠海、中山、江门、阳江（后在《广东省都市圈国土空间规划协调指引》中调整为珠海、中山、江门）	广东省	东部	都市圈2.0
汕潮揭都市圈	汕头	汕头、潮州、揭阳全域，梅州市区（后在《广东省都市圈国土空间规划协调指引》中调整为汕头、潮州、揭阳三市全域）	广东省	东部	都市圈2.0
湛茂都市圈	湛江	湛江、茂名两市全域	广东省	东部	都市圈2.0
"海澄文定"综合经济圈	海口	海口、文昌、澄迈、定安	海南省	东部	都市圈2.0
"大三亚"旅游经济圈	三亚	三亚、陵水、乐东、保亭	海南省	东部	都市圈1.0

续表

都市圈单元名称	核心城市	涵盖范围	涉及省份	所在板块	发展阶段
沈阳现代化都市圈	沈阳	沈阳、鞍山、抚顺、本溪、阜新、辽阳、铁岭、沈抚改革创新示范区	辽宁省	东北	都市圈1.0
长春现代化都市圈	长春	长春、吉林市区、四平市区、辽源市区、松原市区、公主岭市、伊通县、永吉县、前郭县	吉林省	东北	都市圈1.0
哈尔滨现代化都市圈	哈尔滨	哈尔滨、绥化市区、阿城区、双城区、五常、尚志、宾县、肇东	黑龙江省	东北	都市圈1.0
太原都市区	太原	太原、晋中	山西省	中部	都市圈1.0
合肥都市圈	合肥	合肥、淮南、六安、滁州、芜湖、马鞍山、蚌埠、桐城	安徽省	中部	都市圈2.0
大南昌都市圈	南昌	南昌、九江、抚州临川、东乡，宜春丰城、樟树、高安、靖安、奉新，上饶鄱阳、余干、万年、赣江新区	江西省	中部	都市圈2.0
郑州都市圈	郑州	郑州、开封、新乡、焦作、许昌、洛阳、平顶山、漯河、济源	河南省	中部	都市圈2.0
武汉都市圈	武汉	武汉、黄石、鄂州、孝感、黄冈、咸宁、仙桃、天门、潜江（后调整为武汉、鄂州、黄冈、黄石）	湖北省	中部	都市圈2.0
长株潭都市圈	长沙、株洲、湘潭	——	湖南省	中部	都市圈2.0
南宁都市圈	南宁	南宁、钦州、防城港、崇左、玉林、贵港	广西壮族自治区	西部	都市圈1.0
重庆都市圈	重庆	重庆市渝中、大渡口、江北、沙坪坝、九龙坡、南岸、北碚、渝北、巴南、涪陵、长寿、江津、合川、永川、南川、綦江区—万盛经开区、大足、璧山、铜梁、潼南、荣昌21个区和四川广安	重庆市、四川省	西部	都市圈2.0
成都都市圈	成都	成都、德阳、眉山、资阳	四川省	西部	都市圈2.0

续表

都市圈单元名称	核心城市	涵盖范围	涉及省份	所在板块	发展阶段
贵阳—贵安—安顺都市圈	贵阳	贵阳中心城市（南明、云岩、花溪、乌当、白云、观山湖）、贵安新区，清镇、修文、开阳、息烽、贵定、龙里、惠水、长顺、西秀、平坝、普定、镇宁、织金、黔西20个县	贵州省	西部	都市圈1.0
遵义都市圈	遵义	遵义中心城市（红花岗、汇川、播州），仁怀、桐梓、绥阳、湄潭、金沙	贵州省	西部	都市圈1.0
昆明都市圈	昆明	昆明中心城区、晋宁、滇中新区、安宁、嵩明、富民、宜良、寻甸、石林、弥勒、红塔、澄江	云南省	西部	都市圈1.0
三小时经济圈	拉萨	拉萨、日喀则、山南、林芝、那曲	西藏自治区	西部	都市圈1.0
西安都市圈	西安	西安、咸阳、铜川、渭南、杨凌区	陕西省	西部	都市圈2.0
兰州经济圈	兰州	兰州、白银、定西、临夏	甘肃省	西部	都市圈1.0
酒嘉双城经济圈	酒泉、嘉峪关	—	甘肃省	西部	都市圈1.0
西宁—海东都市圈	西宁	西宁、海东	青海省	西部	都市圈1.0
乌鲁木齐都市圈	乌鲁木齐	乌鲁木齐（含兵团第12师）、昌吉、五家渠、阜康、奇台，辐射带动昌吉州其他县市、石河子、克拉玛依、吐鲁番、哈密等城市发展	新疆维吾尔自治区	西部	都市圈1.0

资料来源：根据公开资料整理。

此外，2021年，国家发改委先后批复南京、福州和成都都市圈发展规划，2022年，国家发改委又先后批复了长株潭都市圈、西安都市圈、重庆都市圈和武汉都市圈发展规划，至此，全国已形成7个国家层面的都市圈，标志着我国都市圈建设已进入提速发展新阶段。其中，东部地区有面向海峡的福州都市圈和全国第一个省际都市圈——南京都市圈；中部地区已有长株潭都市圈和武汉都市圈；西部地区有西安都市圈、成都都市圈和重庆都市圈；东北地区尚未实现零的突破。预计今后一两年，国家仍将陆续批复若干"国家级"都市圈，"国家级"都市圈竞争日趋激烈，尤其是东部地区的长三角、粤港澳大湾区等地诸多都市圈，东北地区的沈阳、长春、哈尔滨三个现代化都市圈，中部地区的郑州、合肥等都市圈的竞争将呈"胶着"的状态。

2. 全国都市圈发展呈阶梯性分布

通过梳理可以发现，全国都市圈空间分布、发展水平差异巨大，发展不平衡不充分现象十分突出。一方面，空间分布上呈现阶梯性。总体来看，全国都市圈空间分布东南密、西北疏，与我国人口、经济、地理布局基本保持一致，已基本形成以沿海、沿长江地区为骨架的"T"形都市圈发展格局。上述的43个都市圈单元，有一半以上分布在东部地区，远多于中西部地区和东北地区。东北三省和中部六省以各自的省会城市为核心形成了6个都市圈单元。西部地区地域面积辽阔，分布了12个都市圈单元，除宁夏、内蒙古外，每个省区市均在开展都市圈建设，甘肃和贵州根据自身经济、人口和地理条件，分别建设了两个经济圈、都市圈。另一方面，发展程度上呈现阶梯形。各都市圈处于2.0阶段的数量较多，1.0、3.0阶段的数量较少，呈现典型的"纺锤形"结构，且同样呈现由东部向中西部递减的格局。其中，3.0阶段的都市圈均位于东部地区；2.0阶段的都市圈主要分布于我国东部地区和中部地区；东北地区和西部地区各类都市圈数量均较少，且除了成都、重庆、西安等传统强市外，依托其他城市形成的都市圈均处于发展的1.0阶段。这些都市圈处于不同的区域，经济基础条件各有差异，内部一体化合作程度也不一样。有的区域合作已经有多年历史，已经形成了良好的协调协作机制，有的都市圈内部关系仍然还有待进一步理顺。

3. 对都市圈发展的规划引导将更加规范、精细

以大城市为核心建设都市圈已成为国内外经济发展的主要趋势之一，各地围绕都市圈建设积极布局，可谓"遍地开花"，同时"良莠不齐""无序发展"的问题也逐渐暴露。2022年9月，国家发展改革委召开新闻

发布会，强调各地要顺应产业升级、人口流动和空间演进趋势，不能跨越发展阶段，在不具备条件的情况下推动都市圈建设。这意味着，都市圈的范围划定将越来越规范，盲目扩大将很难通过国家层面的审批，而且一些没有超大特大城市或大城市辐射带动的都市圈，也很可能被"除名"，或至少名不副实。在此表态之前，多地已经开始优化调整行动，例如广州都市圈、深圳都市圈范围明显缩小，武汉都市圈也从"1+8"调整为"武鄂黄黄""1+3"，都市圈建设或正进入一个"收缩"时期，发展将更加规范、精细。新一轮都市圈建设将触发全国、区域生产力布局重新洗牌，也将奠定未来我国城市格局和经济增长中心格局。

从目前国家批复的7个国家级都市圈来看，南京都市圈的经济社会发展最为均衡；长株潭与福州都市圈经济发展质量较好，但人口基数较少、都市圈体量较小；成都与西安都市圈人口吸引力强劲，但人均经济水平较弱。"国家级"都市圈一般具有以下特征：面积范围一般处于2万—3万平方公里之间，重庆都市圈面积最大，达3.5万平方公里，其中有一半左右是山地和丘陵；经济总量一般在2万亿元以上、至少在1万亿元以上，中部、东部地区门槛会更高；人口规模均在千万级以上；人均GDP一般要高于全国平均水平，接近中上等收入国家水平。此外，根据国家发展改革委对都市圈的定义，都市圈以1小时通勤圈为基本范围，其核心城市还需要较强的辐射带动能力。扩容以后，郑州都市圈的规划范围达到了5.88万平方公里，面积是南京、福州、成都、长株潭和西安都市圈的两倍以上，与7个"国家级"都市圈相比，郑州都市圈范围最广、人口最多，内需潜力和市场规模最大，但是人均GDP也是各都市圈最低的，以目前郑州市的城市能级难以完全辐射带动整个都市圈，未来郑州都市圈要进入"国家队"，必然要采取超常规手段付出加倍努力，并在范围上做更优调整。

表1-3　七大"国家级"都市圈与郑州都市圈2021年主要数据对比

获批时间	都市圈	城市范围	总面积（万平方公里）	人口（万人）	GDP（万亿）	人均GDP（万元）	人口密度（人/平方公里）
2021年2月	南京都市圈	南京、镇江、扬州、淮安、芜湖、马鞍山、滁州、宣城、常州	2.7 6.6（拓展范围）	2000 3500（拓展范围）	4.7（拓展范围）	13.1（拓展范围）	738 530（拓展范围）
2021年6月	福州都市圈	福州、莆田、宁德、南平、平潭区	2.6	1300	1.5	11.5	500
2021年11月	成都都市圈	成都、德阳、眉山、资阳	2.6 3.3（拓展范围）	2761 2966（拓展范围）	2.4 2.5（拓展范围）	8.7 8.4（拓展范围）	1045 896（拓展范围）
2022年2月	长株潭都市圈	长沙、株洲、湘潭	1.9	1484	1.8	12.1	785
2022年3月	西安都市圈	西安、咸阳、铜川、渭南、杨凌区	2.1	1802	1.3	7.2	874
2022年8月	重庆都市圈	重庆渝中区、江北区等主城区21个区和四川广安全域	3.5	2448	2.2	9.1	700
2022年12月	武汉都市圈	武汉、鄂州、黄冈、黄石	3.2	2295	2.3	10.0	717
——	郑州都市圈	郑州、洛阳、开封、许昌、新乡、焦作、济源、漯河、平顶山	5.9	4675	3.3	7.0	795

资料来源：Wind数据库、各地统计年鉴。

4. 都市圈将向现代化、特色化、人本化方向发展

当前，我国经济发展的空间结构已经发生深刻变化，中心城市和城市群正在成为承载发展要素的主要空间形式。研究表明，都市圈的资源要素集聚能力与其中心城市的城市能级呈现显著的正相关关系，中心城市的要素集聚能力、科技创新能力、产业带动能力、应急管理能力强，就能带动都市圈快速发展，反之，中心城市辐射带动能力不足，仍是制约很多都市圈综合发展能力提升的"短板"。在"双循环"新发展格局下，我国将更加依赖城市的集聚效应来强化资源要素的集散和经济的畅通循环，城市发展将进入"2群+n圈"时代，粤港澳大湾区和长三角地区处于由都市圈向城市群过渡阶段，其他都市圈基本处于发展中心城市、培育都市圈的阶段。都市圈已成为国家区域发展战略的重要一环，据初步估算，都市圈建设每年能为全国经济提供至少为0.5—1个百分点的增长动能。今后我国将以城市群内部的大城市和以大城市为核心的都市圈为核心，形成更加精准、科学、有效的空间治理单元，以现代化建设促进经济社会协调可持续发展、以特色化发展增强区域经济人口承载力和综合竞争力、以人本化治理推动实现共同富裕，充分释放高质量发展的结构性潜能，形成优势互补、高质量发展的区域经济布局。

三 郑州都市圈发展形势与特征

郑州都市圈主要依托郑州自身的发展壮大，从中原城市群一步步分合演变而来。当前，无论是郑州都市圈还是郑州市自身的发展，都正处于资源要素加速集聚的阶段，郑州都市圈发展已形成了良好的基础条件，也面临着不少问题与挑战。

（一）郑州都市圈发展历史沿革

新中国成立以来，随着郑州市经济总量和省内首位度稳步提升，辐射带动能力不断增强，一步步完成了由普通城市、省会，到区域中心，再到中原城市群、郑州都市圈五个时期的发展迭代。尤其是2016年底郑州国家中心城市地位确立后，郑州由都市区加速向都市圈演进，总体呈现圈层式、轴带状、组团化的空间发展脉络，产业逐次更替升级，规模体量也由算术级向几何级扩增。

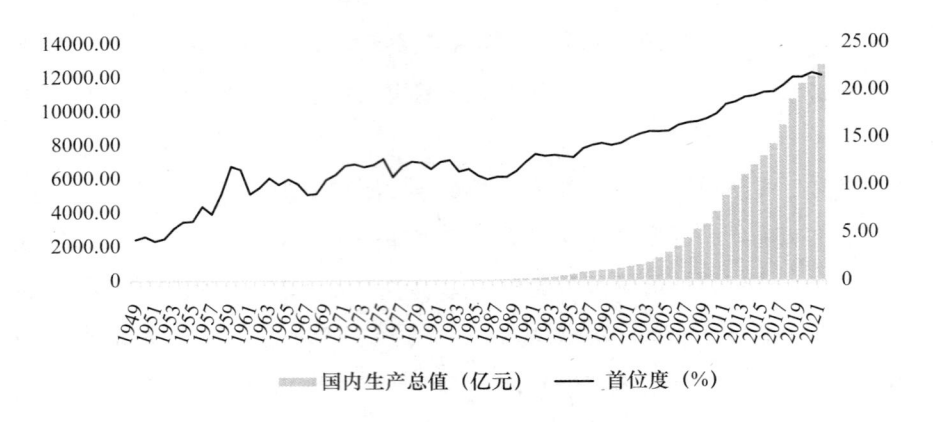

图1-5 1949—2021年郑州市国内生产总值及城市首位度

资料来源：Wind数据库。

图1-6 郑州及郑州都市圈发展脉络

资料来源：笔者绘制。

1. "大郑县"时期（1948—1954年）

明清以来，郑州作为河南省下辖县，依托县城发展初步形成现在的管城区，尤其是随着陇海—京汉铁路的修建，郑州城市建设得到极大推动，也逐步成为北方重要的商埠。1948年10月，中国人民解放军接管郑州，郑县撤县设市，在郑县城区设立郑州市，囿于城区狭小，郑州市开始了大规模的城市建设。"一五"时期（1953—1957年），国家将郑州确定为重要工业基地和中南区9个重点建设城市之一，郑州的工业尤其是纺织工业加速崛起，经过近6年的发展，郑州发展成为拥有50余万人口的新兴工业城市和中南地区最大的纺织工业城市。基于城建基础、区位交通、自然条件等考量，1954年10月，郑州取代开封，正式成为河南省会。这一时期，郑州城市建设和工业化进程得到极大加快，但小农经济仍居主导地位。

2. 传统省会时期（1954—1997年）

成为省会后，郑州市制定了总体规划，重点布局城市建设框架，经过两个五年计划的建设，兴建了大批骨干企业，纺织、机械、烟草、煤炭、化工、食品、冶金等行业形成了工业的基本框架。郑州作为全省政治、经济、文化、对外交流中心的优势不断巩固，省会功能持续增强。改革开放以后，郑州全市经济社会稳健发展，建设进入新的时期。1984年，《郑州商贸城建设总体规划》提出要把郑州建设成为全国以商贸为特色的中心城市，市区先后建成二七广场、火车站广场、花园路市场等设施完备、品种齐全、水准较高的商业中心。至1990年，市区已有6个销售额超亿元的大型商厦，以及郑州粮食批发市场、贸易中心货栈和药材市场等多个全国性大宗商品贸易场所，城乡已形成百货、纺织品、粮油、建材、旧货、服装等20余个专业市场。20世纪90年代初，以二七商圈的亚细亚、华联商厦、商城大厦、郑州百货大楼等为主要参与者的郑州商战闻名全国，并形成了多个"全国第一"（例如，亚细亚是全国第一个股份制企业，华联商厦是全国第一个国营转集体所有的企业）。这一时期，郑州市在交通枢纽和省会地位加持下，经济社会发展取得长足进步，尤其是以纺织工业和商贸物流为代表的工商业突飞猛进，各类市场和开发区开始加快建设，郑州高新技术产业开发区成为河南省第一个开发区、1991年国务院批准的第一批国家级高新区，经济"首位度"从1955年的6.25%提升至1997年的14.21%。

3. 区域中心时期（1998—2015年）

20世纪八九十年代工商业的发展，大大提升了郑州市的经济实力，尤其是"郑州商战"奠定了郑州"商城"美誉和地位。1998年，《郑州城市总体规划（1995—2010 年）》将郑州定位为陇海—兰新地带重要的中心城市、全国重要的交通枢纽以及著名商埠，郑州城市发展目标开始由商贸城向区域经济中心城市调整。新世纪以来，郑州市重新确定了"工业立市"战略，2001 年省、市政府提出建设郑东新区，2006 年提出推进郑汴一体化、规划建设郑汴产业带，2008 年提出规划建设郑汴新区，"大郑州"组团式发展格局初步形成，发展空间大大拓展，吸引力和辐射力显著提高，区域性中心城市地位初步显现。其间，2003 年的《河南省全面建设小康社会规划纲要》正式提出"中原城市群"概念，并以郑州为核心实施"中心城市带动战略"；2012 年，国务院正式批复了《中原经济区规划（2012—2020 年）》。这一时期，国家区域发展战略开始从东部地区率先发展逐步向东中西部"再均衡发展"转变，随着郑州市自身工商业不断积累、城市经济人口日益增长，要素集聚能力持续增强，为成长为区域性中心城市提供了战略机遇和基础条件，使其发展不再局限于省会城市，而是逐步向能够辐射带动周边区域的国家区域性中心城市、中原城市群和中原经济区核心城市发展。

4. 中原城市群时期（2016—2019 年）

2016 年 12 月，国家发展改革委在《促进中部地区崛起"十三五"规划》中提出支持郑州建设国家中心城市，并印发了《中原城市群发展规划》。2017 年 3 月，省委、省政府联合印发了《关于统筹推进国家战略规划实施和战略平台建设的工作方案》，明确提出聚焦"三区一群"（郑州航空港经济综合实验区、中国（河南）自由贸易试验区、郑洛新国家自主创新示范区和中原城市群），构建支撑全省改革、开放、创新的三大支柱，把建设郑州国家中心城市作为重中之重，把中原城市群作为推进新型城镇化的重要抓手，形成带动全国发展的新增长极。同年 6 月，省委、省政府印发的《河南省建设中原城市群实施方案》，提出以郑州国家中心城市为中心，培育壮大郑州大都市区，建设米字形城镇产业发展轴，推动省际毗邻地区中心城市联动发展，通过核心极、都市区、辐射圈的梯次、融合发展，构建"一核一副四轴四区"的空间格局。这一时期，以建设郑州国家中心城市和中原城市群为引领，郑州自身发展取得质的飞跃，地区生产总值于2018年首次突破万亿元大关，达到10670.1亿元，经济"首位度"提升至21.37%，有力地带动了中原城市群和中原经济区实现快速发展。

5. 郑州都市圈时期（2019年至今）

郑州都市圈雏形源于《河南省建设中原城市群实施方案》，为有效解决城市群覆盖范围广、区域差异大的问题，以便首先在较为精准、合理的范围内"集中优势兵力"统筹资源要素打造高质量发展共同体，实施方案中即提出以郑州大都市区作为中原城市群的核心增长极。2019年8月，省委、省政府联合印发《郑州大都市区空间规划（2018—2035年）》，规划中的郑州都市圈包括郑州全域及开封、新乡、焦作、许昌四个中心城区（即"1+4"）以及巩义市、武陟县、原阳县、新乡县、尉氏县、长葛市、平原城乡一体化示范区，总用地面积约1.59万平方公里。2021年4月，《郑州都市圈交通一体化发展规划（2020—2035年）》提出打造"轨道上的都市圈"，此时郑州都市圈将郑州、开封、新乡、焦作、许昌5市市域全部纳入，面积扩大到3.1万平方公里。2021年10月，河南省第十一次党代会上明确提出要加快郑州都市圈一体化发展，将兰考纳入郑开同城化进程，并加快许昌、新乡、焦作、平顶山、漯河与郑州融合发展。2021年12月，中共河南省委宣传部在"奋进新征程中原更出彩"主题系列发布会上，首次公开宣布将洛阳、平顶山、漯河、济源四市纳入郑州都市圈。至此，郑州都市圈完成了从"大都市区"到"都市圈"的嬗变，总面积达到5.88万平方公里、常住人口达4670万。这一时期，河南重点打造郑州大都市圈，其规模不断壮大、内涵不断丰富，通过统筹空间布局、交通互联互通、产业错位发展等措施，郑州都市圈不断向高能高质高效演进，在中原城市群中发挥作用愈发明显。

（二）郑州都市圈发展基础条件

围绕破解郑州发展的空间瓶颈制约、实现全省统筹联动高质量发展，省委、省政府谋划建设郑州都市圈。经过多年的发展，郑州都市圈作为中原城市群核心增长极的带动作用不断增强，发展的积极条件不断积累，但仍存在较多问题和短板。

1. 经济人口承载力不断增强

郑州市的GDP从2003年刚提出"中原城市群"概念时的1074.10亿元到2021年的12691.02亿元，18年间增长了11.82倍，远超全省其他省辖市，其周边城市也因此受益，快速成长。2021年，原郑州都市圈5市的GDP达到2.43万亿、常住人口达到3168.55万，GDP占全省比重达到41.22%、常住人口占全省比重达到32.06%。扩容后的郑州都市圈体量变大，以约全省35%的区域面积、40%的人口，创造了约全省59%的生产总值，对全省经济社会发展的辐射带动能力进一步增强。

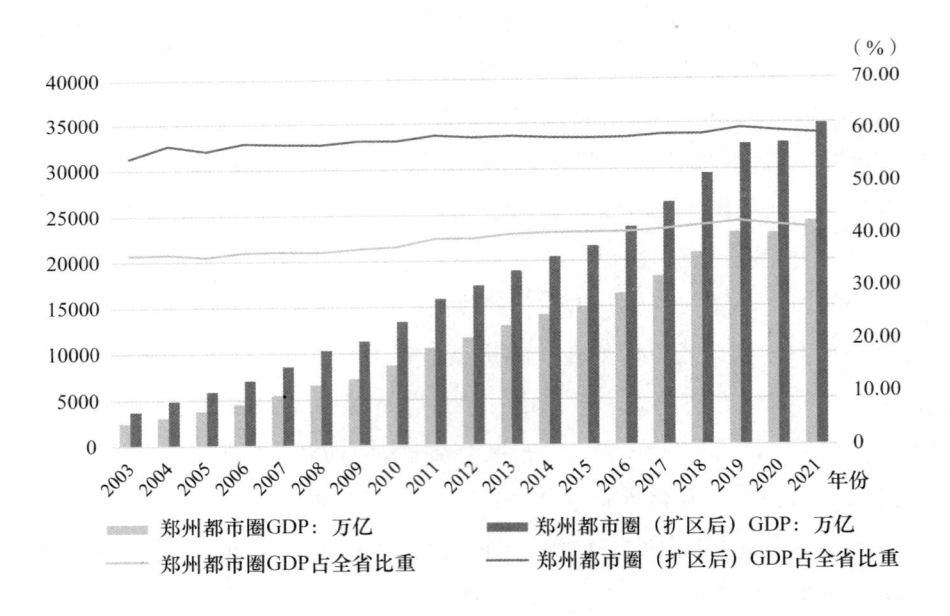

图1-7 2003—2021年郑州都市圈GDP及其占全省比重

数据来源：Wind数据库。

2. 交通基础设施加快互联互通

郑州都市圈高速环线不断完善，京港澳、连霍等8条国家高速公路穿境而过,郑云、郑少、郑民等高速公路辐射效应凸显。郑万高铁襄阳至万州段、济郑高铁濮阳至郑州段同步开通运营,郑州成为中国第一个"米字形"高铁枢纽城市,航空、铁路"双核带动"作用显著增强,初步形成以郑州为中心、高效衔接周边主要经济体的"米"字形综合运输通道。郑开、郑焦、郑机、机场至郑州南站4条城际铁路开通运营,其中郑机城际实现半小时一班公交化运营,郑焦城际开行列车加密至40分钟一班,郑开城际延长线启动实施,南四环至郑州南站城郊铁路一期开通运营,郑许市域铁路和城郊铁路二期正在加快建设。郑州至平原城乡一体化示范区公交开通运营,公交互联互通、交通智能化管理初见成效。

3. 公共服务一体化稳步推进

郑开基础教育资源共享共建、高等教育课程互选学分互认机制初步形成。焦作首批27项业务上线郑州市政务服务自助一体机,"郑州都市圈"跨城通办正式开启。河南农业大学许昌校区、中原科技学院许昌校区先后建成招生,郑州优质公共服务资源加快向周边地区覆盖延伸。《"1+8郑州都市圈"住房公积金一体化协同发展合作协议》签署实施,郑州都市圈城市住房公积金实现互认互贷。"圈"内城市医保公共服务标准化、互认缴费年限等各项工作积极推进。郑州中心城区落户条件限制加紧放宽,郑州都市圈户口通迁和居住证互认加速破冰,以居住证为载体的公共服务转移接续、共享机制稳步推进。

4. 生态共建共治迈出步伐

郑州都市圈现有国家级森林公园9个、国家级自然保护区4个、省级自然保护区5个,各级城市绿地网络基本形成,人均公园绿地面积达13平方米以上,都市圈共创建国家生态文明建设示范县6个、国家生态园林城市2个。郑州、开封、新乡、焦作沿黄复合型生态廊道高标准推进,建成黄河滩地公园和开封黄河生态廊道示范带两个生态协同治理重大工程。郑州、开封两市已协作开展贾鲁河、运粮河—涡河河流污染治理、生态监测等工程,并与洛阳、新乡、焦作共同签订跨区域联防联控协议。

5. 都市圈圈层结构整体发展不充分

一是中心城市发展能级不足。与国内同类都市圈相比，郑州都市圈龙头城市郑州在经济体量、人口规模等方面都处于相对较低水平，集聚发展的规模效应和辐射引领的带动效应不足。根据各地统计局数据，2021年，郑州在全省的经济首位度仅为21.55%，低于成都（36.99%）、西安（35.87%）、武汉（35.42%）、长沙（28.81%）近十个百分点，居全国第22位；由于扩容后郑州都市圈规模过大，郑州在所在都市圈的经济首位度为36.37%，远比成都（79.63%）、武汉（76.08%）、长沙（68.98%）、西安（66.99%）低三四十个百分点，带动都市圈内其他城市发展的能力不足。二是副中心城市支撑能力较弱。郑州都市圈副中心城市洛阳实力也总体偏弱，经济、人口规模均达不到郑州的一半，对全省和都市圈的支撑带动能力较弱；相比而言，南京都市圈的副中心城市常州的经济、人口规模则分别达到南京的53.85%和56.78%。三是其他城市发育不足。都市圈的周边城市需要有一定的经济实力和人口规模，才能成为承担产业转移、成为都市圈分工的一环。郑州都市圈其他城市基本都处于工业化、城镇化加速推进阶段，经济人口规模偏小、综合服务功能偏弱，难以形成与郑

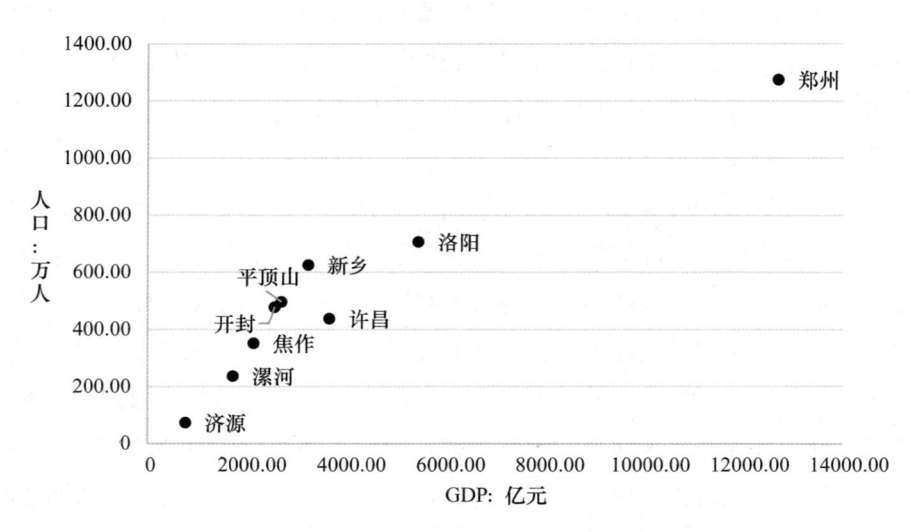

图1-8 2021年郑州都市圈各城市GDP及常住人口

资料来源：Wind数据库。

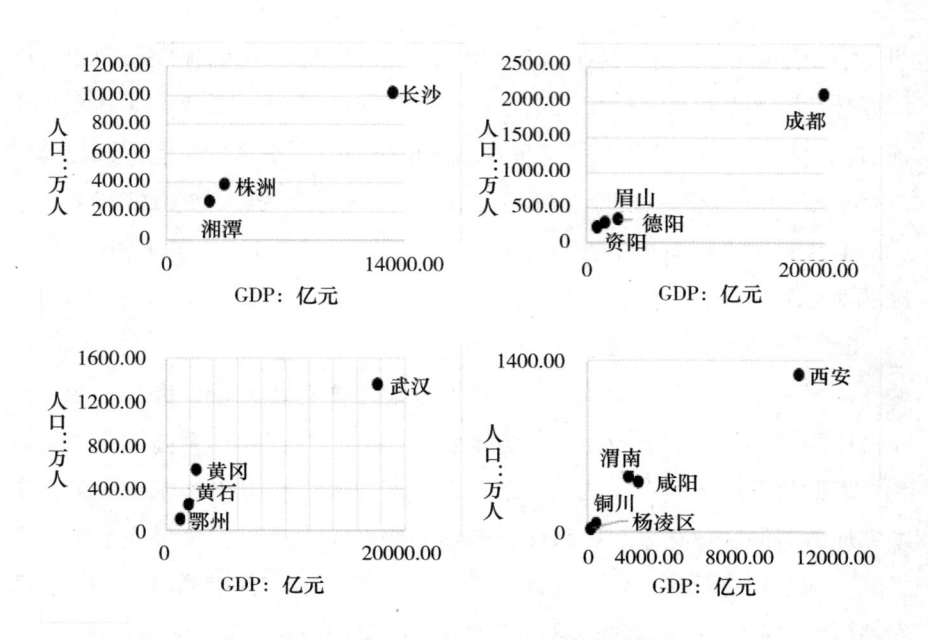

总报告　郑州都市圈高质量发展战略研究

图 1-9　2021 年长株潭、成都、武安、西安都市圈各城市 GDP 及常住人口

数据来源：Wind 数据库。

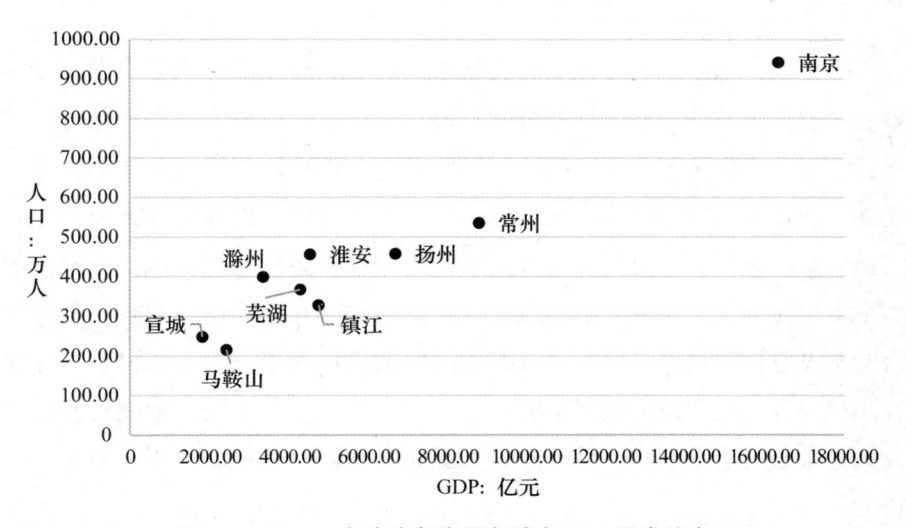

图 1-10　2021 年南京都市圈各城市 GDP 及常住人口

数据来源：Wind 数据库。

州、洛阳等城市的有效互动，尚未出现 GDP 达到 4000 亿规模的城市，除济源外，6 座城市人均 GDP 均在 8.5 万元以下，其中 3 座城市（新乡、平顶山、开封）人均 GDP 不足 5.5 万元；相比而言，南京都市圈的其他城市中有 4 座 GDP 规模在 4000 亿元以上，7 座城市有 5 座人均 GDP 在 8.5 万元以上，其中 4 座城市（扬州、镇江、芜湖、马鞍山）人均 GDP 达到了 11 万元以上。

6. 产业支撑能力不足

郑州都市圈经济总量较大，但产业发展层次总体较低，传统资源型产业占比偏高，产业的创新力竞争力不强，尤其是在产业体系高端化、国际化、集群化发展方面存在较大差距，现有产业基础难以支撑城市群参与未来更加激烈的区域竞争。引领性高端发展要素尤为匮乏，郑州都市圈"双一流"大学仅有郑州大学和河南大学 2 家，不足南京都市圈（14 所）、西安都市圈（8 所）、成都都市圈（7 所）、武汉都市圈（7 所）的 30%；千亿级、万亿级的产业集群偏少，研发经费支出占地区 GDP 比重、高技术产业增加值占地区 GDP 比重也都远低于其他城市群。

7. 区域协同发展偏弱

一方面，都市圈一体化发展机制亟待健全。郑州都市圈合作领域和内容还比较窄，目前多限于规划编制、公共交通、基础设施建设和部分公共服务领域，文化旅游、统一市场等领域专项协作机制和专题合作平台还未建立，在空间规划、产业发展、基础设施和公共服务均等化等方面仍有较大提升空间。另一方面，要素自由流动仍存在一些障碍。区域城乡发展的不平衡不充分问题比较突出，城乡要素流动仍然存在障碍，城乡二元的户籍壁垒没有根本消除，城乡统一的建设用地市场尚未建立，农村普遍存在合法权益资本化和退出机制不健全、资产沉淀不活等问题，影响农业转移人口进城定居落户意愿。城乡金融资源配置失衡，基本公共服务差距还比较大。

（三）郑州都市圈发展阶段性特征

总体而言，扩容后的郑州都市圈处于都市圈2.0发展的初级阶段，圈内城市产业经济分工布局持续优化调整，对圈外的人口吸引力持续增强，但由于产业互补分工的布局尚未完成、制度环境尚待融合等因素影响，圈内人口城镇化将呈现加速分化态势。

1. 郑州都市圈整体上仍处于都市圈2.0的初级阶段

从都市圈的演化阶段看，扩容后的郑州都市圈尚处于从"都市圈1.0"迈向"都市圈2.0"的过渡阶段。目前郑州都市圈规划引领意图初现，空间结构一体化建设如火如荼，交通网络与枢纽建设进入快速发展成熟期，以郑汴港为核心的中心产业集群已经初步形成，并开始与周边城市构建产业分工协作关系，但尚未发展出优势互补、分工合理、稳定而具竞争力的产业空间集群分布，都市圈产业深度分工格局尚未形成，在统一市场、公共服务、区域政策等方面未实现由行政区经济向都市圈一体化高质量发展的转变，生态、科技、产业、公共服务等领域还缺乏都市圈内统一的顶层设计和体制机制创新。

2. 城镇化发展处于"外部集聚、内部分化"加速期

以大城市为中心培育建设现代化都市圈将成为的重要手段，未来随着郑州都市圈建设深入推进，人口经济要素将进一步向中心城市和都市圈集聚。2021年，郑州周边县域平均城镇化率在54%以上，比全省县（市）平均水平高8个百分点以上，部分距离中心城市较远的外围地区人口增长缓慢或持续流出将成为常态，这一分化趋势将进一步加剧。此外，随着城镇化进入快速发展中后期，依赖空间扩张的传统城镇化模式难以为继，出现了未落户常住人口无法享受更多基本公共服务、与本地居民比较还有较大差距，以及居住证制度尚不能从根本上保障农业转移人口享有均等公共服务等一些新问题，面对制度改革进入"深水区"、政策红利退坡、人口老龄化严重、人工智能替代劳动力等多重因素交织，需要更多地依赖都市圈整体协同推进体制机制创新带动破题。此间，都市圈3.0阶段的社会生

态圈建设有可能与产业功能圈建设相互叠加交织、提前推进。

3. 都市圈产业分工处于持续调整优化阶段

从空间上看，《河南省新型城镇化规划（2021—2035年）》优化重塑了郑州都市圈空间格局。推动郑州带动开封、洛阳、平顶山、新乡、焦作、许昌、漯河、济源等周边城市加速融合发展，着力构建"一核一副一带多点"的空间格局，能够使"圈"内各类资源超越单一城市边界，充分利用各市现有的产业基础和交通基础，形成布局合理、分工明确、协同高效的城市群"差序格局"，实现在更大范围内的优化配置，进一步增强资源的空间配置效率。

表1-4　　　　　　　　　　郑州都市圈空间布局

空间形态	具体说明
"一核"	以郑州国家中心城市为引领，以郑开同城化、郑许一体化为支撑，将兰考纳入郑开同城化进程，发挥郑州航空港经济综合实验区枢纽作用，打造郑汴许核心引擎
"一副"	推动洛阳、济源深度融合，形成都市圈西部板块强支撑。
"一带"	落实郑洛西高质量发展合作带国家战略部署，发挥沿黄河干流区域创新和产业等要素富集优势，以郑开科创走廊为主轴、郑新和郑焦方向为重要分支，打造以创新为引领的城镇和产业密集发展带。
"多点"	主要包括新乡、焦作、平顶山、漯河等新兴增长中心。

资料来源：《河南省新型城镇化规划（2021—2035年）》。

从产业上看，为促进都市圈一体化高质量发展，郑州都市圈9市正统筹推进都市圈城际铁路、市域（郊）铁路、城际轨道交通建设，形成内捷外畅的复合型交通廊道；重点打造郑开、洛巩、许港、郑新、郑焦、郑漯、洛济、洛平等8条产业带，加快形成以郑州为中心的主导产业集群和标志性产业链；设立新乡平原城乡一体化示范区、武陟、长葛、临颍等特别合作区，提升周边省辖市、县（市）对郑州的产业配套服务能力，形成以郑州为中心的主导产业集群和关键产业链，构建梯次配套产业圈；扩大郑州优质公共服务资源服务范围，构建便利共享生活圈。

四 郑州都市圈高质量发展战略构想

郑州都市圈作为服务构建"双循环"新发展格局的重要载体、精准实施区域发展政策的重要单元，是促进全省区域协调发展的重要抓手和实现"两个确保"奋斗目标的重要支撑。在战略上，要主动对接国家区域协调发展战略、区域重大战略、主体功能区战略、新型城镇化战略，强化规划引领、交通先行、市场主导、区域联动，按照"强心同城、圈层涓滴，由内而外，小步快走"的战略方针，优化生产力布局，构建郑州都市圈大中小城市协调发展格局。

（一）战略导向

立足新发展阶段，贯彻新发展理念，构建新发展格局，从实践角度出发，建设郑州都市圈必须重点把握以下战略导向。

1. 把规划引领作为构"圈"之首

科学编制都市圈发展系列规划是都市圈建设的重要前提。都市圈发展规划编制和实施在主要发达国家和国内先进地区已有长期的广泛实践和成熟经验。要积极借鉴纽约、伦敦、东京、上海等国际性都市圈规划编制、实施的经验，结合实际情况，强化规划编制的前瞻性、科学性和可操作性。首先，都市圈规划编制要在区域整体发展框架下进行，与全国、全省的区域发展战略和整体规划相衔接，明确都市圈各阶段发展目标，探索重点任务、相关机制、保障措施，将都市圈打造为作为带动区域整体发展的重点突破区和先行区。其次，在都市圈范围内实现"多规合一"，协调各地发展定位、功能衔接，出台涵盖国土空间、区域一体化发展、资源要素、产业分工、生态治理等在内的全域规划项目，优先解决都市圈一体化进程中的重要瓶颈问题以及操作性较高的问题。最后，要实施规划全生命周期动态管理，加强各地各类规划的跟踪反馈、实施评估，避免"重规划、轻落实"。

2. 把交通先行作为融"圈"之基

交通基础设施建设是都市圈高质量发展的基础保障。从国际经验看，便捷的交通运输体系能够突破行政区划边界的束缚，加速推动人流、物流、资金流、数据流跨区域整合。因此，要坚持把交通先行作为建设"轨道上的都市圈"的基础，一方面，通过高速铁路、城际铁路、高速公路等交通基础设施建设打破区域时空分割，加强都市圈核心城市与周边地区的人口和经济联系，提升资源要素的跨区域配置效率和配置能力，形成超越行政边界的通勤圈和统一的劳动力市场。另一方面，在优化都市圈国土空间格局的过程中，同步推进都市圈范围内公共交通网络拓展延伸，形成都市圈基本交通骨架，从而拓宽中心城市的通勤范围和经济辐射范围，促进不同城市、城乡之间的人口往来、产业联动与融合发展。

3. 把市场主导作为筑"圈"之魂

尊重人口迁移、要素流动及经济发展的客观规律，实现劳动力、资本、技术、数据等生产要素的自由流动，是都市圈建设的必然要求。都市圈建设应当坚持市场主导，充分发挥"有效市场"作用，在中国特色社会主义市场经济体制下，通过加强区域统一要素市场建设，逐步破除影响要素流动的体制障碍，发挥各类要素的最大价值；通过发挥"市场在资源配置中的决定性作用"，引导产业、人口向效率更高、条件更好、综合优势更明显的区域流动，不断提高都市圈中心城市的辐射力和人口、经济、资源、环境承载力。同时，还要加强政府引导，充分发挥"有为政府"的作用，通过统筹制定系列规划、扩大交通等基础设施有效供给、完善基本公共服务、统一区域政策等举措，逐步消除不同城市行政区划内的制度环境差异，促进大中小城市经济社会均衡发展。

4. 把区域联动作为强"圈"之要

都市圈建设是其中心城市与周边中小城市、广阔乡村腹地共同作用的结果，区域联动发展是都市圈建设的应有之义。在协同发展方面，圈内各城市应彻底摒弃"竞争有余、协作不足、各自为战、同质竞争"旧模式，主动融入郑州都市圈建设，通过共建产业合作平台、打造科技（人才）飞地、开展园区托管服务、促进公共基础设施和基本服务互联互通等手段，加强产业链条分工以及公共服务的统筹，提高中心城市与周边中小城市的发展协调性，协同推进都市圈内部城市的错位发展。在产业分工方面，中心城市与中小城市之间应强化互补效应和外溢效应，利用自身不同的资源禀赋、区位条件、发展基础和产业特色，合理确定发展定位，选择具有差异化的主导产业，并加强城市间产业水平分工和垂直分工，逐步形成由内向外、由核心功能向配套功能逐步拓展的圈层产业互补格局。

（二）战略框架

基于都市圈发展的客观规律和郑州都市圈发展的客观条件，建议按照"育核同城、圈层涓滴，由内而外、小步快走"的战略方针，分步骤、分阶段推进郑州都市圈建设。

1. "育核强心"战略：做大做强中心城市

核心城市强则都市圈强。作为特大城市和国家中心城市，郑州市必须当好"国家队"、提升国际化，率先形成人口、产业、环境和要素四位一体、互动耦合的"共生系统"，增强综合竞争力和辐射带动力。高水平构建现代产业体系，积极争取国家重大生产力布局，瞄准创新链产业链价值链高端，深度参与国际产业分工，做强优势主导产业、做优战略性新兴产业、做大未来产业，强化现代金融、技术研发、成果转化等高端服务功能，全面提升资源要素配置能力，提升创新驱动能力和产业引领功能。高品质推进城市功能建设，瞄准营造国际一流的"三生"环境，培育创新土壤、优化营商环境，加强基础设施投资建设，强化公共服务高质量供给，重塑国际化山水都市风貌，加快黄河流域生态保护示范区、黄河历史文化展示区建设，吸引高端经济要素集聚，全面提升城市的营商品质、生活品质、生态品质、人文品质。高标准提升城市治理效能，以"智慧郑州"建设为抓手提升城市治理体系和治理能力现代化水平，积极推动参照副省级城市赋予郑州更大经济社会管理权限，进一步完善市与区县（市）管理体制，推动中心城区高端要素、人口和产业高效集聚，更好地服务国家中心城市建设、黄河流域生态保护和高质量发展、促进中部地区崛起等战略大局。

2."同城一体"战略：加快推进郑开同城化和郑新、郑焦、郑许、洛济一体化发展

顺应产业布局、人口流动、空间演进趋势，以郑州大都市区为基础，加强开封、新乡、焦作、许昌与郑州市域一体化规划实施，着力打造郑州中心城区功能疏解承接地和产业功能互补区，率先实现郑州周边市县与郑州中心城区同城化一体化发展，提升郑州周边城市的综合承载能力，加快构建优势互补、分工合理、良性互动、同城一体的紧密型都市圈核心圈。做强做优郑州都市圈核心动力源，以郑州主城区、郑州航空港综合实验区为龙头，辐射带动尉氏、长葛、新郑等周边区域融合发展，有力促进郑开同城化、郑许一体化，加快打造郑汴许核心动力源。强力推动郑开同城化率先破局，突出郑开同城化先行示范区的核心引领作用，强化交通廊道、产业廊道、生态廊道、文化廊道等轴带的牵引串联作用，研究将兰考纳入郑开同城化进程的具体举措，着力构建一体联动、合作共赢的同城化发展新格局。深入推动郑新一体化加快进程，以平原示范区为支点打造郑新一体化发展"桥头堡"，带动郑新两市在规划编制、产业政策、交通网络、配套设施、公共服务等方面深度对接、全面合作。积极推动郑焦一体化深度融合，发挥郑焦地缘相近、历史相承、文化相亲的独特优势，以交通一体化为引领，推动郑焦基础设施互联互通、产业分工互融互补、生态环境共保共治、公共服务共推共享。协同推动郑许一体化互补共进，在郑许同步规划建设地铁、高速公路、城际轨道交通等基础设施的基础上，以许港产业带为重点，推动郑州科研要素优势和许昌制造业基础优势互补，推动形成郑许交通、产业一体化高质量发展格局。加快推动洛济一体化取得实效，以交通一体化为先导，推动优特钢与装备制造、石油冶炼与精细化工、有色冶炼与产品深加工等优势产业协同互补，谋划发展洛济焦、洛巩、洛汝、洛渑等重点产业带。

3."圈层涓滴"战略：构建优势互补、协调联动的都市圈

基于各个城市的自身定位和发展特点，充分对接郑州都市圈各个城市

区域经济发展布局，依托交通廊道、产业廊道、生态廊道、文化廊道等，发挥都市圈层外拓的"涓滴效应"，逐步扩大郑州中心城区、郑汴港许核心引擎区对周边地区的辐射范围，将开封、新乡、焦作、许昌打造成为郑州中心城市向外辐射的战略支点，发挥洛阳副城市作用以及平顶山、漯河、济源联动南北、联结城乡的纽带作用，推动郑州都市圈由内而外协同联动，显著提升都市圈整体竞争力，增强人口和资源要素吸引力、承载力。向东，实施一体发展战略。深入推进郑开同城化发展，在郑开交界县区率先打造同城化发展样板区，积极寻找区域一体化同城化制度创新路径，创新同城化成本共担、利益共享有效模式，为全省探索同城化发展体制机制可复制的经验。向北，实施协同发展战略。利用黄河流域生态保护和高质量发展国家战略以及相关交通、产业、生态轴带，以平原新区、原阳、武陟等为黄河北岸战略新支点，以郑开科创走廊为郑新、郑焦分支为牵引，重点建设若干郑州都市圈特别合作区，打造城镇和产业密集发展带，促进郑新、郑焦跨黄河、跨区域协同发展。向西，实施联动发展战略。落实郑洛西高质量发展合作带部署，利用洛阳副中心城市的定位，发

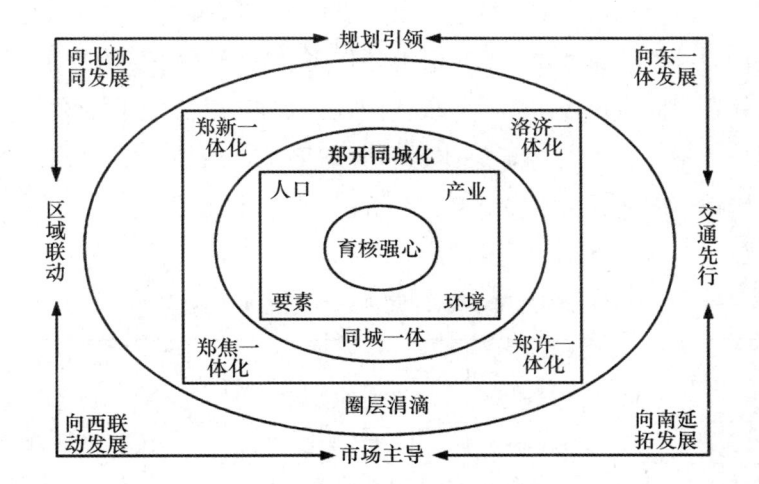

图1-11 郑州都市圈高质量发展战略框架

资料来源：笔者绘制。

挥创新、产业、人文等优势突出的特点，联动郑州打造郑州都市圈西翼强磁场，联合济源打造豫西产业创新强支点，打通南北向高铁通道，做强装备制造、高端石化、文化旅游等产业基地，完善提升河洛地区国际化水平。向南，实施延拓发展战略。借助郑州（航空港区）、洛阳的双辐射作用，首先强化许昌作为郑州都市圈核心区的产业地位，放大平顶山、漯河等地能源化工、新材料、食品制造、内河航运等特色产业优势和区位交通优势，形成相关产业统筹联动发展机制，推进平顶山、漯河与郑州协同发展，延伸郑州都市圈的产业分工协作和资源共享范围，向南拓展郑州都市圈的战略发展空间和辐射影响力。

五 郑州都市圈高质量发展的重点任务

实现郑州都市圈的高质量发展、高水平建设，要坚持区域一体化发展的政策导向和推动跨区域联动发展的主攻方向，进一步发挥郑州国家中心城市在都市圈建设中的引领作用，创新区域一体化空间治理体系，实现中心城市、大城市与周边中小城市的融合发展。在策略上，要聚焦打造高质量发展动力系统，通过建设都市圈交通体系、要素高效配置体系、科技协同创新体系、同城化合作体系、现代产业体系、公共服务同标体系、战略实施保障体系、多维对外开放体系和生态环境共治体系等"九大体系"，着力推进都市圈多层级、多节点、网络化、现代化发展。

表1-5　　郑州都市圈高质量发展"3*3"任务体系矩阵

	先导类	强化类	提升类
基础型	都市圈交通体系	要素高效配置体系	科技协同创新体系
功能型	同城化合作体系	现代产业体系	公共服务同标体系
环境型	战略实施保障体系	多维对外开放体系	生态环境共治体系

资料来源：笔者整理。

（一）强化战略实施保障体系

1. 加快完善都市圈规划体系

充分加强省委省政府的统筹引导和顶层设计、发挥都市圈内各市政府主观能动性，积极探索建立统筹中心城市、卫星城市、特色小城市和特色小镇的郑州都市圈国土空间规划体系。在此基础上，借鉴南京都市圈建设经验，加快编制郑州都市圈共同发展纲领和"1+1+3+N+X"规划体系，确保郑州都市圈协同发展始终在"法制"的"同一蓝图"下绘就。建立统一的郑州都市圈规划管理信息平台，实现各级各类规划之间的有机衔接。加强规划实施的后期评估机制建设，提高都市圈建设的工作效率和执行力。建立郑州都市圈专家咨询委员会，定期跟踪国内外发达地区都市圈建设的先进经验，并结合我省实际情况，逐步完善郑州都市圈建设发展思路。

2. 逐步健全都市圈合作机制

建立由都市圈中心城市牵头的协调督导推进机制，发挥中心的牵头引领作用，围绕郑州都市圈规划协调、定期会晤、政策协同、部门协作、信息共享、应急响应以及联合监管等，建立在省委省政府统一领导下的部门行业责任和地方属地责任机制，建立由区内各市县党政主要领导挂帅的常态化工作督导推进机制，确保都市圈建设工作落地见效。以郑开同城化示范区等跨区域合作功能平台为突破口，率先探索经济区与行政区适度分离改革，推动在政策协调、产业协同、基础设施共建、公共服务共享等方面取得实质性突破，催生一批可复制、可推广的经验。积极利用人工智能、物联网、大数据等现代信息技术手段，加强对都市圈人口流动、政务互通、产业发展、公共服务、生态治理的动态监测和信息共享，完善都市圈突发公共事件联防联控机制，联合制定重大事件应对预案，不断增强都市圈协同治理能力和安全发展韧性。

3. 创新构建都市圈成本共担和利益共享机制

加快构建郑州都市圈协商合作、成本共担、利益共享、社会参与等机制,借鉴欧盟结构基金经验,设立郑州都市圈区域协调发展基金,按各地市 GDP 或财政收入的一定比例缴纳,采用定额管理方式使用,主要用于补偿郑州都市圈一体化发展中利益受损方。借鉴杭州、南昌都市圈做法,成立郑州都市圈一体化发展投资基金,重点支持都市圈范围内跨区域重大基础设施互联互通、生态环境联防共治、创新体系共建、公共服务均等化和信息系统共享、园区合作等项目合作。借鉴京津冀协同发展成熟经验,探索建立互利共赢的税收分享和征管协调机制,率先开展产业跨市迁移、重大产业项目跨市协作的财税分配和产业增加值统计机制的试点,针对"飞地园区"、协同发展产业园区等产业平台开展跨区域投入共担、利益共享的税收征管协调机制研究。

4. 探索建立都市圈发展第三方评估机制

制定郑州都市圈发展绩效考核指标体系,出台专项考核办法,明确相关省直单位和市县建设责任,建立健全差异化的分类考核机制。推进第三方评估制度化、专业化、规范化,建议由省发展改革委牵头完善郑州都市圈建设第三方评估机制,鼓励智库参与都市圈建设决策咨询,建立协调郑州都市圈内部科技创新、人才发展、产业发展、项目建设的信息共享平台和信息通报机制,定期分析研究、跟踪调整都市圈建设状况。同时,加快评估结果的综合运用,对考核排名靠前的地方给予用地指标、财政税收等奖励,对工作突出的处级以下干部加大在郑州都市圈范围内的任职交流力度。

(二) 协同建设现代产业体系

1. 推动圈内城市功能差异化定位

以国土空间结构一体化为基础、以优化区域分工和产业布局为重点,基于不同城市的资源、区位、产业等优势,合理确定郑州都市圈职能分工和战略定位,通过区域差异化定位实现错位发展、避免同质无序竞争。充分发挥郑州国家中心城市作用,积极参与全球优质资源竞争,全面提升城市核心竞争力和综合服务功能,带动都市圈发展能级整体提升。强化开封文化休闲与国际交往功能，形成都市圈文化功能与特色服务中心，实现与郑州市的融合互补发展。充分发挥许昌先进制造业优势，加强郑汴许"黄金三角"内部功能组织和结构优化，协同打造郑州都市圈先进制造业集聚核心区。推动洛阳、济源深度融合发展，加快建设以高端装备、精细化工、绿色能源等引领的洛济产业带，打造具有国际竞争力的装备制造产业集群。提升新乡、焦作、平顶山、漯河等区域性中心城市的综合服务能力，加快产业和人口集聚，增强区域辐射带动能力，主动承担都市圈部分核心职能，强化战略支撑。其他中小城市要突出自身特色和比较优势，善于利用郑州及其他大中城市的优质资源，不断提升自身产业配套能力，积极融入郑州都市圈，成为其中的关键一环。

2. 推动各地产业体系合理化分工

加快编制统一的郑州都市圈产业发展规划，推动郑州都市圈各城市产业发展规划与其相衔接。赋予郑州中心城市更大的资源配置权，加快形成都市圈产业发展核心引擎，以更大程度发挥辐射带动作用。引导、鼓励中心城市的制造业、服务业企业疏解至都市圈成本更低的区域，通过产业集聚、转型升级，逐步形成核心竞争力突出的产业集群。积极承接长三角、京津冀、粤港澳大湾区等地产业转移，加快建设若干承接新兴产业转移的优质载体。加强都市圈产业协作平台建设，借助"交通+产业"走廊、"飞地经济"等探索区域产业合作新模式，完善都市圈的产业分工与产业链融合机制、产业合作中的利益共享与成本分担机制、新业态共育机制以及国际国内市场双向拓展机制，加深圈内城市产业合作水平。

3. 推动行业企业生态系统化构建

积极运用新技术、新模式赋能全方位、全链条产业发展，提升企业平台化设计、智能化生产、个性化定制、网络化协同、服务化延伸、数字化管理的能力。注重企业融资渠道拓展和知识产权保护，提升企业发展活力和知识产权转化效率。推动行业与行业之间、行业内部不同部门之间、产业链不同环节企业之间，加强资源就地深度转化和要素异地高效重组，协同锻造价值链，让都市圈内行业企业在分化中整体走向新的生命成长周期。

(三) 共建都市圈交通体系

1. 加快郑州国际综合交通枢纽建设

进一步强化郑州枢纽功能、巩固枢纽地位，优化"铁公机"综合交通网络，利用陆铁水联运"一次申报、一次查验、一次放行"通关特点，加强与铁路系统、港口的链接和合作，建设水运、铁运、陆运的无缝对接交通体系，创新口岸通关物流机制，提升全球联通水平和要素配置能力。巩固铁路枢纽地位，加快推进三洋铁路建设，提高济郑渝通道、太郑合通道运输畅通水平，打造以郑州为中心的十向联通综合运输通道格局，推动通道扩能提质，增强综合运输网络韧性。提升国际航空枢纽能级，大力推进郑州机场三期工程建设，推动机场空域资源扩容优化，推进郑州机场海外货站、北货运区建设，加快郑州—卢森堡"双枢纽"模式持续拓展，打造24小时全球可达的航空货运服务体系。

2. 打造"轨道上"的郑州都市圈

按照"贯穿+放射+互联"的布局思路构建都市圈轨道交通网，实现对都市圈范围内中心城市和县城的高效覆盖，串联都市圈内主要核心板块和重要交通枢纽。尽快启动郑州城市轨道交通四期建设规划，加快都市圈通勤线 K1、K2、K3 建设。在城市轨道交通接轨的基础上，建设以郑州中心城区为核心的放射线和不同圈层间的都市圈环线，推动干线铁路、城际铁路、市域（郊）铁路、城市轨道交通"四网融合"，超前规划高速磁悬浮铁路线路、预留建设空间，加快形成"市区连片成网、都市圈互联互通"的轨道交通骨架。科学编制轨道交通沿线和站点周边土地综合开发规划方案，以轨道交通廊道为依托，以 TOD 模式为引领，打造多个 TOD 节点，以节点带动要素汇集、组团开发，促进交通节点和产业功能、城市功能融合。

3. 加强交通基础设施互联互通

树立交通先行、交通为要的理念，加快同城化通道等建设，织密都市圈射线、环线高速公路网，开行郑州中心城区至郊县及周边城市的公交化列车。加快城市内部交通和都市圈城市之间交通的有效衔接，通过跨城市跨部门联合协调，加快打通地区间的"断头路"，加强高铁车站与公交车站、轨道站点的接驳，规划建设郑州中心城区连接新密市、登封市等县城的快速通道，提高农村道路标准，更大程度地发挥交通在都市圈发展中的作用，提高都市圈通勤效率。

4. 依托交通优势大力发展枢纽经济

着眼都市圈发展需求，以基础设施建设为先导，完善枢纽综合服务功能，扩大枢纽辐射范围，强化产城融合，通过"枢纽+物流+消费+制造"实现变"流量"为"留量"。围绕开发区、物流园区等发展载体建设铁路专用线，推动干仓配一体化发展，落实专业化产品货运通道的布局，促进城际干线运输和城市末端配送衔接。依托枢纽调整优化产业布局，创建郑州都市圈枢纽经济示范区，明确区域功能定位，建立核心产业、紧密产业和关联产业清单，精准招商引资。加快航空物流、高铁物流、冷链物流、寄递物流等专业物流发展，培育全国领军型、特色标杆型、新兴成长型物流企业。

（四）打造科技协同创新体系

1. 绘制郑州都市圈科技创新生态图谱

围绕都市圈各城市的高等院校、科研院所、创新平台、重点企业、产业园区等科技创新资源，以产业链、创新链为主线梳理创新资源，健全科技数据共享体系，形成开放式、一站式、数字化、可视化的数据库平台，帮助都市圈内科技企业、创新单位寻找到合适的产学研合作伙伴。成立郑州都市圈科技创新共同体委员会，完善各成员单位议事会议制度，构建协同创新新机制，发布郑州都市圈关键核心技术需求榜单。探索设立郑州都市圈科技创新智库联盟及技术转移联盟，开展科技创新研究和相关咨询活动，推动技术市场供需适配，促进都市圈科技成果转化、协同创新和管理创新。依托郑开科创走廊等，积极引导郑州科创资源向都市圈其他城市辐射。

2. 构建都市圈科技创新分工协作体系

更好发挥有效市场和有为政府的叠加作用，支持郑州都市圈各城市优化创新资源配置，打造区域合作创新发展的样板。充分发挥郑州国家中心城市的科技辐射带动作用，围绕中心城市共建郑州都市圈开放型区域创新体系，合理引导中心城市的创新资源外溢和科技成果集聚、孵化、输出，发挥各城市比较优势，打造细分领域的科技创新高地或应用场景示范区，推动形成研发在中心城市、转化在周边城市、制造在产业园区的"链式配套—梯度布局"科技协同创新体系和"研发总部—生产分支"的产业分工布局。支持郑州都市圈各城市共同深化科技创新治理，建立统一的知识产权交易保护机制，以需求为牵引、企业为主体、市场为导向、产学研深度融合为方向，强化都市圈产业创新资源共享，激发各类市场主体创新活力，营造有利于都市圈科技创新的良好生态。

3. 建设创新资源汇聚的重要承载区

充分发挥黄河流域科技创新联盟、郑洛新国家自主创新示范区等高端战略平台作用，促进郑州都市圈内外人才、技术、资本、信息等创新要素高效融通、联动发展。充分发挥郑州大学、河南大学、战略支援部队信息工程大学、河南省科学院等高校院所创新资源优势，加快综合性国家技术创新中心、科技成果转化中心等项目建设，将国家重大战略与都市圈创新需求有机结合，与各地高新技术开发区和产业园区合作建设伙伴园区，以异地孵化、飞地园区等形式联合培养科技人才、共同培育技术经纪人队伍、联合申报国家及省级重大科技项目、开展重大科技项目联合攻关、提供创新创业咨询孵化服务，打造集"高校+科研院所+企业+科技园区+服务平台+科技金融"于一体的产学研用金创新平台体系。在郑州都市圈统筹布局建设一批新型研发机构、科技产业园区、产学研合作基地等，推动科技创新资源共享，努力培养以众多高成长性科创企业为支撑的产业创新集群。

（五）健全同城化合作体系

1. 围绕具备条件的重点领域率先突破

以同城化一体化发展规划体系统筹引领，集中财力加大投资，尽快启动一批市际交通、能源、水利、生态、民生等领域的重大工程项目。谋划建设联通郑汴、郑新、郑焦、郑许的市域轻轨和环线，实现交通同网；依托主要交通廊道推进郑开、许港、郑新、郑焦等重点产业带建设，实现产业同振；统一科教发展环境，加强科教创新资源共享，实现科教同兴；统筹核心片区文化资源，谋划高水平主题精品旅游线路，实现文旅同域；以黄河为纽带建设沿黄生态廊道，开展生态环境保护协同治理，实现生态同治；推动郑州优质公共服务资源有序下沉、外溢，扩大中心城市公共设施服务半径，实现公共服务同享。

2. 谋划打造都市圈同城化发展示范区

以行政毗邻区打造都市圈域同城化发展示范区，已成为各地都市圈同城化发展的重要突破口和优先选项，要充分借鉴浙江杭嘉一体化合作先行区和广东荔湾—南海同城化合作示范区、花都—三水同城化合作示范区、番禺—顺德同城化合作示范区等经验，发挥郑州国家中心城市集聚辐射作用和行政毗邻区的衔接示范作用，摒弃行政区划思维，进一步细化、缩小同城化发展示范区范围，在航空港区—尉氏、汴西新区—中牟县、新乡平原一体化示范区、焦作武陟产业新城、港区—长葛等两市交界县区，推动有一定发展基础的毗邻区域开展一体化示范，通过园区合作共建、管理机制创新等方式，率先实现与各自中心城区、与郑州中心城区的同城化，打造郑州都市圈同城化发展样板区。同时，积极打造洛济一体化发展先行区，推进洛阳、济源率先实现跨区域融合发展；发挥巩义、偃师、孟州等县市的支点作用，促进原洛阳都市圈地区与郑州大都市区的优势互补、融合联动，为打造跨黄河发展新模式奠定基础、探索路径。

3. 健全同城化发展体制机制

加快构建郑州都市圈规划协调、工作协同、政策协作、成本共担、利益共享、社会共建等机制。在省都市圈建设工作领导小组统一领导下，常态化设立省、市两级同城化发展领导小组，负责统筹谋划、整体推进、督促落实同城化各项工作，确定同城化年度工作要点并督促实施，建立交通、产业、市场、生态、公共服务、社会治理等关键领域同城化发展问题的集中会商机制，定期召开省市共建联席会议协调解决。共建共享中国（河南）自由贸易试验区、郑洛新国家自主创新示范区等高水平开放平台，建设郑州都市圈科技成果转移转化示范区。协同深化都市圈"放管服"改革，率先推动郑开、郑新、郑焦、郑许、洛济同事无差别受理、跨城同标准办理。

（六）完善公共服务同标体系

1. 谋划多级一体的公共服务布局圈

牢牢把握以人为核心的城镇化，聚焦郑州都市圈中心城市、次中心城市、大中城市、重点镇和特色镇，打造若干特色化、专业化公共服务基地，强化区域、城乡间科教文卫等基本公共服务统筹布局，形成层级清晰的公共服务网络体系，辐射带动公共服务能力全域提升。聚焦破解公共服务同城化制度性政策性问题，加快推进一批郑开同城化及郑新、郑焦、郑许、洛济一体化重大政策和标志性工程，在同城化发展示范区率先建设公共服务同城发展示范区。以都市圈各市县交界区、城乡接合部为重点，综合考虑地理区位、交通优势和服务水平差异，按照优势互补、分工协作、共建共享发展原则，因地制宜建设若干跨区域公共服务协同发展区。

2. 打造宜居宜业的优质优享生活圈

加强加快都市圈范围内跨区域医疗、教育、养老、文化等资源合理布局、普惠共享，在都市圈中心城市与周边中小城市之间，率先尝试通过院校共建、委托管理、人员交流、双向互访等多种渠道，实现公共服务资源与常住人口规模相匹配。在都市圈内人口大量流入的地区加快集体经营性建设用地入市和农村宅基地制度改革，推动郑州都市圈户口跨地市迁移"一站式"办理。建立都市圈一体化的住房市场体系和住房保障体系，把符合条件的农业转移人口纳入城镇住房保障体系和住房公积金覆盖范围，为劳动力的自由流动解除居住之忧。加强郑州都市圈教育集团、学校联盟、城乡学校共同体和医联体建设和跨区办医，以现代科技手段为支撑开展远程教学医疗，推动优质教育医疗资源扩容下沉和区域均衡布局。深入挖掘都市圈文化底蕴，加强圈内人文交流融合，共同打造特色显著的都市圈文化公共品牌，实现都市圈物质文明和精神文明协同发展。

3. 积极建设城乡融合共同富裕先行试验区

围绕确定的5项重点任务，加大改革探索力度、细化配套政策举措，积极推进许昌国家城乡融合发展试验区改革探索，为全国提供可复制可推广的典型经验。在郑州都市圈范围内选取若干改革基础较好、试验意愿强烈的地区，优先创建一批省级城乡融合发展试验区。研究制定城乡融合先行试验区公共服务均等化发展方案，聚焦推动建立完善城乡教育资源均衡配置机制、城乡统一的社会保险制度和社会救助体系、城乡跨区域医联体布局和分级诊疗制度、城乡基础设施分级分类投入机制、城乡公共文化服务体系、公共服务供给及成本分担机制等方面进行先行先试、重点探索，推动城镇公共服务向农村延伸、社会事业向农村覆盖，使发展改革成果更多、更好、更公平地惠及全体人民。

（七）构建多维对外开放体系

1. 以郑州高水平对外开放为龙头激活对外开放新动力

强化郑州作为郑州都市圈中心城市的开放门户作用，提升城市国际化水平，提高全球城市网络节点地位，打造郑州都市圈开放高地，建设黄河流域对外开放新门户。发挥交通枢纽显著优势，积极建设新郑机场三期，适时启动郑州第二机场建设，积极争取第七航权，充分发挥"中欧班列（郑州）"通道优势，构建面向东盟、中亚、西亚和欧洲的国际陆空贸易通道，打造建设国际性区域航空枢纽和铁路枢纽。高质量推动新一轮"五区深度联动"，研究把郑州航空港纳入郑州片区，创新跨境电商+装备制造、跨境电商+智能终端、跨境电商+纺织服装等"电商+"发展模式，支持郑州新郑综合保税区申请打造国家进口贸易促进创新示范区。做大做强现有功能性口岸，积极参与全球资源配置和产业分工，积极争取有利于本土优势主导产业发展的口岸政策，建设直达贸易对象国的内陆起点口岸。积极开展国际交往交流，争取外事机构、国际组织分支机构、签证中心落地，建立健全国际会赛引进和申办联动机制，打造国际会展赛事举办地，依托综合枢纽优势，新缔结一批国际友好城市和友好合作关系城市，建设国际友好往来城市。

2. 内外联动打造内陆开放新高地

以"四路协同"为引领打造对外开放格局，充分利用第五航权大力拓展国际（地区）客货运航线，持续增强空中丝路的辐射力、影响力，打造联通欧亚、辐射全球的空中廊道；积极培育腹地货源，以便捷物流带动产业集聚发展，推动陆上丝绸之路扩量提质；创新发展网上丝路，鼓励跨境电商为进出口企业提供一站式便利化综合服务，促进跨境电商与制造业融合发展；推进与海上丝路无缝衔接，积极对接周口、淮滨等内陆港及其航运网络，构建郑州都市圈与青岛、天津、连云港、上海等港口的多式联运系统。以我省"一圈四区"建设为契机重塑对内开放格局，依托亚欧陆桥通道和黄河纽带，扎实推进郑洛西高质量发展合作带建设，构建面豫西转型创新发展示范区和西安都市圈的创新开放和绿色发展轴；以黄河战略实施为契机，积极对接京津冀协同发展，借鉴武汉、南京、济南等城市跨江跨河发展经验，加强跨黄河通道研究，促进郑焦、郑新一体化发展，有效带动豫北跨区域协同发展示范区建设；依托豫东承接产业转移示范区建设，加强与商丘商贸物流枢纽和周口内河航运枢纽的合作，进一步对接徐州、南京、上海、杭州等都市圈，深度融入国内国际双循环；以豫南高效生态经济示范区建设为契机，以跨省市区域合作功能平台为重点，深化鄂豫皖省际跨区域合作，推动在规划统筹、政策协调、协同创新、共建共享等方面取得实质性突破，催生一批可复制、可推广的经验，加快形成系统集成、"以点带面"综合效应。

3. 推进高水平制度型开放

稳步扩大规则、规制、管理、标准等制度型开放，推进金融、政务、监管、法律、多式联运等领域集成化制度创新，打造河南制度型开放创新先行区。加强与各国和国际组织之间规则标准对接，深度融入 RCEP，持续深化融资、贸易、能源、数字信息、农业等领域标准化务实合作。全面深化"一圈一网通办"前提下"最多跑一次"改革，畅通政商沟通服务渠道；全面落实准入前国民待遇加负面清单管理制度，推动都市圈内投资自由化便利化；创新要素保障机制，破解融资难、融资贵难题，探索建立适应国际化建设涉外管理机制，提高土地利用效率，提高招商引才核心竞争力。加强郑州都市圈市容市貌整治力度，加快新型智慧城市建设，提升城市精细化管理、人性化服务水平。

（八）建立生态环境共治体系

1. 在都市圈内率先建立生态补偿机制

加快完善市场化、多元化生态补偿机制，有效调动全社会参与生态环境保护的积极性。持续开展都市圈城市空气环境质量、水环境质量生态补偿，在湿地自然保护区、湿地公园、重要湿地探索生态补偿试点，加快建立完善黄河、淮河流域河南段横向生态补偿机制。归并和规范郑州都市圈范围内现有生态资源，推动将生态产品价值核算结果纳入生态补偿内容，鼓励各地按照自愿协商原则，综合考虑生态产品价值核算结果、生态产品实物量及质量等因素，修订完善转移支付资金分配机制，重点完善对太行山、嵩山生态区，平原农田和黄河文化生态带等重点区域的横向生态补偿制度。探索通过发行企业生态债券和社会捐助等方式，拓宽生态保护补偿资金渠道。探索通过生态公益岗等方式对居民实施生态补偿。

2. 推动郑州都市圈生态产业市场化建设

加快推进水资源使（取）用权转让、二氧化硫和氮氧化物排污权交易、碳汇、碳排放权交易等试点工作，试行林权、采矿权、污水处理收费权等抵（质）押贷款，完善生态产品市场化机制。拓展生态产品经营开发模式，推进平顶山市、济源示范区等一批国家级和省级农业绿色发展先行区建设。积极发展绿色低碳工业，鼓励积极创建国家生态工业示范园区。

加快发展生态旅游，拓展"生态旅游+"应用，加快建设长城、大运河、黄河国家文化公园（河南段），创建一批国家和省级森林康养基地、生态旅游示范基地。加快培育生态产品市场经营开发主体，打造生态产品区域公用品牌、生态产品供需对接平台，推动生态产品市场交易。

3. 强化都市圈生态环境共保联治

立足都市圈生态系统的整体性，加强郑州都市圈内各城市水环境综合整治、空气污染防治等区域环境保护政策体系和管理制度的整体对接，建立统一的环保标准和协同治理体系和环境联治机制，深化蓝天、碧水、净土共保联治，共筑中原核心区域生态屏障。开展生态环境损害评估，完善生态环境损害鉴定评估方法和实施机制，加强郑州都市圈生态环境修复与损害赔偿联合监督执法，完善都市圈生态环境损害行政执法与司法衔接机制，推动生态环境损害成本内部化，提高破坏生态环境违法成本。

4. 打造都市绿色集约发展圈

把都市圈资源环境承载力尤其是水资源承载力作为基本依据，坚持以水定城、以水定地、以水定人、以水定产，引导都市圈空间发展方向绿色化、可持续，促进城镇格局、产业格局与生态格局相协调。提高各类资源要素的利用效率，促进节水减排治污，科学有序推进城市垃圾分类工作。

（九）建设要素高效配置体系

1. 加快构建都市圈高标准市场体系

积极搭建都市圈要素市场平台，共构圈内统一市场建设、统一海关制度、统一监管体系，最大限度地促进资源要素在都市圈内跨区域、跨城市合理配置、自由流动。规范和完善都市圈内统一的二级土地市场，加快推进土地供需服务平台建设，制定完善土地二级市场供需信息发布机制和交易规则，支持建立都市圈内城乡建设用地增减挂钩节余指标跨市调剂使用机制。深入推进以经常居住地登记户口制度，实现基本公共服务由常住地提供，建设郑州都市圈人口发展监测分析系统，加快建设区域医疗中心，实施高水平大学建设行动，提高创新人才集聚能力。加快推动都市圈地方金融监督立法工作，探索建立都市圈"科技贷+贴息+科创基金+奖补"金融支持体系，促进科技人才、科技项目、成果转化培育孵化。建设都市圈科技成果转化交易市场，加强科技成果管理与科技计划项目管理的有机衔接，加快推进科技产业社区建设，打造科技产业社区示范样板。围绕各市政务信息化工程统一建设、统一运维，发挥政务信息资源共享平台的枢纽作用，逐步构建郑州都市圈横纵向覆盖的大数据标准体系，积极打造统一的技术标准和开放的创新生态。

2. 健全都市圈要素市场治理体系

坚持多元主体参与，协调各市联合建设统一的要素市场平台，引导培育人力资源、金融资产、土地指标、大数据、知识产权和文化版权等全要素交易市场，做到建设共同推进、安全共同维护、治理共同参与、成果共同分享。建立完善都市圈市场监管协调机制，设立都市圈行政审批中心，探索要素价格管理和监督的有效方式，创新要素交易规则和服务，建立健全数据交易监管制度，为企业竞争营造公平有序的市场环境。建立健全都市圈地方立法和执法工作协同常态化机制，规范交易行为，完善都市圈标准统一管理制度和一体化诚信、治理体系，探索圈内跨区域信用联合奖惩模式，探索建立自然人破产制度，打造"信用免押金都市圈"。

3. 完善都市圈内按要素分配机制

构建充分体现知识、技术、管理等创新要素价值的收益分配机制。建立健全与郑州都市圈常住人口规模相适应的财政转移支付、住房供应、教师医生编制等保障机制，促进公共服务一体化。稳妥推进各市农村房屋产权登记和建立农民住宅财产权抵押、担保、转让制度协调统一，联合出台集体经营性建设用地入市增值收益政策，兼顾国家、农村集体经济组织和农村居民权益。健全职务科技成果产权制度，探索"技术入股+现金入股"，鼓励高校、科研院所以科技成果作价入股等方式参与收益分配。

（执笔人：王超亚）

专题一

郑开同城化高质量发展路径研究

摘　要：当前都市圈已成为我国城镇化发展的重要趋势和区域竞争的主要力量，同城化成为都市圈推动更高水平一体化的重要趋势。本研究通过深入分析同城化内涵，探索同城化发展规律，梳理国内都市圈同城化的主要做法，在系统分析郑开同城化现状和问题的基础上，提出郑开同城化发展的思路与路径，为推动都市圈发展一体化发展提供参考借鉴。

关键词：都市圈；郑开同城化；一体化

近年来，我国经济发展的空间结构正在发生深刻变化，经济和人口向大城市及城市群集聚的趋势更加明显。对省级行政区而言，构建更加均衡更有辐射力的大都市圈，融入并参与打造具有全球影响力的世界级城市群既是大势所趋，也是促进要素有序流动、推动各地充分发挥比较优势、实现资源的优化配置和产业集约经营的内在要求。郑州、开封地处郑州都市圈核心区域，地域相连、人缘相亲，经济社会发展联系紧密，合作源远流长，郑汴一体化在全国区域一体化发展中起步早、条件好、程度深，两市深度融合发展已取得丰硕成果，未来进一步深化郑开合作，推动郑开同城化发展将是郑州都市圈发展的重要突破口。

一　同城化背景

随着全球化与城镇化的持续加速推进，同城化被视为推动经济发展，协调社会、经济、环境持续发展的先进方式和提升区域竞争力的重要手段。我国各地也纷纷进行同城化实践和理论研究，对同城化的认识不断深入，同城化发展水平不断提高。当前，同城化进入快速发展时期。

（一）同城化的内涵特征

1. 同城化提出的背景

随着经济全球化与网络化进程的不断深化，城市群、都市圈已经逐步取代单一型城市，成为国家或地区参与全球竞争与合作的主流概念空间地域单元，加速经济全球化与区域经济一体化发展日益成为当今时代世界经济发展的重要特征。随着我国各区域板块一体化的深入发展，以及区域内交通网络的日益便捷化与公交化，相邻区域与城市之间交通、信息、人才、资金等要素流动更为畅通，跨城居住生活、跨城购物消费、跨城养生养老、跨城教育医疗等方式越来越成为提升城市生活品质的新需求。因而，相邻城市之间的"同质"发展需求，即"同城化"需求愈来愈明显。2005年深圳最早提出与香港形成"同城化"的发展态势和理念后，国内众多区域板块都提出了同城化的发展思路。"同城化"逐渐成为我国城市协同发展的重要议题，其发展模式与发展战略也日益成为提升相邻区域经济板块的一种有效形式和竞争力的重要来源。

2. 同城化的内涵和特征

同城化是指一个城市与另一个或几个相邻的城市，在经济、社会和自然生态环境等方面具有能够融为一体的发展条件，以相互融合、互动互利，促进共同发展；以存量资源，带动增量发展，增强整体竞争力；以优势互补，相互依托，完善城市功能，建设和谐宜居城市。同城化往往是都市圈发展到高级阶段的一种表现，其不是同一化或者同体化，更不是简单的规模扩张，而是通过城市间基础设施联通对接、要素自由流动、资源高效配置、产业关联配套、公共服务便利共享等关键环节，在空间上临近且经济联系密切的城市之间构建网络化统一体，从而带来都市圈整体竞争力、协同力与辐射力的跃升，形成市场统一与高质量一体化的板块经济。主要有以下特征：一是同城化主要产生于经济发展水平较高的城市群区域，具有强大的中心城市；二是空间距离较近，具有方便快捷的交通连接方式；三是产业结构互补，城市间存在紧密的经济社会联系；四是政府合理组织，民众有较强的区域认同感。

（二）推动同城化的重要意义

1. 同城化是经济高质量发展的新引擎

从经济学上讲，同城化通过区域一体化和分工合作，可以降低发展成本，刺激投资和经济增长，提高区域整体竞争力，从而产生同城化效应。一是降低交易成本。在同城化情形下，区域基础设施和公共服务的一体化可以促进要素合理流动，减少资源消耗，降低交易、生产和生活成本。二是推动经济发展。同城化有利于刺激投资和消费，扩大本地市场规模，增加居民收入，促进产业结构和空间结构优化，产生投资效应、收入效应和结构优化效应，从而有利于促进地区经济持续快速增长。三是提升生产效率。同城化有助于提升区域承载力，促进相关产业、上下游产业和配套产业的集聚，构建体系完整的产业生态，提升生产效率。

2. 同城化是推动共同富裕的重要抓手

同城化的主要目的之一就是缩小地区发展的差距，缩小地区差距也是实现共同富裕的含义。一方面，同城化可以协调区域发展格局。实现共同富裕，需要增强区域发展的平衡性，优化区域发展布局。同城化要求促进城乡融合发展，有助于不断缩小城乡差距。同城化坚持共享发展理念，把区域融合发展作为突破口，有助于减小地区间差距。另一方面，同城化有助于推动基本公共服务均等化。高质量高水平的公共服务是美好生活的重要保障，也是公平正义的突出体现。同城化大力推动城镇基本公共服务均等化、优质化、可及化，在发展中不断满足人民群众在就业、教育、医疗、住房、养老、文化等方面最关心、最直接、最现实的利益需求，使更多人民群众共享有尊严、高品质的城市生活。

3. 同城化是推进新型城镇化的重要举措

同城化是城镇化发展到一定阶段的自然产物也是推进新型城镇化的重

要举措。一是推动城镇化进程。同城化有助于推动各地之间联动，实现基础建设、生产、交通、服务等方面一体化进程，主要依靠经济相对较为发达的核心城市向周边城市资源共享以带动周边城市共同发展，缩小都市圈内各城市发展差距，从而推动我国各区域城镇化进程。二是提升区域发展水平。同城化伴随着交通与网络信息技术快速发展，城际时空距离不断缩短、企业与居民生产生活方式日益突破单一城市范围，使得不同城市居民出行与公共服务如同在同一座城市内，区域内居民与企业主体能够共享不同城市发展的成果，进而形成出行同城化、就业和社会保障同城化、产业布局同城化、信息流动与共享同城化等联动效应，从而进一步促使区域内要素流动不再受城市距离和体制的约束，在较短时间内实现城市间各种要素的通达，推动实现区域城市从物理空间的互联互通到公共资源的对接汇聚，再跃迁至有机体内部深度融合的过程。这一过程将极大地提升区域的辐射力与创新力，提升区域发展水平。三是破解城市发展问题。随着城镇化进程的加快，人口、资源要素向中心城市集聚，中心城市面临大城市病、承载力限制、产业升级等问题，中小城市面临要素流失、产业衰败等问题。通过同城化引导要素在区域间流动，推动地区间产业转移是缓解这一系列问题的关键举措。

4. 同城化成为区域经济一体化的重要趋势

当今，区域一体化进程加快。加强区域合作，推进区域一体化成为当前经济领域的一个重要趋势。一是国际上各国积极加入区域合作组织。许多国家都力求借助区域的力量求得更大的发展，目前已有欧洲联盟、北美自由贸易区、上海合作组织、RCEP 等多个国际经济合作组织，合作形式丰富多样，合作深度不断加强。二是我国区域一体化进程加快。我国目前积极推动区域经济一体化，形成长三角经济区、珠三角经济区、京津冀经济区等多个一体化发展区域，有力推动了经济的发展，成效显著。比如，目前我国共有 19 个城市群，其占国土面积不到三分之一，但是对 GDP 的贡献超过了八成。三是各地积极进行区域一体化、同城化探索实践。除了国家层面积极推动外，全国各地也在积极进行同城化探索，跨区域的有沪苏同城化，省内中心城市有广佛同城化、西咸同城化等，经济单元较小的地级市之间也在积极谋划合作，如内江自贡同城化等。

（三）同城化需要把握的重点

同城化是城镇化的最高级阶段，国际经验已经表明同城化对区域发展意义重大，我国同城化还处在探索实践期，同城化发展应注意以下三点：

1. 统筹好政府和市场的作用

同城化是独立的行政主体，为了实现更大的经济效益，按照产业规划进行的深度合作。因此同城化必须统筹好政府和市场的作用。国内外发展经验表明，区域间交通和基础设施互联互通、公共服务共建共享需要更多的政府支持，但产业分工与协作并不是政府运用行政力量对特定产业做出制度性安排，而是遵从市场竞争规则，基于企业自身利益进行的区位选择，进而在特定区域呈现产业集中与集聚格局。因此同城化应明确政府和市场的作用，政府应重点做好顶层设计，营造产业发展所需的软、硬环境。市场应打破地方保护，发展中介组织等服务业，推动地区间产业合作。

2. 加强城市之间的协作配合

同城化对中心城市而言，是扩展经济腹地的重大机遇，有利于中心城市在更大范围、更广领域统筹利用各类资源。而腹地城市，能够充分应用中心城市人才、技术、资金等溢出效应，共享发展环境、政策、资源和平台。因此，各市应明确各自定位、主动作为，发挥中心城市的龙头集聚和辐射带动效应，以及腹地城市的支撑效应，变"要求同城化"为"主动同城化"，变同城化由"外部驱使"转化为"内生动力"。从经济发展规律来看，"发挥组合优势""合作抱团"已成为世界区域经济竞争和城市化发展的主流趋势。同城化需要打破各自为政的惯性思维，树立"一盘棋"思想，在自愿互利的基础上求同存异，寻求共同利益点，消除"取长补短"的发展顾虑，实现各展所长，重塑同城化城市经济地理，进而在国际竞争中争取一席之地。

3. 明确发展重点做好长远谋划

同城化发展涉及交通、产业、公共服务等多项领域，是一个长期复杂的过程，不可能一蹴而就，产业同质化竞争、公共服务落差较大等问题需要长期解决。因此，要根据同城化工作的必要性和可行性，做好长远谋划，明确各阶段性工作重点，抓住最突出、最紧迫、最重要并且能达成一致共识的关键性问题，形成"四两拨千斤"和"以点带面"的效应。

二 郑开同城化取得的成效与面临的问题

多年来，郑州开封两市共同努力、互补发展，郑汴一体化走出了一条规划统筹、交通一体、产业连接、服务共享、生态共建的区域一体化发展路子，拉动了两市经济社会发展，为郑开同城化发展奠定了坚实的基础。

（一）郑开同城化的演变

郑开两地毗邻而居，文化同根、民俗同源，具有共同的文化传承与发展脉络。两地交往密切，从一体化发展为同城化，已经经历了20来年，积累了丰富的经验和成果。郑开区域协作主要经历了以下发展阶段。

1. 孕育阶段（1996—2005年）

1996年，河南大学教授耿明斋提出，开封应尽量依托郑州的优势来发展。原开封市建设委员会副主任宋喜信在2000年提出了郑、汴、洛"轴心城市"一体化发展机制的设想，指出要想带动全省发展必须搞"捆绑式火箭"，将郑、汴、洛"轴心城市"一体化联动发展，"三位一体"，优势互补，才有可能对内对外凸显优势。2001年，宋喜信在《开封城市策论》一书中再次提出了这样的观点，之后又在《建议构建郑汴联合体型城市》一文中详细阐述了郑汴一体化发展思路。2004年，在《关于建设中原城市群经济隆起带若干问题的思考》一文中，耿明斋教授提出以郑汴一体化为切入点，逐步推进中原城市群的一体化建设。在这篇文章里耿明斋教授系统地介绍了郑汴一体化的概念和发展思路。此后，郑汴一体化引起了政界、学界和社会的关注，关于郑汴一体化的研究和讨论逐渐兴起。

2. 一体化发展阶段（2005—2020年）

2005年，省委、省政府提出郑汴一体化发展战略并写入省"十一五"规划，由此，我省正式开启区域一体化发展的新格局。省市政府印发实施《郑汴产业带总体规划》《郑汴新区建设总体方案》，争取郑汴一体化发展纳入国务院印发的《加快建设中原经济区的指导意见》，出台《河南省建设中原城市群实施方案》《郑州大都市区空间规划》，提出加快郑开双创走廊、开港产业带建设，打造郑汴港核心，经过十多年努力，郑开两地合作内涵不断丰富、领域不断拓展，经济社会各领域相向发展态势明显，走出了一条规划统筹、交通一体、产业连接、服务共享、生态共建的区域一体化发展路子，打造了中原经济区最具活力的核心增长板块，拉动了两市经济社会发展。

3. 同城化阶段（2020年至今）

2020年年初，习近平总书记在中央财经委第六次会议上指出，要"推进郑州与开封同城化，引领中原城市群一体化发展"。这为两座城市融合发展指明了道路，郑汴一体化正式升级为郑开同城化。2021年河南省政府工作报告明确提出，要推进郑开同城化发展率先突破，建设现代化郑州都市圈，探索设立郑开同城化示范区。2021年3月河南省政府新闻发布会提出设立郑开同城化示范区。河南省第十一次党代会明确提出"全面推进郑开同城化，并将兰考纳入郑开同城化进程"。

从以上三个阶段可以看出，郑开两地合作时间较长，合作速度不断加快，合作深度不断增加，合作形式日益丰富，从探索阶段到一体化阶段再到同城化阶段，出台的相关文件政策越来越多，越来越密集，内容上涵盖了政府文件、重大工程、相关规划等多个方面，合作不断走向实质阶段，目前正处于加快推进郑开同城化的时刻。

表2-1 郑开同城化推进重要事件表

阶段	时间	重要事件
探索阶段	2001 年	宋喜信在《开封城市策论》一书中再次提出了这样的观点,之后又在《建议构建郑汴联合体型城市》一文中详细阐述了郑汴一体化发展思路
	2004 年	论文《关于建设中原城市群经济隆起带若干问题的思考》提出以郑汴一体化为切入点,逐步推进中原城市群的一体化建设
一体化阶段	2005 年	《河南省国民经济和社会发展第十一个五年规划纲要》提出郑汴一体化发展战略
	2006 年	《郑汴产业带总体规划》提出郑汴产业合作
	2007 年	《河南省建设中原城市群实施方案》《郑州大都市区空间规划》
同城化阶段	2020 年 1 月	中央财经委员会第六次会议明确要推进郑州与开封同城化
	2020 年 8 月	郑州市自然资源和规划局局长孙建功在《关于郑州市国土空间总体规划情况的报告》中提出,向东,加快郑州与开封的"同城发展"。以郑州东部新城和开封汴西新区为基础,重点推进郑开同城化发展示范区建设,从制度和政策上先行先试
	2020 年 9 月	中原城市群建设工作领导小组办公室印发《2020年郑州都市圈一体化发展工作要点》,提出"启动编制郑开同城化发展规划,支持郑州、开封探索建设同城化示范区"
	2020 年 12 月	郑开同城东部供水工程启动仪式举行
	2021 年 1 月	2021年河南省政府工作报告中提出,"推进郑开同城化发展率先突破""探索设立郑开同城化示范区"
	2021 年 2 月	《郑开同城快速通道研究汇报》中提到,郑开之间正研究5条快速通道方案
	2021 年 12 月	省政府印发《把兰考县纳入郑开同城化进程打造全国县域治理"三起来"样板总体方案》,兰考入局郑开同城
	2022 年 4 月	《开封市新型城镇化规划（2021—2035 年）（征求意见稿）》提出启动和推进郑开同城化示范区建设""建设郑开同城化的 8 大标志性工程";省政府官网和《河南日报》发布《新发展阶段 河南县域经济高质量发展的路径》的文章,提出"支持郑开同城化示范区申报国家级新区",争取设置"中牟特区";《郑开同城化示范区国土空间规划（2021—2035 年）》发布中标公告

资料来源:笔者根据相关信息整理。

（二）郑开同城化发展现状

近年来,郑州两地不断开展各式各样的合作,同城化进程加快推进,一体化综合交通网络框架和产业互补共赢发展格局基本形成,郑开两地整体呈现出要素聚集、内外联动、合作共赢、加速崛起的良好态势。

1. 郑开两市经济总量较快增长

自2005年郑汴一体化正式推行以来，郑开两地经济有力较快的发展，两市占河南省经济总量的比重也保持着平稳上升的良好势头。从2005年到2020年，开封市生产总值增长了约5倍。2006年郑开大道正式通车后，两地联系更加紧密，开封发展速度明显提高，开封经济增速的均值从1996年至2005年的低于全省平均水平0.81个百分点，提升到2006年至2020年的高出全省平均水平0.92个百分点。2005—2020年郑开两市地区生产总值占全省地区生产总值的比重由18.9%提高至25.1%。

2. 基础设施互联互通持续推进

郑州开封积极推进郑开同城交通基础设施建设，扩容轨道交通、加密路网、建设快速通道、推进公交同城化。铁路方面。郑徐高铁将郑州至开封的时间最短压缩至20分钟。郑开城际铁路开启高密度"公交化"运营模式，日开行列车27.5对，平均密度30分钟/班，不分时段、车次、车型，即来即走，从郑州东站到宋城路站仅需32分钟。公路方面。连霍高速、郑民高速提升了两地出行的便利度，节约了出行时间。2022年5月5日起，郑州、开封、兰考间相关高速公路免费通行，进一步降低两地经贸合作、人员交流成本。郑开大道、绿博大道、商都路等多条道路开通，路网建设加快推进。郑汴物流通道正式通车，进一步完善郑州都市区交通路网体系、加快郑开融城步伐、改善投资发展环境。交通服务方面。郑开城际公交开通了4条线路，由郑州和开封两市对发，公交车总数达到58台，日发170余班次，两市居民来往的交通条件得到了很大改善。

3. 产业分工协作水平明显提高

近年来，郑开两地不断加强产业合作，产业合作走向纵深。一是加强制造业产业合作。近年，郑州着力在郑州日产、宇通客车、海马汽车等整车生产上下功夫，开封主要发展与之配套的汽车零部件产业。如今，郑汴两市已吸引数百家汽车及零部件企业落户，形成中原地区极具影响力与竞争力的汽车及零部件产业带，为郑汴两市发展壮大高端制造业，辐射、带动更多相关产业发展奠定坚实基础。二是推进服务业合作。目前，郑汴两市已在吃、住、行、游、购、娱等多个方面基本实现了差异化发展，可以较好地满足不同层次的消费需求。如今，在开封，周末带孩子去郑州方特欢乐园、绿博园游玩的人越来越多；在郑州，节假日到开封品美食、赏风景的人更是络绎不绝。三是积极发展"飞地经济"。郑州高新区与开封兰考县打破行政区划分割，跨区实现产业融合，协同创新，通过建立飞地园区、设立人才基地、打造绿氢生产基地以及科技创新、企业培育等方式开展合作等探索"高新区创新+兰考产业化"的发展模式。

4. 公共服务均衡普惠大幅跃升

郑开两地积极推进公共服务共认共享，以均衡普惠为导向，加快推进优质教育共享、医疗机构协作、文化体育联动、智慧大脑共建、区域社保统筹、要素自由流动，提高民生保障和公共服务供给水平。郑州开封统一使用郑州长途区号0371，实现电信同城化。郑州、开封市民在当地缴存住房公积金，与郑州或开封缴存职工办理住房公积金贷款享受同等待遇，实现住房公积金互认互贷。郑州市医保局持续推进两地医疗保险关系转移接续无障碍、异地就医直接结算、医疗保障联动监管、医保专家资源共享等，郑开医疗保障服务同城化加快实现。郑州骨科医院与开封第二中医院等建立了医联体协作医院关系，郑州优质医疗卫生资源服务半径不断扩大。华北水利水电大学、河南理工大学等高等院校资源共享持续开展。郑州开封社保卡实现郑开公共交通"同城应用"，市民可直接持第三代社保卡搭乘郑州、开封的城市公交及地铁。

5. 环境治理合作不断深化

郑开积极推进生态环境共保联治，围绕黄河生态屏障、郑汴港生态绿心、河湖水系连通和生态廊道建设，构建郑开多层次、密网络、功能复合的生态空间格局。按照"区域联动、联防共治、互惠共赢、协同发展"的原则，主要明确了跨区域联防联控组织架构、联席会议制度、信息交换制度、联合执法、应急处置联动和横向生态补偿等内容，确定了工作原则、工作目标和具体要求，力求核心示范区黄河流域水生态环境稳步提升。建设复合型黄河生态廊道，建设郑开同城化东部供水工程，建设应急储备中心项目及配套管道工程。

(三) 郑开同城化发展存在的问题

虽然郑开同城化取得了重大进展，但依然存在交通连接性有待提高、区域市场化程度较低、区域协调机制有待优化等问题。

1. 交通连接性有待提高

虽然郑开交通同城化发展取得了一定成效，但与满足郑开深度联系的发展要求还有一定差距。一是基础设施连通性有待提升。对支撑郑开通勤出行的公路客运体系还不健全，城际公交和城乡公交线路不足、覆盖不够，集约化的公路运输服务潜能未被有效挖掘。二是高峰时刻交通服务供给不足。既有铁路富余能力未被充分、有效利用，开行市郊列车线路少、车次少，与通勤出行高峰时刻不匹配，多样化的新业态出行服务发展落后，市场化供给主体偏少。三是通勤出行服务便捷程度不高。公交专用道网络等优先通行措施不够完善，一卡通行、一码通行等快捷支付方式普及程度不够。相比广佛等都市圈，还不能实现城市之间的有效通勤，影响了两地的密切交流。

2. 区域市场化程度较低

郑州行政条件优越，积聚了一批央企总部和知名院校、三甲医院等大量优质公共资源，通过财政补贴使电、气和交通等公共服务产品价格均低于周边地区，大量公共资金、人才和技术等优质资源在此集聚，对开封"虹吸效应"明显。为吸引优势资源，开封一些区县竞相采取压低地价等手段招商引资，加剧了恶性竞争，缺乏科学合理的区域协同发展合作机制，严重制约了区域的可持续发展。郑开统一要素市场建设滞后，市场化程度较低，行政过多干预造成的市场壁垒依然存在，妨碍了资金、技术、产权、人才和劳动力等生产要素自由流动和优化配置。

3. 区域协调机制有待优化

由于行政区划的原因，郑州与开封存在两地政府沟通不够充分的问题。一是顶层设计有待加强。在郑开同城化发展、跨市域重大合作项目规划建设等方面由于缺乏省级层面有力统筹，单靠郑开签订双边框架合作协议来推动，难以有效实现协同发展。二是协调推进机制有待完善。当前，涵盖郑开的常态化工作推进机制尚未建立,大多停留在联席会议和务虚协商层面,缺乏常态化、系统化的沟通交流机制、监督落实机制。三是区域利益协调机制亟待建立。城市间"本位主义"严重,"一亩三分地"的利益藩篱尚未破除,尤其在涉及跨区域产业合作上,利益分配方式难以达成一致意见,导致产业协作融入不深、联系不紧。四是区域内政策缺乏协调性和配套性。郑州作为省会城市,相比开封具有更雄厚的财政实力和更多的宏观调控手段,制定的政策更加开放灵活,而开封很难给予相同的政策红利,导致地区之间政策落差较大,政策系统性、整体性、协调性不足。

4. 文化挖掘不够深入

文化制度不仅为大都市圈的发展提供精神动力,提供价值坐标,而且为大都市圈的社会经济发展提供一种终极理念。发展大都市圈,需要一种适宜的文化制度土壤。脱离某种特定的社会文化制度的支撑与孕育,大都市圈是很难持续发展的。珠三角的侨乡文化及岭南文化的文化制度创新,是推进珠三角都市圈发展的动力源泉。由于缺乏相关规划,郑开两地对历史文化保护、传承、弘扬缺乏实质性推进措施,对黄河文化、炎黄文化等丰富内涵缺乏深度挖掘,郑开在各自建设中,更多地缺乏历史文化元素的注入,城市建设品位不高,城市的影响力、知名度不高,影响了郑开推动高水平的对外开放。

三 国内部分都市圈同城化的主要做法

近年来,我国城市群的空间结构逐渐优化,较小空间尺度的都市圈成为城市群的主体。随着都市圈发展水平的不断提高,当前我国都市圈开始向同城化发展,进行了许多探索,并取得了一些成效。

(一)典型做法

1. 宁镇扬同城化的主要做法

宁镇扬地区作为江苏经济较为发达、人口较为密集区域,是长江三角洲西翼的重要节点区域，也是长江三角洲世界级城市群和皖江城市带承接产业转移示范区的联结区域，区位优势明显。三地积极推进同城化，取得了丰硕的成就。一是加强规划引导。2008年举办首届南京市都市圈市长峰会，签署《南京都市圈共同发展行动纲领》，明确市长联席会议每年举办一次，由南京市发改委牵头组织。2013年成立南京市都市圈城市发展联盟，并吸纳宣城加入，共8市组成。制定联盟章程，明确决策层、协调层、执行层三级运作机制。成立都市圈综合协调、基础设施、产业发展、社会事业、城乡规划和跨界地区协调等5大类、17个专业委员会，编制都市圈区域规划和专项规划，有效推动了都市圈的一体化发展。在2014年出台了《宁镇扬同城化发展规划》，从空间格局、基础设施、产业协作等方面提出了宁镇扬同城化的重点工作。二是推动基础设施联通。南京都市圈把构建便捷通畅的区域交通摆在优先位置，加快南沿江城际铁路和北沿江高铁，以及宁淮铁路、宁宣黄铁路和南京北站等规划建设，构筑南京都市圈半小时高铁网，共建"轨道上的都市圈"。实施禄口机场扩容升级，提升南京港江海转运主枢纽功能，打通城际"断头路"，构建综合交通运输体系。三是开展多领域合作。在跨界合作上率先探路。务实推进毗邻区、跨界区建设合作，深入推进宁镇扬一体化，共建宁淮特别合作区，积极推动宁杭生态经济带建设，探索跨行政区域的经济功能区发展新模式。建立完善规划管理、土地管理、生态环境、公共服务等协调机制，共建各具特色的宁滁、宁马跨界一体化发展示范区。

2. 成德眉资同城化的主要做法

四川积极推动成德眉资同城化来带动成都都市圈建设，成绩显著。2021年成都都市圈实现地区生产总值（GDP）25011.9亿元，占全省的比重为46.4%；占成渝地区双城经济圈的比重达33.8%。主要有以下做法：一是打造同城化综合试验区，先行先试。创建成德眉资同城化综合试验区，创新同城化发展体制机制，率先探索经济区与行政区适度分离改革的有效路径，更好引领成都都市圈高质量发展。二是优化都市圈发展布局。以同城化发展为导向，强化成都作为中心城市的辐射带动作用，发挥德阳、眉山、资阳比较优势，增强小城市、县城及重点镇支撑作用，构建极核引领、轴带串联、多点支撑的网络化都市圈空间发展格局，在都市圈率先实现大中小城市和小城镇协调发展。成德眉资强调建立主导产业明确、错位分工的协同发展产业体系，还确定了当前要以"三区三带"空间规划为引领，在若干交界地区和若干公共服务领域率先建设示范区，以点带面逐步推动同城化。三是完善同城化协调机制。2018 年以来，成德眉资四市依据共同签署的《关于加快成德眉资同城化发展合作协议》，初步建立起四市党政主要领导联席会议机制。成都市在发改委设立了推进同城化发展办公室，眉山市成立了同城化发展工作领导小组，德阳市和资阳市分别设立了区域协同发展局和同城化发展工作局，专门负责同城化相关工作。

3. 广佛同城化的主要做法

广州、佛山两市地处珠三角核心区域，中心城区直线距离仅 20 公里，接壤地段长达 197 公里。2020 年两市 GDP 总和达 3.6 万亿元，占广东省三分之一。广佛同城化作为国内最早实践同城化概念的地区，在全国形成了一定的示范效应。一是打造同城化综合试验区，先行先试。广佛两地高水平共建广佛高质量发展融合试验区，包括"广州南站—佛山三龙湾—荔湾海龙"先导区和"荔湾—南海""白云—南海""花都—三水""南沙—顺德"等四个试验区片区，加快探索试验区边界去行政化，引领带动广佛高质量一体化发展。试验区将被作为两市集中落实广佛全域同城化、现代化都市圈建设和"一核一带一区"建设的战略叠加区，根据授权对试验区实行真正意义的同城化管理，大胆开展体制机制创新，建成广佛全域同城化的核心支撑和城市间协同治理的突出典范。二是推进产业合作。两地将共建广佛科技创新产业示范区，打造更利于广佛创新资源要素自由流动、深度融合、集聚发展的创新廊道和生态圈层；探索设立广佛科技合作专区，支持自贸区、全创区和自创区等先行先试政策在合作专区落地实施。同时，广佛两地将共建"广佛制造业人才走廊"，推动成立制造业人才创新联盟，互认海外高层次人才评价标准，将佛山市有关高层次人才标准纳入广州市人才绿卡申领条件。三是提高两地公共服务一体化程度。佛山的行政服务大厅，可以通办两地包括社保、个税、公积金等在内的业务，最多可达 750 余项，可跨区办理的区域包括广州荔湾、花都、白云、南沙、番禺等。以地铁为牵引，加快推进广佛融合，目前两地地铁年客流量超 2 亿人次。

4. 杭州都市圈同城化的主要做法

杭州市带动周边城镇探索培育发展现代化都市圈，杭湖嘉绍四市携手推进高质量同城化发展，同城化效应日益显现，综合实力迈上新台阶。一是完善顶层设计。共同建立杭州都市圈合作发展协调会，杭州市与嘉兴市、湖州市、绍兴市签订"1+4"系列合作协议，构建市长联席会议决策、秘书长工作会议协商、协调会办公室议事、专业委员会项目合作执行四级合作协调机制框架，形成杭州市引领、城市高层紧密互动、部门常态化联动落实、社会各界积极参与的全域全方位协同推进格局。二是推进交通基础设施互联互通。加快建设轨道上的都市圈，商合杭高铁全线通车，湖杭铁路全面开工。沪乍杭铁路、嘉湖城际、水乡旅游线等项目前期工作加快推进。杭绍、杭海市域（郊）铁路建成通车，与杭州市地铁一票换乘、无缝衔接，以"市域轨道+城市轨道"为重点的 1 小时通勤圈加快形成。三是不断深化产业协作。打造数字都市圈，共建都市圈城市大脑集群，数字经济龙头企业积极在都市圈投资布局、赋能各地数字化建设，四市全部设立国家跨境电子商务综合试验区，杭州、德清入选国家新一代人工智能创新发展试验区，2020 年四市规模以上数字经济核心产业增加值 1600 余亿元。共建产业合作载体，桐乡市融杭经济区挂牌成立，诸暨市临杭产业园、江干·安吉合作产业园、滨江"诸暨岛"等产业平台日益健全。加强创新协同，之江实验室首个杭州市外科研基地——AI 莫干山基地在德清县开工。四是推进公共服务共建共享。杭州市优质公共服务资源向都市圈加快覆盖，跨区域公共服务一体化进入"快车道"。浙江大学医学院附属邵逸夫医院德清院区、浙江大学医学院附属儿童医院莫干山院区、杭州师范大学附属德清医院相继落户德清县，浙大二院绍兴柯桥院区开工建设。杭州都市圈全域实现异地就医门诊、住院费用直接结算，异地就医备案"就近办""一证通办""零跑办"，杭州市民到都市圈内其他城市就医免备案。浙大国际学院、浙工大莫干山校区在海宁市和德清县建成招生，杭州市名校与都市圈内20余所学校达成结对意向。联合举办都市圈市民体验日等活动。五是打造合作先行区。把毗邻区域作为都市圈同城化的突破口，编制实施杭绍、杭嘉一体化合作先行区建设方案，积极谋划杭湖一体化合作。在毗邻区域复制推广长三角生态绿色一体化发展示范区的制度创新经验，并取得阶段性成果。杭州市与绍兴市共建杭绍临空经济一体化发展示范区，共同制定规划和杭绍一体化合作先行区产业发展导向目录，共建萧山—诸暨绿色发展先导区，新开辟姑娘桥—安昌专线等一批跨区域公交联运线路。

（二）主要启示

1. 统筹考虑是都市圈同城化能够推进的基础保证

都市圈同城化进程中，社会危机预警、区域生态环境问题、区域流动人口问题、公共交通、治安执法、消防等纷繁复杂的社会问题，已突破传统行政区域的限制，表现出"跨域性""流动性""外溢性"等特征。地方政府各自为政的社会治理模式已难以满足解决大都市区社会问题的需要。同城化涉及行政单元多，合作种类多，各地条件与诉求不一样，因此必须有统一的组织领导和与之对应的协调机制才能保证同城化顺利推进。宁镇扬、成德眉资、广佛都非常重视组织领导的作用，建立了领导机制和协调机制，及时协商区域内各城市之间的重大问题。实现同城化"1＋1＞2"的优势重中之重应是城市间功能的合理分工和治理的高效协同。为了实现这个目标必须通过优化空间布局来避免产业同构，避免基础设施重复建设，实现发展成本共担、区域资源共享、生态环境共治。

2. 产业协作是都市圈同城化发展的重要抓手

产业发展是都市圈发展的重要支撑，关系到都市圈内部各方的经济利益，所以也是都市圈同城化发展的关键领域。只有合理布局与分工合作，才能使各地比较优势得到充分发挥，避免各自为政、重复建设、同质化竞争，实行资源互补、利益共享、共同发展。从国内典型案例的实践可以看出,实现同城化效益,核心问题是要加强产城统筹、园城融合。成德眉资四市积极探索"研发在成都、转化在市(州)、总部在成都、基地在市(州)"等产业互动模式,共同打造成德绵产业联动区、成德资产业联动区、成眉乐产业联动区。将产业作为区域发展的核心动力,在同城化发展进程中发挥了积极作用。

3. 基础设施互联互通是都市圈同城化的基本保障

包括交通、通信、互联网在内的基础设施网络,是都市圈内不同行政区之间相互联系的纽带,提高基础设施的通达性和联结性,能够显著促进区域经济增长和提升都市圈整体竞争力。交通网络的构建具有基础性、导向性作用。都市圈内的交通网络建设是区域发展的重要载体,广佛都市圈非常重视城市交通设施和公共服务系统的构建。目前广佛已有广珠城际、广佛肇城际、广佛线三条轨道线路相连,同时在建的有广佛环线、佛山地铁2号线、广州地铁7号线顺德段、南海新交通(首通段已试运营)等,实现广佛两市中心区30分钟互达、重点地区与主要枢纽60分钟通达,便捷的交通极大地推动了两地的经贸往来。

四 郑开同城化的发展思路

构建郑州都市圈协调发展机制,需要明确构建都市圈协调发展机制的原则,合理确定都市圈协调发展机制的目标,明确着力点,加大推进力度。

(一)推动郑开同城化的目标

1. 成为全省经济增长极,更好服务现代化河南建设

健全市场一体化发展机制,内部要素流动自由,建成统一、开放、竞争、有序的市场体系,完善区域交易平台和制度;经济联系更加密切,各地定位明确,产业分工有序,布局合理,经济潜能得以释放。郑开产业体系完善,产业链条完整,实现全方位高水平开放,经济实力更强,成为全国经济增长极,更好地服务全国大局。

2. 降低郑开经济差距，实现经济协调发展

以重大区域发展战略为引领，完善区域协调发展新机制，尊重地区发展差异的客观规律，发挥郑开动态比较优势，建立优势互补、高质量发展的区域经济布局，提高区域发展的平衡性、协调性、包容性，是实现共同富裕的内在要求和重要举措。完善分类指导措施，产业、土地、环保、人才等政策更加精准有效，郑开财政一般性转移支付办法逐步成熟，基层政府公共服务能力明显提高，专项转移支付项目分配更加合理。郑开分工明确，城市结构分布合理，同城化程度不断加深，经济协调发展。

3. 基本公共服务均等化，民生福祉得到改善

建立基本公共服务保障长效机制，优化公共财政支出结构，公共服务领域财政事权与支出责任更加科学，提高开封基本公共服务能力；区域间基本公共服务衔接更加顺畅，建立医疗卫生、劳动就业等区域流转衔接制度。郑开基本公共服务覆盖全民、兜住底线、均等享有，人民获得感、幸福感、安全感更加充实、更有保障、更可持续。

4. 地区间利益冲突减少，合作阻力大幅降低

建立健全郑开利益协调机制，利益共享机制，加强区域间成本分担和利益共享；统筹郑开整体利益和两地比较优势，强化城市间专业化分工协作，促进城市功能互补、产业错位布局、基础设施和公共服务共建共享，在深化合作中实现互利共赢；郑开利益冲突减少，合作阻力大幅减少，协同效应得以发挥，郑开同城化政策执行更加有效，实现高质量发展。

5. 都市圈发展理念转变，实现可持续发展

以生态、水利、能源、信息等为重点，统筹优化区域生态环保布局，构建互联互通、安全高效的大都市圈功能网络体系；完善水环境质量生态补偿机制，森林、湿地生态效益补偿制度及监测体系；强化矿山环境治理和生态恢复责任制；加快完善有利于集约节约利用和可持续发展的资源价格机制。

(二) 推动郑开同城化的着力点

1. 交通基础设施的互联互通

包括交通、通信、互联网在内的基础设施网络，是都市区内不同行政区之间相互联系的纽带，提高基础设施的通达性和联结性，能够显著促进区域经济增长和提升都市圈整体竞争力。纵观国际大都市圈，以中心城市为核心的轨道交通都非常发达。因此，郑开同城化首先要以推进交通基础设施的互联互通为着力点，以增强郑开基础设施连接性贯通性为重点，织密网络、优化方式、畅通机制，加快构建郑开公路和轨道交通网。

2. 产业合理布局与分工合作

产业发展是郑开同城化发展的重要支撑，关系到郑开的经济利益，所以也是郑开同城化发展的关键领域。只有合理布局与分工合作，才能使郑开比较优势得到充分发挥，避免各自为政、重复建设、同质化竞争，实行资源互补、利益共享、共同发展。郑开同城化要以推动产业合理布局和加强分工合作为着力点，以推动郑开专业化分工协作为导向，推动郑州产业高端化发展，夯实开封制造业基础，促进城市功能互补、产业错位布局和特色化发展。

3. 生态环境的共建共享共治

近年来，随着全国性雾霾持续暴发，城市的环境污染治理与生态环境保护日益提上日程，环境协同治理和联防联控也成为都市圈协同发展的重要议题和任务，关注生态绿色发展已经成为国际化都市圈的重要理念。此外，大气环境、水环境等生态环境是没有行政边界的，客观上要求生态环境保护必须开展跨区域的协作与治理。郑开同城化要以推动生态环境共建共享为着力点，以推动郑开生态环境协同共治、源头防治为重点，强化生态网络共建和环境联防联治，在同城化发展中实现生态环境质量同步提升。

4. 文旅资源的协同开发保护

特定的社会文化制度的支撑与孕育，是都市圈持续发展的保证。珠三角的侨乡文化及岭南文化的文化制度创新就有力地推进了珠三角都市圈的一体化发展。旅游则是实现民生互惠、生态共建的有效载体。郑开两地文化经过历代融合发展，呈现出相互影响、共同进步的态势。无论是从地理上还是从文化上来看，郑开两地都是不可分割的整体，其文化共同母体始终不变。郑州大都市圈旅游资源丰富多彩，是我省旅游业发展的核心增长极。郑开要以推动文化旅游资源的协同开发保护为着力点，深度挖掘黄河文化、炎黄文化等丰富内涵，推进郑开全域旅游进程，进一步激活郑开文旅资源的社会价值和经济价值。

5. 基本公共服务的"同城化"

郑开同城化不仅要实现经济领域的同城化，还要以推行公共服务均等化为目标，实现社会领域的同城化。公共服务和公共政策的同城化是郑开同城化的有力保障。郑开要以公共服务的"同城化"为着力点，以公共服务均衡普惠、整体提升为导向，统筹推动基本公共服务、社会保障、社会治理一体化发展，持续提高共建共享水平。

6. 社会管理的协同共治

郑开同城化进程中，社会危机预警、区域生态环境问题、区域流动人口问题、公共交通、治安执法、消防等纷繁复杂的社会问题，早已突破传统行政区域的限制，表现出"跨域性""流动性""外溢性"等特征。郑开各自为政的社会治理模式已难以满足解决都市圈社会问题的需要。郑开要以社会管理的协同共治为着力点，整合郑开社会管理资源，加强热点问题的协商机制，做到社会问题协同共治，提升郑开社会管理水平。

五 郑开同城化发展路径

根据当前郑开同城化发展基础与问题，郑开同城化应该在深化同城化发展机制、加强产业合作、推动基础设施同城化发展等方面持续发力，提高同城化质量水平。

（一）深化同城化发展机制

1. 建立组织协调机制

建立行政管理协同机制。郑州开封要进一步加大简政放权力度，打造权力在线运行、审批全程公开的行政管理协同机制，建立区域统一的信用体系和社会信用惩罚联动机制，加强基于信用体系的市场监管能力建设。加强在行政管理、基础设施、生态环境、产业协同等方面构建协同发展的体制机制，加快公共服务的一体化改革。形成行政审批标准协同机制。加强审批标准协同以实现行政许可结果互认，加强工作方法协同以推进政府简政放权，加强改革思路协同以推进政府职能转变。建立两地政府机构主导的产业信息共享服务平台。健全联席会议协调反馈机制。完善各专题协调工作机制，建立专题联席会议制度、联络员制度、工作小组制度。按年度及时总结郑开合作中已经取得的成效、经验，提出下一步需要共同合作解决的问题，提请高层专题讨论，向下落实具体责任人。

2. 完善支持政策

财税方面。研究设立一系列郑开同城化发展基金。设立产业投资基金、生态补偿基金、公共服务合作基金。推动增值税"扩围"试点，加快郑开服务业创新发展和升级换代，推动区域制造业与服务业融合发展。土地方面。实施差别化区域土地政策。探索试行跨市域耕地占补平衡政策。在严格保障耕地总量和保护生态环境前提下，探索试行跨市域、数量和质量并重的耕地异地占补平衡政策。市场一体化方面。完善要素市场体系，鼓励郑开两地产权交易所、金融资产交易所、环境交易所等专业交易平台开展广泛合作。打破市场壁垒，建立统一的政府采购支持科技创新产品的政策体系，建设创新发展战略高地。推动郑开在区域要素市场、促进投资贸易便利化、统一征信体系建设、区域金融风险防范等方面进行深入合作。

3. 优化沟通协作机制

畅通郑开政企沟通机制。从区域协同发展的需求难点出发，强化政企沟通机制，找准企业诉求的核心关键，以增强政策定力，消除经济政策的等级性和区隔性，同时，收敛政策风险并降低政策不确定性，从而增强企业对政府的信任。厘清权力与资本的逻辑边界，明晰政府部门的行动界限，通过自律与他律并容的规则和价值体系，构建"亲""清"新型政商关系，在区域资源配置时既发挥市场的决定性作用的同时，更好发挥政府作用。推动多主体参与郑开区域合作。充分发挥企业、高等院校、智库、各类社会组织和居民的作用，通过区域行业协会、专家委员会、协作论坛、公益组织等各类形式，推动郑开合作，为政府推进合作事项的开展提供咨询、宣传和论证等。制定区域性行业协会操作细则，建立风险分担机制，明确区域性行业协会注册、运作、监管等一整套程序，规范对区域性行业协会的具体管理，并形成制度。制定鼓励区域性行业协会运行的财政支持政策。

（二）强化郑开产业合作

1. 坚持互利共赢，构建跨区域产业生态圈

立足郑开资源要素禀赋，发挥郑州产业发展引领带动作用和高端要素集聚优势，推动郑开产业链相互延伸、资源互补开发、产业要素协同共享，共同打造具有国际竞争力的产业生态圈。增强郑州产业的辐射带动能力。鼓励郑州大力发展知识经济、总部经济、服务经济，形成创新策源地和总部集聚效应，加大优势品牌对外输出力度，将一般制造业、传统批发市场、仓储物流市场等产业有序疏解到开封，构建"郑州创新＋开封产业化"等产业互动模式。强化产业链分工协作。打破原有按照行政区划布局产业的发展逻辑，郑开共同编制产业协作发展规划，配套实施产业转移支持政策，形成多层次、网络化的产业空间布局体系。组建同城化产业联盟，促进优势产业内部联动和产业链深度融合，结合郑开在汽车、电子信息、装备制造等产业配套发展需求，发展"补链式""延链式""强链式"产业协同合作，形成"集团作战"，共同做大增量，打造优势产业集群。推进郑开科创走廊建设，推进河南（开封）华录科技园中原数据湖工程、

自贸区开封片区综合保税产业园建设。

2. 创新产业协同新模式，利用好产业合作平台载体

积极推动尉氏设立"郑州航空港（尉氏）特别合作区"，引领郑开同城化和郑州都市圈一体化发展。尉氏临港区域与郑州航空港试验区，在产业、交通、设施、服务等方面，统一规划、统一建设、统一管理、统一运营，实现互联互通、无缝对接、共建双赢，做大做强航空经济、口岸经济、临港经济、打造具有国际影响力的枢纽经济先行区。建设兰考郑开同城化东部（先行）示范区。在兰考设立30平方公里左右的特别合作区，积极承接京津冀、长三角、粤港澳等国家重大区域战略地区产业梯度转移，重点围绕新能源汽车等产业链跨区域布局，引进郑州和省平台公司产业导入。

3. 强化产业要素保障，构建统一互认的市场标准

打通产业投融资瓶颈。按照"股权分摊、责任平摊、市场运营、优化配置"的原则，建议郑州开封共同设立同城化发展投资基金，下设产业重点领域子基金，形成多层次、多渠道的资金保障体系，专门用于支持同城化重大项目建设和产业发展。同时，鼓励社会资本积极探索成立同城化股权投资银行、同城化融资担保有限公司，为企业提供融资贷款、风险评估等服务，解决产业发展中资金筹措及运营困境。强化产业用地保障。探索建立跨市域重大项目土地要素资源协调机制，综合协调跨市界耕地、绿地等土地资源占补动态平衡。探索建立利用飞地经济、点状供地、土地置换等提高土地流动性机制。推进产业服务平台共建共享。推动郑开统一市场门槛和产品质量标准，消除地区贸易壁垒，共同建立统一、开放的大市场，实现产品互相准入、企业跨区域经营、生产要素自由流动。成立各类专业化、跨区域的产业服务共享平台，在投资贸易便利化、企业融资合作、资源信息共享等方面提供全方位服务，为产业协同共兴营造良好的发展环境。

（三）推动基础设施同城化发展

1. 统筹交通设施建设

以提高城际交通的可达性、可靠性、便捷性和有效性为目标，加快郑开城际间高速公路、快速路系统和都市圈城际轨道交通系统建设，形成由公路和轨道交通共同构成的复合型城际通道，强化城际与城市交通系统的无缝对接，逐步形成更加完善的同城化综合交通体系。加快构建"3条高速公路+4条快速路+3条轨道交通"的快速通道网络。3条高速公路，即连霍高速和郑民高速、日兰高速；4条快速路，即郑开大道、物流通道、陇海路、科学大道。3条轨道交通，即城际铁路S2线新建工程、郑开城际铁路市域化改造工程、陇海铁路。

2. 统筹水利设施建设

围绕水利现代化建设目标，统筹郑开区域内防洪减灾体系、水资源保障体系、水生态保护体系建设，加大水利基础设施建设力度，强化水资源河湖管理与保护，为郑开同城化发展提供水利基础设施保障。加固病险水库、水闸、泵站，提高区域防洪排涝综合能力。按照国家规定的城市防洪标准，加快完善大中城市防洪除涝排水工程体系，与区域治理协调，同步推进中小城市与重点城镇防洪除涝工程建设。加强防洪科学管理，实现防汛调度指挥决策科学化、应急处置规范化、防汛抢险专业化。完善调配水网络，优化水资源配置，提高区域供水保证率，蓄引并重，改善缺水地区供水条件。

3. 推动信息网络融合

统筹信息基础设施建设，深化电子商务、电子政务应用与信息资源整合，促进网络资源共享。加强郑开两地通信网、无线宽带网、数字电视网、电子政务网等信息网络基础设施统筹规划、建设和管理，建设覆盖同城化地区的光缆传输干线网，推进城际网络高速互联和城市网络光纤覆盖。搭建高性能的信息网络基础传输平台、区域性电子政务与公共信息网络平台、开放式多媒体综合服务平台、企业信息管理平台和电子商务

· 85 ·

平台。

(四) 推进公共服务共建共享

1. 推进教育同城化

推进郑开教育资源共享。组建郑开职教联合会，定期组织教学研讨会，教师互派交流、跟岗学习。开展"农村中小学远程多媒体互动教室"建设，共同举办郑开学习夏令营、学习竞赛等教育行动。输出郑州优质教育资源，加强郑州教育品牌效应。统筹优化郑开中小学、幼儿园布局，辐射优质教育资源，支持郑州优质民办学校以品牌连锁、委托管理等多种形式在开封建设分校或校区，加强郑州教育溢出效应。推进教育政策及教育监管同城化。探索统一郑开义务教育阶段的招生政策，推进中考考试科目、考试内容、考试时间、考试形式同步化。建立郑开教育评估监测联盟，依据各地实际情况，参照制定、完善各项教育监测评价标准，开展中小学生综合素质评价、教育质量综合评价研究。

2. 推进医疗同城化

积极推进异地联网结算。逐步推进郑开医院、药店的异地联网结算，扩大联网结算定点医药机构覆盖面，增加异地门诊、住院就医直接结算定点医药机构数量，吸纳更多医院开通个人账户异地刷卡直接结算，减轻参保人员现金垫付压力，方便两地参保人员就医、购药。组建跨区域合作的医联体。发挥郑州优质医疗资源优势，由郑州牵头积极推动郑开合作办医，包括新医院建设层面、老医院的学科建设层面合作以及对基层医院的带动发展。除了医院间业务合作、共建新医院、进行人才进修培训外，郑州市政府对郑州部分优质医疗资源向开封转移的政策要进一步放宽准入和市场管制，支持社会办医，鼓励有资源的民营企业与郑开优质医疗机构在资源短缺地区合作办医，政府对其进行有效及时的信息化监管，实行扶持和监管并重策略。强化郑开医疗卫生合作。推动实行联合监管，建立联合监管机制，完善疾病监测、疫情报告等信息共享机制，实现郑开患者诊疗标准化及异地复诊随访与远程诊疗，并共享异地诊疗信息。发挥郑州优质医疗资源集中优势，由卫健委牵头协调，统一制定郑州专家异地坐诊机制，定期派遣不同学科医疗专家前往开封坐诊、查房、医疗技术培训与指导。共建医疗资源信息平台。建立郑开健康信息平台，实现检查检验结果互通互认，建立区域医疗健康数据统一标准，实现区域医疗服务机构间以电子病历为核心的医疗健康数据互联互通，通过平台实现郑开医疗信息资源共享。建立统一的医疗保障信息结算系统和公共服务信息平台，减少软件对接产生的系列费用，降低成本，提高效率。

3. 养老社保同城化

鼓励多方社会资源参与健康养老服务产业。引导、鼓励企业和社会组织开展养老服务，引入国企等公有制资本和民间资本等非公有制资本，完善政策扶持，促进健康养老机构通过市场化的方式运营健康养老服务产业。支持郑州养老民生企业及社会组织走出去，输出郑州优质养老资源及养老理念，加强郑州养老产业链的发展，形成品牌效应，提升郑开养老服务水平。推动社保无障碍转移、养老保险待遇核查互认。深入推进郑开社会医疗保险参保人异地就医费用联网直接结算，推动建立郑开社会保险参保信息共享机制，同时关注社会保险关系转移接续服务合作和社会保险待遇风险防控。实现郑开异地居住享受养老待遇人员领取资格核查互认，在养老金发放、政府购买养老服务等方面建立进出比对机制。推进郑开养老资源、人才及服务共享。建议放开养老服务市场，共同推进养老服务和养老产业的发展，开封老年人及养老企业进入郑州后享受郑州市同等待遇及政策补贴。引进、互通养老服务行业专业技术人才，每月给予岗位补贴，加强养老专业人才储备。加强养老服务监管，对于养老服务组织等级、养老机构安全、养老补贴发放、养老院服务质量等，均引入第三方监管评估。

（五）加强环境共同治理

1. 推动污染防治联防联控

建立联防联控机制。完善郑开区域协作机制，推动联防联控。深化跨区域水污染联防联治、联手防治大气环境污染、全面开展土壤污染防治。对水、大气、土壤实行协同污染治理,严格项目准入制度,从源头上解决土壤环境污染问题。实施监督管理制度,充分发挥新闻媒介的舆论监督作用,将生态保护与建设的先进事例进行报道和表扬,对有悖于生态保护与建设要求的事情公开曝光。制定金融、税收调节政策,鼓励发展生态产业、环境保护和生态建设项目,并提供优惠资金支持政策。建立水源地联合保护机制、应急联动机制。由郑州市牵头开展郑开人民渠饮用水源地水质保护合作,加强跨市水体监测网络建设,定期组织水污染防治重难点问题会商,推动共有水体联合监测,做好重大事项对接和仲裁,建立常态化通报制度,让共治联管机制落到实处。建立跨界审批沟通合作机制。建立环境信息资源共享平台,共同协调建立郑开水、大气、土壤等环境监测网络和相应的数据库系统,促进区域内环境信息交流共享。实施严格的环境准入制度,统一审批尺度,共同研究和推进跨界流域和区域的限批、禁批和企业搬迁等办法,有序推进郑开环境治理标准的统一进程。协同开展环保技术研究,打破地区壁垒,促进环境服务、污染治理等环保服务市场的开放。

2. 促进绿色低碳循环发展

推动绿色发展。进一步深化节能减排,实行区县、重点行业主要污染物排放总量与强度控制制度,推动区域绿色转型升级。加快产业结构调整,控制高耗能、高污染行业规模扩张,利用高新技术和先进实用技术改造提升传统优势产业,大力发展战略性新兴产业。加大化解过剩产能工作力度,形成推进淘汰落后产能联动机制。促进二三产融合发展,推动传统制造业向研发、设计、营销等高端环节升级,大力发展现代服务业。增强绿色发展的技术支撑能力,着力构建以清洁生产、污染治理、生态改善为重点的绿色技术集成示范与推广应用体系。推进"源头减量、过程控制、末端再生"的循环型生产方式,加快构建资源循环利用体系。构建跨地区、跨行业的循环产业链,率先在汽车及零部件、装备制造等协同程度较高的行业取得突破。组织实施园区循环化改造,实现园区资源高效、循环利用和废物"零排放"。开展低碳试点。积极申建国家低碳试点城市，鼓励开展低碳县（市、区）建设。鼓励低碳产业发展和传统产业低碳化改造，鼓励有条件的园区开展国家级、省级试点创建。以加强示范引领，鼓励企业开展低碳试点建设。积极发展碳资产、碳基金等新兴业务，探索建立区域性碳排放权交易市场。开展关键低碳技术攻关，积极推进低碳技术的推广应用。倡导绿色消费。进一步加强生态文明宣传教育，共同倡导文明、节约、绿色、低碳消费理念。围绕城市居民重点消费领域，加大能效标识产品、节水标识产品、环境标识产品和低碳标识产品的使用推广力度。实施绿色建筑推广行动计划，推进可再生能源与建筑一体化应用。鼓励宾馆、饭店等服务性单位采用节能、节水、节材和有利于保护环境的产品，联动取消"六小件"等一次性消费品。加快推进绿色出行，引导消费者购买低排量汽车和新能源汽车，限制超标高耗油交通工具，鼓励使用自行车与公共交通工具。建立政府绿色采购制度，扩大绿色产品采购范围。

（六）持续优化营商环境

1. 深化郑开放管服改革

进一步深化"放管服"改革，优化再造审批服务流程，促进信息共享开放。推动"最多跑一次"向源头管理扩展，向所有领域延伸；构建"一网通管"监管体系，打造数字化"事中事后"监管中心。从区域协同发展的供给切入，建立健全符合郑开同城化的"市场准入负面清单""权力清单""责任清单"。适度放开获益性较高产业的行政垄断，有效降低非公有经济准入门槛，加强产业链分工，完善资本市场、技术市场政策供给，营造郑开内生良性并存的产业生态。强化大数据治理模式，建立郑开企业投资项目在线备案管理系统和"容缺受理"机制，提高行政审批效率。

2. 提升企业服务水平

秉持"全程辅导、全职服务、全力帮助"服务理念，进一步聚焦降低企业成本、解决企业诉求、实施重点扶持、优化服务环境等企业关注层面，加快服务模式转变。定期召开企业负责人座谈会、重点项目推进会、发展经验交流会、产品推介会、名优特产品推介会等，重点解决企业发展难题。努力提供"店小二""保姆式"的服务，对园区企业多帮忙、少打扰、不添乱，努力营造亲商、重商、安商、扶商的营商环境。强化云计算、区块链等技术应用，加快公共数据开放和应用。择机推行郑开"一次不跑"改革，打造"掌上办事""掌上办公"城市群，推动经济运行、公共服务等数字化，打造最优线上营商环境。建立健全全流程信用管理机制，建成覆盖公共、商贸、金融三大数据的信用一张网。推进信用应用向郑开全领域拓展，加快都市圈信用体系建设。

（执笔人：王　梁）

专题二

郑州都市圈制造业高质量发展路径研究

摘　要：都市圈是推动区域经济社会发展的重要抓手，而制造业高质量发展是重要支撑。推动郑州都市圈制造业高质量发展，必须站位全球视野，谋划制造业高质量思路和发展路径，针对郑州都市圈制造业集群发展不够、创新不高、竞争力不强等问题，必须从做大做强优势产业集群、培育壮大新兴产业和未来产业、改造提升传统产业集群、推动制造业与生产性服务融合发展、构建产业创新协同发展体系、加快开发区提质升级等六个方面发力，推动制造业高质量发展。

关键词：郑州都市圈；制造业；高质量发展

制造业是实体经济的基础，是构筑未来发展战略优势的重要支撑。党的十九大提出"建设现代化经济体系，必须把发展经济的着力点放在实体经济上，把提高供给体系质量作为主攻方向，显著增强我国经济质量优势"，并强调"加快建设制造强国"制造业是立国之本、强国之基。党的二十大报告中强调："坚持把发展经济的着力点放在实体经济上""推动制造业高端化、智能化、绿色化发展"。都市圈作为一种重要的区域经济组织形式，制造业是其发展壮大产业基础的重要抓手。当前，各个都市圈均大力推进制造业高质量发展，郑州都市圈要想在激烈的竞争中脱颖而出，必须紧抓时代潮流，扬长避短，稳步推进都市圈制造业高质量发展。

一 国际国内制造业发展的趋势特征研判

(一) 国际制造业发展面临的新变化

随着全球新一轮科技革命和产业变革呈加速趋势，人工智能、大数据、云计算、数字经济、共享经济等新技术新产业成为重要经济增长点，加之欧美国家贸易保护主义，设置更高的国际贸易标准，给国际产业发展带来重大影响，国际制造业呈现全球创新版图重塑、产业链价值链和国际分工重组、产业新增长点重构等新变化。

1. 全球科技创新进入活跃期，各国争夺科技革命、产业革命的领先地位更为激烈

当前全球新一轮科技革命和产业变革方兴未艾，科技创新正加速推进，并深度融合、广泛渗透到人类社会的各个方面，成为重塑世界格局、创造人类未来的主导力量。一是国家创新竞争态势激烈、全球创新版图正在形成。为抢占未来经济科技制高点，在新一轮国际经济再平衡中赢得先发优势，世界主要国家都抓紧部署面向未来的科技创新战略和行动。自2010年以来，美国连续三次推出国家创新战略，德国连续颁布三次高技术战略，日本、韩国以及俄罗斯、巴西、印度等新兴经济体，都在积极部署出台国家创新发展战略或规划。发达国家的创新优势依然明显，但已呈现版图东移趋势，从研发投入看，近年来北美和欧洲占全球的比重逐渐下降，而东亚、东南亚和南亚地区则逐渐上升。二是全球创新资源区域集聚化趋势更为明显。西欧、北美和东亚是创新活动最为活跃的区域，其中东亚地区发展最为迅速。据《2022年全球创新指数》和《2022年自然指数世界科学城市》的相关统计，美国和中国是世界上创新资源最为集中的热土，无论是创新集群还是科学城市都是最多的，两国高质量创新集群的数量均达到21个。其中，中国创新集群数量是首次与美国持平，两国并列全球第一。三是颠覆性技术层出不穷成为经济发展的新突破口。信息网络、生物科技、清洁能源、新材料与先进制造等正孕育一批具有重大产业变革

前景的颠覆性技术，这些颠覆性技术将不断创造新产品、新需求、新业态，推动产业形态深刻调整，成为创新驱动发展和国家竞争力的关键所在。

2. 全球产业价值链加速重构，国际产业分工格局进入新一轮调整

制造业等实体经济重新受到包括发达国家在内的各国的重视，发展制造业日益成为国际竞争的焦点。一是欧美发达国家深入实施"再工业化"战略，目的是牢牢占据高端制造业领先地位。美国大力实施"再工业化"战略，对内采取减税、加强基础设施建设等措施改善营商环境，对外挑起贸易摩擦提高其他国家的成本，不仅仅是推动汽车、电子信息等制造业回流，促进实体经济发展，更重要的是在人工智能、航空航天、大数据、纳米技术、先进能源等制造业领域取得领先优势。德国实施"工业4.0"战略，支持工业领域新一代革命性技术的研发与创新，推动信息技术与工业融合。法国制定"新工业法国"计划，旨在通过再工业化使法国重返全球工业第一梯队。日本长期重视"工匠精神"和中小制造业的创新能力培养，制定了质量救国的发展战略。二是印度、东南亚等国家凭借成本优势大力发展本国制造业，已成为全球劳动密集型产业转移的重要目的地。目前，全球价值链中的供应链部分正在由中国大陆转向东盟、南亚等一些发展中国家。近年来，印度实施"印度制造"运动，依托劳动力资源和市场优势大力吸引外资，承接汽车、家电、手机等制造业转移，取得了良好成效。印度在世界银行的营商环境排名中从2015年的第142位上升至2020年的第63位，上升了79位；2020—2021年的国外直接投资（FDI）流入总额从2014—2015年的349亿美元增至819.73亿美元。越南、马来西亚等东南亚国家凭借低成本劳动力优势，已成为承接全球纺织服装、玩具、电子产品等劳动密集型产业及代工企业转移的目的地。2018年以来，东南亚投资热度快速提升，英特尔、富士康、日本电工、东芝机械、松下等知名跨国企业、代工企业纷纷到印度、越南等国布局，仅2021年日企对越南的投资总额达到39亿美元，较2020年同期增长54%。三是数字经济贸易将加速改变全球产业分工格局。根据《全球服务贸易创新趋势报告2022》：

全球服务贸易中有 50% 以上已经实现数字化,超过 12% 的跨境货物贸易通过数字化平台实现,90% 以上的服务贸易企业正在开展数字化转型,预计今后 10—15 年时间,全球货物贸易呈 2% 左右的增长、服务贸易量 15% 左右的增长,而数字贸易则是 25% 左右的高速增长,20 年后世界贸易格局将形成 1/3 货物贸易、1/3 服务贸易、1/3 数字贸易的格局,将重塑全球产业分工格局。

3. 全球新技术、新产业、新业态、新模式加速发展,经济新增长点不断涌现

"十四五"时期,随着全球科技创新正在进入多点突破、群体迸发的新阶段,新技术不断涌现,催生更多新产业新模式,将对传统生产方式产生前所未有的深刻影响。一是以 5G 为主要标志的新技术进入突破期,3D 打印、移动互联网、智能终端、大数据、云计算、高端芯片、区块链技术等大范围应用,将带动众多产业变革和创新,产业数字化和数字产业化发展潜力巨大。二是人工智能(AI+)进入临界爆发期,机器人应用、无人驾驶、车联网等产业加快推广并广泛应用,有可能深刻改变世界主要大国在未来几十年里的产业发展优势。据预测到 2025 年之前美国将大概率出现机器人药剂师,无人驾驶汽车将占到美国道路行驶车辆的 10%,企业审计的 30% 将由人工智能执行。三是围绕新能源、气候变化、空间、海洋开发的技术创新更加密集,将大力推动新能源、节能环保、海洋工程等产业发展。

(二)国内制造业发展的新态势

2012 年以来,我国产业发展面临的环境发生了深刻变化,既面临着百年未有之大变局的冲击,也面临着国内经济社会深刻转型的挑战,将会对将来较长一段时期产业转型升级和高质量发展产生重要影响。

1. 外部环境发生深刻变革,前所未有的大变局对我国产业发展带来深远影响

一是贸易保护主义不断抬头造成外需增长难度加大,拓展内需市场将

成为产业高质量发展的重要着力点。受发达国家贸易保护主义影响，外需紧缩有可能成为我国经济发展的常态，出口紧缩与国内去产能、去杠杆等产生叠加效应，将给我国产业高质量发展带来较大压力，部分对外依存度较高的地区、园区和企业面临的转型压力和风险加大。二是发达国家对我国关键领域"卡脖子"技术的封锁力度加大，在加大国内产业链风险的同时，也为这些领域技术突破带来新的机遇。根据《科技日报》梳理的35项"卡脖子"技术清单，我国在基础零部件、关键材料、先进工艺等基础领域与国外差距较大，95%的高端专用芯片、70%以上的智能终端处理器以及绝大多数存储芯片依赖进口。着眼于建立自主可控的现代化产业体系，国家正探索新型举国体制，加大提高研发创新投入力度，全面加强核心技术攻关，加快研究实施关键零部件、核心技术的可替代性措施，力争在自主可控方面实现突破。三是部分产业外迁或转移步伐加快，既对我国产业高质量发展产生诸多不利影响，也为我国更大范围、更高层次、更深程度参与国际分工提供契机。受发达国家推动再工业化，部分新兴经济体加快制造业发展等"两头挤压"以及中美经贸摩擦、国内制造业成本快速上升等因素的影响，我国传统产业领域出现了部分企业加速向外转移的现象。据统计，目前我国沿海地区人工成本是柬埔寨的4.3倍、越南的2.7倍、印度的2倍；广东工业用地出让单价约为美国中西部的4—6倍、越南的1.5倍。同时，一些企业推进全球化布局和经营，通过对产业链两端的原料资源、设计研发资源、品牌资源和市场渠道资源进行全球范围内的垂直延伸和掌控，有助于构建以我为主的优势产业供应链，带动产业向价值链中高端攀升。

2. 新一轮科技革命和产业变革深入推进，数字经济、生物经济、绿色经济等产业形态将成为引领制造业发展的核心力量

一是数字经济将成为推动各产业升级转型的关键驱动力。根据中国信息通信研究院发布的《中国数字经济发展报告（2022年）》，2021年中国数字经济规模达到45.5万亿元，占GDP的比重近40%。未来5—10年，随着信息基础设施持续升级、5G等网络信息技术的快速突破、信息通信技

术与传统产业的加速融合、居民消费升级对数字技术和经济需求的持续增加，我国包括互联网、大数据、物联网、软件和信息服务、数字创意、电子商务等在内的数字经济仍将持续较快发展。二是生物经济将快速发展。近年来我国生物产业发展迅速，保持年均12%以上的增速，2021年产业规模接近5万亿元。以基因测序、合成生物技术、液体活检、细胞免疫治疗、生物大数据、生物仿制药、生物制造等为代表的生物技术进一步发展，将带动生物医药、生物农业、生物制造等生物产业快速发展，到2025年，预计全国生物产业规模将突破10万亿元，占GDP比重超过3%。三是以节能环保、新能源、新能源汽车等产业为核心的绿色经济持续保持较快发展。2021年，我国绿色经济总体规模约8万亿元。其中，节能环保产业持续较快发展，节能环保服务业产值达6069亿元；可再生能源发电装机容量突破10亿千瓦，风力发电和光伏产业规模稳居全球第一；新能源乘用车销量首次突破352.1万辆大关，保有量超过784万辆，我国已成为新能源汽车发展最快、产量最高、保有量最多的国家。随着"绿水青山就是金山银山"理念的深入普及，我国大力推动能源低碳化发展，节能环保、新能源等绿色技术的突破和市场环境的逐步完善，绿色经济有望持续较快发展，按照年均10%的增速测算，到2025年绿色经济总产值有望超过12万亿元，占GDP比重超过8%，成为带动经济绿色转型的重要力量。

3. 供给结构和要素优势加快转换，将会增强对产业高质量发展的支撑

一是培育知识资本竞争优势有望催生大数据、软件、教育培训等产业新增长点发展。大力培育知识资本竞争优势，实现竞争优势转换，我国制造业将向信息技术深度应用、制造业和服务业融合、个性化定制方向发展，人力资本投入会明显增加，技能型人才需求量上升，将会催生软件、大数据和教育培训等产业新增长点发展。二是培育技术竞争优势有望催生研发服务、知识产权服务、专利交易等产业新增长点发展。加快培育技术竞争优势，我国技术研发投入将显著增加，带动科技研发服务业及其相关的知识产权服务、专利交易、成果转化等行业发展。三是培育资金密集优势有望催生新型金融、天使投资、创业投资等产业新增长点发展。近年

来，我国绿色金融市场规模不断扩大，产品服务创新不断涌现。据银保监会统计，截至2021年末，国内21家主要银行绿色信贷余额达15.1万亿元，占其各项贷款的10.6%。国家鼓励天使投资和创业投资发展，对投向种子期、初创期等创新活动的天使投资给予税收优惠，也会助推相关产业快速发展，特别是为数字经济、智能经济、生物经济和绿色经济等相关产业发展，提供绿色基金、绿色信贷、绿色债券、绿色保险等绿色金融产业将迎来重大机遇。

总之，国内外制造业变革的新变化新态势，既给我国制造业转型升级、产业链安全带来许多风险挑战，又给制造业高质量发展带来重大机遇，这对我国制造业基础能力现代化、提升产业链水平提出了更加紧迫的要求。对郑州都市圈来讲，要以全球视野和战略思维，谋划制造业高质量发展的思路，加快构建现代产业体系，提出创新科技和产业融合发展的战略方向和具体路径。

二 郑州都市圈制造业发展基础与面临的形势

（一）发展现状

1. 产业规模持续壮大

党的十八大以来，郑州都市圈地区生产总值从2012年的17426亿元跃升至2021年的34897亿元，增加近17471亿元，增长100%，占全省经济总量比重由58%上升到59%；工业增加值从2012年的8736亿元跃升至2020年的11067亿元，增加近2331亿元，占全省工业增加值比重由57%上升到62%，比重提高5个百分点；年均增长9.3%，高于全国2.5个百分点，已成为稳经济促增长的"压舱石"。郑州都市圈已形成全省乃至全国重要的电子信息、食品、汽车、装备等生产基地，一批千亿级产业集群正在聚链成圈。郑州成为苹果手机全球最大生产基地，宇通大中型客车全球市场占有率超过10%，速冻食品占据全国60%以上市场，郑煤机成长为全球规模最大的智能化成套化煤矿综采技术和装备供应商，中铁装备盾构产销量稳居世界第一,越来越多的产品在国内大循环和国内国际双循环中进入中高端、成为关键环。

表3-1　　　　　2012、2020年郑州都市圈工业增加值　　　　（单位：亿元）

序号	地区	2012年	2020年
1	郑州市	2191	3146
2	开封市	487	744
3	洛阳市	1407	1855
4	平顶山市	846	934
5	许昌市	1107	1617
6	漯河市	530	587
7	新乡市	837	1034
8	焦作市	1014	766
9	济源市	317	384
合计	郑州都市圈	8736	11067

数据来源：河南省统计年鉴。

2. 产业结构逐步优化

2012年以来,郑州都市圈产业结构持续优化,原煤、焦炭、十种有色金属、钢材、原铝等主要传统工业产品产量持续下降,分别从13453.1万吨、1433.76万吨、389.76万吨、1528.8万吨、243.76万吨,下降为2020年的7485.55万吨、935.93万吨、353.78万吨、1333.29万吨、176.48万吨。在能源消耗方面,郑州都市圈年耗能万吨标准煤以上工业企业个数由2010年的725家降至2020年的429家,下降了41%。传统产品和高耗能企业数量下降的同时,高新技术产业蓬勃发展起来。郑州都市圈电子信息产业实现了跨越式发展,2012年手机产量6300余万部,到2021年增长为1.6亿部;从2014年至2021年,中铁装备新签合同额增长了5倍,新签订单数增长了3.8倍,盾构机产量增长了5.3倍,实现了跨越式发展;汽车2012年产量为37.56万辆,2021年增长到52.8万辆。

3. 产业创新能力显著增强

近十年来，郑州都市圈高新技术企业、研发投入强度、技术合同成交额、万人发明专利拥有量等科技创新的核心指标，分别增长 13.3 倍、0.69 倍、14.6 倍、4.7 倍，尤其是近三年，年均增长幅度均居 9 个国家中心城市第一位，为国家中心城市建设提供了强力的科技支撑。培育建设国家级创新平台，国家级研发平台由 2012 年的 29 个增长到 2021 年的 55 个，增长 89.6%；加快推进中原科技城与省科学院重建重振融合发展，全力打造国家创新高地的标志性工程；省市联动，推进嵩山实验室、黄河实验室等 7 家省实验室在郑建设。积极引进新型研发机构，紧盯中科院系统院所、双一流高校、央企科研机构，引进中科院过程所等大院名所等在郑设立新型研发机构，累计达到 58 家，省级重大新型研发机构占全省的 44%。到 2021 年底，全市各级各类研发平台，从 2012 年的 1382 个增长到 4395 个，成为吸引国内外高端人才、集聚各类创新要素的"强磁场"。

4. 产业集群规模日益壮大

党的十八大以来，郑州都市圈坚持制造业高质量发展主攻方向，加快打造国家先进制造业高地。从产业集群发展来看，2021 年郑州都市圈电子信息、汽车及装备制造、新材料、生物医药、铝及铝精深加工、现代食品等六大主导产业占规上工业比重达到 82.1%，比 2012 年提高了 18.1 个百分点，已形成电子信息、汽车、装备制造、现代食品、铝精深加工 5 个千亿级产业集群。加速推进产业转型升级，积极打造万亿级电子信息产业集群、5000 亿级汽车产业集群和新型显示和智能终端等战略性新兴产业链，下一代信息网络产业集群和信息技术服务产业集群成功入选国家级战略性新兴产业集群。积极推动国家战略落地生效，建成郑州经开区等 3 个国家新型工业化产业示范基地，获批"国家服务型制造示范城市"等 15 个国家级试点示范城市。

（二）存在的问题

1. 制造业大而不强

郑州都市圈制造业大而不强的问题始终未能解决，产业升级换代和高位求进速度较慢，在新产业培育发展、前瞻性产业布局、新技术应用等方面较为滞后。郑州都市圈制造业龙头企业带动力不足，相关龙头标杆企业多分布在传统产业，真正拥有核心技术和较强市场竞争力的科技型龙头企业较少，一些龙头标杆企业的辐射带动性不够强，对产业链内其他企业的发展帮助不够多。制造业产业链群总体布局较散，多数产业集群整体实力较弱、单个体量较小，基础核心技术与创新设计能力薄弱，食品、电子、装备等优势制造业竞争力减弱。在制造业产业结构方面，技术密集型制造业的占比仍较低，而资源密集型制造业的占比较大，发展质量和效益不高，由此造成郑州都市圈制造业存在突出的低端行业产能过剩，高端行业产能不足等供需结构失衡问题，制造业产业结构需要进一步转型升级。

2. 产业自主创新能力不足

在郑州都市圈制造业的发展过程中，科技创新研发投入规模和占比仍相对较低，关键核心技术、关键共性技术、关键材料及零部件缺乏，产学研用协同创新体系亟待健全，制造业企业科技创新能力不强，高新技术企业和上市企业数量较少，科技创新对现代制造业发展的支撑能力不强。制造业高端技术人才不足，虽然近年来河南省高等教育水平和人才培养质量在不断提升，引进人才的优惠政策力度在不断加大，但是制造业发展仍面临着劳动力数量优势和成本优势在逐步减弱、高端技术人才缺口较大等突出问题。创新创业平台相对较少，郑州都市圈现有国家（重点）实验室、国家工程（技术）研究中心、国家企业技术中心等国家级创新平台130家，而成都都市圈和武汉都市圈分别拥有国家级创新平台217家、148家。郑州创新创业平台载体较少，技术创新和企业孵化溢出效应不强，科技创新平台的数量和水平不能满足需求，国家重大技术基础设施、综合性产业创新中心亟待布局建设。

3. 特色产业集群竞争力不足

当前，郑州都市圈汽车、装备制造业、生物医药、石油化工、电子信息、金属精深加工等特色产业已形成一定规模，产业集群化发展态势已经形成，但相关产业集群综合实力不够，尤其在与国内其他具有相同优势特色产业都市圈对比时，特色产业集群竞争力相对不足。汽车产业方面，广州都市圈2021年生产汽车296万辆，武汉都市圈生产140万辆，而郑州都市圈仅生产57万台，汽车产业集群与先进地区差距巨大；装备制造方面，2021年长沙都市圈工程机械装备制造业规模以上企业总产值约2900亿元，其中，仅三一重工一家企业营业收入就达到1069亿元，而郑州都市圈装备制造业龙头企业中铁装备、郑煤机、中信重工三家合计仅450亿元，不到三一重工的一半；电子信息方面，深圳都市圈拥有华为、中兴、华星光电、TCL、康佳、创维、大疆等拥有自主知识产权和品牌的龙头企业，2021年手机产量约占全国的50%，而郑州都市圈虽然拥有龙头企业富士康，手机产量仅约占全国的10%。

三 国内其他都市圈推动制造业高质量发展的主要做法

近年来，各都市圈坚持以"创新引领、要素协同、提质增效"为原则，紧盯前沿、高精尖和未来产业的发展方向，积极谋划新布局、推进新发展、营造新环境、培育新生态，加快构建"实体经济、科技创新、现代金融、人力资源协同发展的产业体系，以在新一轮区域协调发展中抢占先机、赢得主动。

（一）国内其他都市圈的主要做法

1. 创新引领，构建自主可控的现代产业新体系

国内其他都市圈紧跟世界科技革命和产业变革趋势，以供给侧结构性改革为主线，坚持围绕产业链部署创新链、围绕创新链培育产业链，持续增强原始创新能力、提升产业技术实力、激发创新主体活力，构建自主可控的现代产业体系。南京都市圈精准施策推动创新链与产业链深度融合，制定促进科技与产业深度融合等一系列政策措施，加强战略必争领域的原始创新和重大集成创新，全面增强企业自主创新能力，着力构建具有国际

竞争力的现代产业体系。2021年,南京都市圈研发投入占GDP的3.6%,远高于全国的2.44%。杭州都市圈坚持把数字经济作为"一号工程",大力实施科技创新尖峰、尖兵、领雁和领航计划,对重点产业链"卡脖子"核心技术和短板装备进行集中攻坚,推进之江实验室、西湖大学、阿里达摩院等创新平台建设,建设"互联网+"、生命健康科技和新材料科技创新高地,以数字经济引领推动制造业高质量发展。2021年杭州都市圈R&D经费占GDP比重达到3.68%。合肥都市圈坚持把"芯屏器合"高端制造业作为构建现代产业的突破口,深入推进"科创+产业"发展,组建了能源研究院、人工智能研究院大健康研究院、环境科学研发平台等,积极布局量子计算与量子通信、生物制造、先进核能等未来产业,加快发展5G+产业、物联网、下一代互联网、区块链等,打造科技创新策源地,推动前沿科技研发"沿途下蛋",加快推动产业基础高级化、产业链现代化。成都都市圈提出重点培育"5+1"制造业体系(5:即电子信息、装备制造、食品饮料、先进材料、能源化工五大支柱产业,1:即数字经济),大力发展战略性新兴产业和未来产业,构建具有特色优势的现代产业体系。

2. 打造集群,强化现代产业体系核心支撑

各都市圈围绕延链补链强链,推进产业链更新再造和价值链升级,深化亩均论英雄改革,积极培育先进产业集群,促进产业向全球价值链中高端迈进。青岛都市圈着力推进新旧动能转换,发展壮大新一代信息技术、高端装备、新能源新材料、现代海洋、医养健康等五大新兴产业,提升发展高端化工、现代高效农业、文化创意、精品旅游、现代金融服务五大优势产业。福州都市圈大力实施百亿龙头成长计划和千亿集群培育计划,完善"一个行业一个规划一个政策"工作机制,打造集成电路和光电、计算机和网络通信、高端装备、电工电器、汽车、石化一体化、化工新材料、动力电池和稀土石墨烯新材料、生物与医药、数字经济、休闲食品等制造业产业集群。南京都市圈重点培育新一代信息技术、高端装备、汽车及新能源汽车等万亿元级主导性产业集群,以及人工智能、下一代网络、纳米材料等千亿元级先导性制造业产业集群,力争打造具有国际竞争力的世界

级先进制造业集群。

3. 优化布局，拓展产业区域发展新空间

各都市圈积极对接国家发展战略，立足不同区域功能定位、发展阶段、资源禀赋、产业结构等方面差异，明确区域功能战略定位和产业发展中的方向，打造优势互补、各展所长的区域经济板块和产业带。长沙都市圈按照"全产业链、全地域、全要素"的原则，绘制了"一芯驱动、两带支撑、三区协同"的产业高质量发展布局图，推动区域之间、产业链上下游间协同发展，为集成电路产业、地理空间信息产业、新一代信息技术产业、智能制造产业、汽车产业、数字产业、生物产业、康养产业、新能源与新材料产业、航空航天等十大重点产业布局提供精准"导航"。深圳都市圈紧抓粤港澳大湾区建设重大机遇，实施以功能区为引领的区域协调发展战略，积极参与珠三角国家自主创新示范区和"广州—深圳—香港—澳门"科技创新走廊、粤港澳大湾区国际科技创新中心等重大创新基地建设，规划布局新一代信息技术、人工智能、生物医药、新能源智能网联汽车等战略性新兴产业。成都都市圈突出强化成都"主干"引领辐射带动作用，加快建设国家中心城市，高标准规划建设天府新区、总部集聚区、高新技术企业服务区和改革创新示范区，推动"空中丝绸之路"和"国际陆海联运"双走廊建设，争创全国重要的经济中心、科技中心、金融中心、文创中心和西部国际门户枢纽城市。

（二）启示借鉴

通过研究分析南京、杭州、合肥、青岛等都市圈制造业高质量发展的实践路径，可以发现制造业高质量发展是一个长期动态的过程，需要充分考虑时代背景和阶段特征，把握好总体谋划和久久为功的关系，坚定不移将一张蓝图干到底。

1. 超前谋划，明确重点产业和产业发展方向

制造业高质量发展必须顺应技术革命、产业变革以及市场变化的趋势，打破"只看自己有什么、不看市场需要什么""熟悉什么就干什么"

的惯性思维和路径依赖，超前谋划布局发展战略性新兴产业和未来产业，推进传统产业转型升级，抢占新一轮区域竞争的制高点。在未来产业谋划发展上，要积极践行新发展理念，结合区域发展特色和实际，既要兼顾当前、也要适度超前，加快推动产业迭代升级，有针对性地遴选产业组成，全面构建以"四高"（高端、高新、高质、高效）为特征的制造业体系。

2. 优化布局，推动区域特色错位链接发展

制造业高质量发展要突出问题导向、目的导向，围绕破解产业同质度高、产业上下游链接弱的难题，"一盘棋"统筹考虑区域的资源禀赋、产业基础、创新能力等，按照扬优势、突特色、求实效的原则，突出国家中心城市带动，推动区域产业带块状发展，绘制都市圈产业地图，打造一批标志性产业链，实现区域间市（县、区）产业互补、特色突出、链条衔接、同兴发展。

3. 创新引领，加快要素结构升级

适应产业动能转换趋势要求，加快高端要素集聚发展，推动劳动、资源密集型产业向资本、技术密集型产业转型。以创新引领性企业培育、创新性平台建设、创新性人才引进为重点，整合都市圈内外高端人才资源，积极破解科技型、中小微企业融资难题，持续推动产业创新能力提升，抢占未来产业发展制高点。

4. 融合发展，加快培育新业态新模式

适应产业融合发展趋势，推进工业化与信息化、先进制造业与现代服务业融合发展，提升智能制造、服务型制造水平，突破制造业重点领域，壮大现代服务业规模，加快培育发展新业态、新模式，打造经济发展新的增长点，加快构建高质高效、开放创新、具有竞争活力的现代产业发展体系，推动产业结构转型升级。

5. 扩大开放，加大产业转移承接力度

从实际出发，着眼于全球制造业发展和变革大趋势，瞄准世界制造业发展制高点，充分利用国内国外两个市场，以提高技术含量、提升价值链位置、提高产品附加值、增强竞争力为重点，加大针对性招商引资力度，

积极发展先进制造业,加快发展以生产性服务业为重点的现代服务业,尽快形成结构优化、功能完善、附加值高、竞争力强的现代产业体系。

6. 夯实支撑,优化产业生态环境

产业发展离不开体制机制改革和政策创新,需要持续深化"最多跑一次""亩均论英雄"等改革,优化营商环境。制定实施促进产业发展的新政策新措施,或上升为立法高度(如杭州都市圈推动数字经济地方立法),或在土地、投融资、人才、财政等领域形成相对完善的政策保障体系。

四 郑州都市圈制造业高质量发展的路径和对策

把制造业高质量发展作为主攻方向,打造食品、装备、材料、电子等主导产业集群,培育新能源及网联汽车、新一代人工智能、现代生物和生命健康等新兴产业集群,全力打好产业基础高级化、产业链现代化攻坚战,实现"郑州都市圈制造"向"郑州都市圈智造"和"郑州都市圈创造"转变。

(一) 做大做强优势产业集群

1. 装备制造

以高端化、智能化、绿色化、服务化、国际化为方向,巩固提升传统装备优势,持续壮大电力装备、盾构装备、农机装备、矿山装备等领军产业。积极发展数控机床、节能环保装备、机器人、轨道交通装备和新兴智能装备等新兴装备制造业,重点提高骨干企业集成融合、研发创新、高端制造、服务增值和智慧发展能力。

表 3-2　　　　　郑州都市圈装备制造业发展重点与布局

产业分类	发展重点	产业布局
一、四大优势装备制造业		
电力装备	以许继、平高、森源等龙头企业为依托，形成以特高压交直流输电保护设备、开关设备等为代表的高端产品新体系。	郑新高技术产业带、许港智能制造产业带、郑焦智能制造产业带
盾构装备	以中铁装备、洛阳LYC、郑州机械所等为依托，发挥盾构和掘进技术国家重点实验室作用，加快发展大功率、高掘进速度、强适应、智能化的新型盾构装备，完善盾构装备产业链，实现上下游协作配套、全链条协同发展。	郑洛高新产业带、郑新高技术产业带、许港智能制造产业带
农机装备	以一拖集团、河南瑞创、郑州中联、河南豪丰等为依托，巩固动力机械、收获机械、种植养殖机械等传统农机优势，发展收割机及关键零部件、大型拖拉机及关键零部件等先进农机装备，研发高端智能农机装备。	郑洛高新产业带、郑开沿黄科创带、许港智能制造产业带
矿山装备	以中信重工、郑煤机、平煤机、平煤神马、卫华集团、焦作科瑞森等为依托，重点发展大型煤碳综采及提运成套设备、大型非煤选矿成套设备、智能轻量化起重装备等。	郑洛高新产业带、洛平产业带、郑新高技术产业带、郑焦智能制造产业带
二、五大新兴装备制造业		
数控机床	以许昌中锋、新乡日升、贝英数控等企业为依托，巩固提升轴承、锻压等行业专用机床优势，扩大高端通用机床规模，突破主机及成套装备核心关键技术，开发一批拥有自主品牌的数控机床及关键零部件。	郑洛高新产业带、许港智能制造产业带、郑新高技术产业带
节能环保装备	以中信重工、郑州锅炉、宇通重工、新乡威猛、中材环保等企业为依托，积极发展高效节能电机和变压器、资源综合利用装备、环境污染应急处理装备等。	郑州、洛阳、新乡节能环保装备优势产业集群
机器人	以科慧科技、中信重工、洛阳美锐克、新乡勤工等企业为依托，发展工业机器人、服务机器人、特种机器人等，加快机器人关键零部件研发与产业化，突破系统集成及应用技术。	郑洛高新产业带、许港智能制造产业带、郑新高技术产业带
轨道交通装备	以郑州中车、洛阳中车、洛阳机车等企业为依托，大力发展车辆设备、动力系统、控制系统以及相关零部件，积极开发中低速磁悬浮、低地板城轨车等城市轨道交通装备，积极发展轴承、信号系统、监控系统以及综合供电自动化系统等关键配套产业。	郑洛高新产业带
新兴智能装备	围绕汽车、食品、农机装备、盾构装备、电力装备等重点行业智能化升级需求，积极发展智能制造成套装备；加大新兴智能装备的培育力度，发展集研发设计、生产制造、集成应用等于一体的全产业链。	郑洛高新产业带、许港智能制造产业带、郑新高技术产业带

资料来源：笔者根据相关各地政府工作报告、发展规划等自行整理。

2. 食品制造

顺应消费升级和绿色安全要求，以"粮头食尾""农头工尾"为抓手，以"品牌高端、绿色有机"为方向，以特色种养为依托，积极发展冷链食品、休闲食品、功能食品等，完善原料基地、加工园区、冷链物流、质量安全等关键环节，高水平建设"国人厨房"，实现增品种提品质创品牌，构建"种养殖基地—加工制造—包装物流—产品销售"上下游衔接的产业链。

表3-3　　　　　　　郑州都市圈绿色食品发展重点与布局

产业分类	发展重点	产业布局
肉制品	以双汇、伊赛等企业为依托，提高精细分割肉制品比例，发展冷鲜分割肉、速冻肉制品、休闲熟食制品等，扩大小包装部位加工和半成品加工规模。发展以肉类为原料，与谷物、蛋奶等混制的方便食品、功能性食品、旅游食品和精细产品。	漯河市
速冻食品	巩固提升水饺、汤圆、粽子等传统产品产量和品质，大力发展高附加值的冷冻调理食品、西式点心制品等新产品，加快速冻食品品种多样化进程。	郑漯食品产业带
休闲食品	以方便快捷、健康营养为引领，发展烘焙、膨化、糖果三大主流休闲食品，创新推广以地方农产品为原料的零食类食品，壮大辣条等优势产业。	
保健食品	深入挖掘食用菌、大豆等资源，积极研发营养补充剂、自由基清除剂类、益生菌类、活性添加剂类保健食品。	郑州市、洛阳市

资料来源：笔者根据相关各地政府工作报告、发展规划等自行整理。

3. 电子信息

实施开放与创新双驱动战略，高端带动、集群发展，加快电子信息产业结构优化升级步伐，大力发展智能终端、智能传感器、新型显示、电子材料等优势产业，培育发展智能传感器及仪器仪表、信息安全、光电子、光学元组件、新型显示等具备一定基础且市场潜力大的产业，突破关键技术瓶颈，掌握部分有自主知识产权的关键核心技术和标准，全面提升电子信息制造业发展质量效益和核心竞争力。

表 3-4　　　　郑州都市圈电子信息产业发展重点与布局

行业分类	发展重点	产业布局
智能终端	智能手机。依托郑州航空港千亿级智能手机产业集群，集聚发展核心材料、高端屏组件等零部件，积极引进华为、小米等知名品牌手机。 智能终端产品。引进发展4K/8K超高清液晶电视、VR、AR、平板电脑、智能电视等智能终端产品。 智能终端配套产业。围绕智能终端整机制造需求，引进发展摄像模组、存储芯片、等关键零部件。培育发展集成电路及专用设备、工业软件、核心通用芯片、信息通信设备等核心技术和产品。	郑洛高新产业带、许港智能制造产业带
新型显示	建设航空港区新型显示产业园，加快推进第5代TFT-LCD面板、高世代TFT-LCD、中小尺寸OLED、大尺寸AMOLED面板、中小尺寸AMOLED柔性折叠屏、Micro-LED以及蒸镀和封装关键工艺突破和产业化。	许港智能制造产业带
电子材料	发展智能终端专用材料、电子化学品、电子级玻璃纤维等电子专用材料，大力引进和发展硅材料产业，延伸发展碳化硅、太阳能电池组件等产业链上下游产业。	许港智能制造产业带
智能传感器及仪器仪表	以中国电子科技集团公司第27研究所、森霸光电、汉威电子、光力科技等企业为依托，推动智能传感器和仪器仪表向微型化、集成化、网络化发展。支持新型传感器研发与产业化，创新发展智能集成化传感器。支持基于传感技术的智能仪器仪表研发及产业化。	郑洛高新产业带
信息安全产业	以信大捷安、新开普电子、郑州金惠、山谷创新等企业为依托，推动信息安全平台及服务业带动关键基础硬件研发及产业化发展。	许港智能制造产业带、郑新高技术产业带

资料来源：笔者根据相关各地政府工作报告、发展规划等自行整理。

4. 材料制造

以保障高端装备制造和重大工程建设为方向，推进铝材料、特色有色金属材料、钢铁新型材料、尼龙新材料、超硬材料、高档耐火材料等精深加工、链式发展，实现技术突破、创新发展，形成以技术创新引领、下游产品带动、骨干企业支撑的产业发展格局。

专题二　郑州都市圈制造业高质量发展路径研究

表3-5　　　郑州都市圈先进材料产业发展重点与布局

行业分类	发展重点	产业布局
铝材料	以建设全国重要的铝板带箔、挤压型材和终端产品研发生产基地为目标，以河南奋安、明泰铝业、麦达斯铝业为依托，重点发展国家级铝冶炼、高端铝型材、高端铝合金、轨道交通用铝等。	郑焦智能制造产业带、郑洛高新产业带
特色有色金属材料	铅锌材料。以豫光金铅、万洋冶炼、金利金铅等企业为依托，发展铅炭电池等铅合金产品和镀锌合金、压铸锌合金等，积极研发工业用金银制品、靶材等新材料，建设千亿级绿色铅锌冶炼基地。	济源市
	钛材料。以中船重工、洛阳有色院、清华高端装备院洛阳基地等为依托，发展高品级海绵钛、航空航天和海洋船舰用钛合金等。	洛阳市
尼龙新材料	高水平规划建设中国尼龙城，持续提升尼龙66差异化工业丝的产能与品质，开发高强度尼龙6工业丝及帘子布等，支持发展尼龙织造、尼龙工程塑料等尼龙新材料后加工产业。	平顶山市
钢铁新型材料	以济钢、金汇不锈钢、登封中岳非晶产业园等企业（园区）为依托，支持发展高强板、汽车轻量化用钢、高强度钢筋；齿轮钢、轴承钢、石油用钢等优质工业用钢；铁基非晶带材及制品、铁基纳米晶带材及制品等。	许港智能制造产业带、郑洛高新产业带
超硬材料	以三磨所、黄河旋风、郑州钻石、中南钻石等企业为依托，积极研发低成本、高精密人造金刚石和立体氮化硼材料，鼓励生产大面积单层石墨烯。	许港智能制造产业带

资料来源：笔者根据相关各地政府工作报告、发展规划等自行整理。

5. 汽车制造

坚持培育与引进相结合、研发制造与拓展服务相结合，以"提品质、创品牌、促转型、增效益"为方向，积极做强整车、做优专用车、做精核心零部件，提升汽车制造创新能力，加快发展汽车后市场及服务业，推动汽车产业发展由规模速度型向质量效益型转变，努力建设全国具有重要影响力的汽车及零部件制造基地。

表3-6　　　郑州都市圈汽车制造产业发展重点与布局

行业分类	发展重点	产业布局
整车	以宇通、上汽、比亚迪、东风日产、海马等企业为依托，顺应市场需求，积极发展客车、乘用车、商用车等，加快推出自主品牌的高端畅销车型，加大国内外知名整车引进力度，积极推进整车在研发、制造、推广等全价值链发展。	郑开沿黄科创带、郑洛高新产业带

· 109 ·

续表

行业分类	发展重点	产业布局
专用车	以"多品种、小批量、用途专"为方向，巩固和扩大环卫类专用作业车、冷藏保温车、系列房车等传统专用汽车，支持研发技术含量高、附加值高的专用车高端新产品。	郑新产业带
汽车零部件	以"通用化、标准化、轻量化、模块化、智能化"为方向，持续优化汽车零部件空间布局，提升核心零部件产品生产能力和技术含量。	许港智能制造产业带、郑洛高新产业带、郑焦智能制造产业带

资料来源：笔者根据相关各地政府工作报告、发展规划等自行整理。

（二）培育壮大千亿级新兴产业集群和未来产业集群

目前郑州都市圈新能源及网联汽车、现代生物等产业具有较好基础，加快重大产业基地建设，推动共性关键技术突破，尽快形成集群竞争优势，"十四五"期间推动产业规模突破千亿元。深入实施"十大新兴产业创新行动"，瞄准技术变革速度快、颠覆经济模式潜力大的重大技术，重点培育发展新能源及智能网联汽车、生命健康、新一代人工智能等千亿级产业集群，持续提升发展能级，引领产业高端发展和经济高质量发展。

1. 新能源及智能网联汽车产业集群

紧抓国家大力推广应用人工智能和新能源汽车的机遇，依托比亚迪、宇通客车、郑州日产、中航锂电等龙头企业，引进培育新能源及智能网联汽车整车及关键零部件制造企业，推进发展智能网联汽车、中高端纯电动新能源专用车和平台、中小型专属纯电动专用车，支持新能源及智能网联汽车关键技术研发和产业化，开展智能网联汽车和燃料汽车试验示范，构建自主可控完整的新能源及智能网联汽车产业链，使新能源及智能网联车向个性化、定制化方向发展，着力构建国内一流的汽车产业生态体系，加快建设全国重要的新能源及网联汽车研发生产基地和推广应用先行区。

专题二 郑州都市圈制造业高质量发展路径研究

表3-7　郑州都市圈新能源及智能网联汽车产业发展重点与布局

行业分类	发展重点	产业布局
新能源汽车	继续加大力度引进新能源整车企业,持续扩大新能源汽车产能,汽车零部件本地配套率达到80%以上,建设郑州5000亿级汽车产业集群和若干在全国具有重要影响力的新能源汽车及零部件产业集群。	郑开沿黄科创带、郑洛高新产业带
智能网联汽车	加强车载终端、车载芯片、智能传感器等关键零部件企业及系统集成供应商引进和培育,鼓励人工智能、互联网、信息通信等企业与车企深度融合,形成一批网联汽车零部件和自动驾驶系统解决方案优势企业。	郑新高技术产业带
新型电池	依托比亚迪、中航锂电等龙头企业,大力发展动力电池产业,积极引进氢能领域的领军型企业,集中突破氢能产业核心技术,提升燃料电池制造能力。	郑洛高新产业带、郑新高技术产业带

资料来源:笔者根据相关各地政府工作报告、发展规划等自行整理。

2. 生物及生命健康产业集群

把握生物技术、生命科学和信息技术融合发展新趋势,大力发展生物医药、生命健康服务、生物农业、生物制造等,培育发展基因检测、精准医学、智慧医疗等健康服务新业态,引导产业链、价值链向高端延伸,打造全国重要的生物医药中高端研发生产基地、生命健康服务新业态发展集聚地、生物农业创新发展策源地和生物制造绿色发展新高地。

表3-8　郑州都市圈生命健康产业发展重点与布局

行业分类	发展重点	产业布局
生物医药	化学创新药。加快发展具有靶向性、高选择性、新作用机理的化学创新药和国外专利到期仿制药,支持开展新型疫苗、基因工程药物、细胞治疗产品、体外诊断产品、高端医用耗材等。 高端仿制药。积极发展品牌通用名药的仿制药,加强仿制药技术工艺、中间体等研发和攻关。 生物技术药。鼓励发展生物制品和制剂、新型疫苗。加快发展肿瘤免疫治疗药物新产品。	郑新高技术产业带、郑焦智能制造产业带
生命健康服务	基因检测。开展出生缺陷产前筛查和诊断、常见遗传病筛查和诊断、肿瘤早期筛查等基因检测应用服务;开展常见高发病基因大数据研究,推动基因技术在个体化诊疗、诊断试剂、新药研发等领域应用。 智慧医疗。发展基于互联网、移动互联网的远程诊疗设备、医用可穿戴设备、体外诊断设备和软件等。	郑新高技术产业带

续表

行业分类	发展重点	产业布局
生物农业	建设国家生物育种产业创新中心,发展壮大生物育种产业,积极研发一批绿色、安全、高效的生物农药、生物兽药、新型动物疫苗、生物饲料及添加剂新产品。	郑新高技术产业带

资料来源:笔者根据相关各地政府工作报告、发展规划等自行整理。

3. 加快布局一批前沿新兴产业

针对5G、区块链、智能制造、虚拟现实等领域,推动重点领域市场应用示范,打造核心产品,抢占产业发展先机。5G产业集群。建设5G设备生产制造基地。推进5G核心器件研发和产业化,积极发展砷化镓、氮化镓等化合物半导体,开展5G芯片、射频器件、功率放大器、滤波器、高端模数/数模转换器等产品研发和产业化。大力引进5G设备生产骨干企业,培育一批5G器件设计、关键材料制备、特色产品制造与封装企业,推进重大产业化项目落地。虚拟现实。推进基于5G的VR/AR在智能制造、工业和建筑设计、健康医疗、游戏娱乐、旅游体验、文化传播等领域应用。自动驾驶。支持自动驾驶技术与车联网技术协同研发,促进5G技术在新型车载计算平台上应用。支持郑州航空港区,加快发展集技术研发、道路测试、示范运行、赛事举办等于一体的智能网联汽车试验示范基地。生命科学、量子通信、区块链等产业。重点培育脑科学与类脑研究、精准医疗、干细胞治疗与再生医学、量子通信、储氢储能、极端环境材料、液态金属等引领产业方向的未来产业,以及基于增材制造、区块链、无人机配送等技术的新模式新业态。

(三)以"三大改造"提升传统产业集群

坚持用高新技术改造提升传统优势产业,推动钢铁、有色、建材、化工等传统产业智能化、绿色化改造和技术创新,淘汰落后产能,限制高耗能、高污染、资源型"两高一资"产业发展。化工。牢牢把握"安全、绿色、减量、精细"转型方向,加快基地化布局、园区化发展、绿色化改造、精细化生产，提升安全环保水平，延伸产业链条，提高质量效益。按照一体化、链条化、循环化的发展理念，大幅提升化工园区废水、废气、危险废物收集处置能力和园区清洁能源供应等标准。建立化工园区退出机制，倒逼园区产业转型升级。钢铁。牢牢把握"绿色、减量、提质、增效"转型方向，大力推进钢铁行业"两化"（工业化、信息化）深度融合，提升企业研发、生产和服务的智能化、柔性化、个性化水平。有色。以建设具有国际竞争力的铝工业为目标，坚持"减量、延链、提质"转型方向，突出绿色化、高端化、集群化、精品化，推动航空、高铁等高端产品和建筑、家具用铝等终端消费品向精品化方向发展。加快铅锌、黄金等有色金属冶炼业淘汰落后产能，推动主导产品转换，加大节能减排和循环化改造力度，形成以深加工产品为主导、节约集约发展的新格局。建材。牢牢把握"绿色、减量、提质、增效"转型方向，大力发展中高端耐火材料、绿色新型水泥和特种玻璃，着力拓展延伸产业链、提升质量效益，促进绿色化、智能化、高质化发展，推动向新型绿色产业转变。

表 3–15　　　　　郑州都市圈传统产业发展重点与布局

行业分类	发展重点	产业布局
化工	推动煤化工转型发展，积极发展工程塑料、电子化学品、水处理化学品等化工新材料、精细化工产品。	平顶山市及开封市开发区
有色	铝工业。发展轨道交通型材、汽车铝板、铝罐料等高附加值产品，集群化引进装饰装修铝材、LED 铝散热器、电线电缆、铝制汽车零部件等中小企业。 其他有色行业。规模化发展金银饰品、精密铜箔等深加工产品，提升再生铅比重。	郑洛高新产业带
钢铁	发展高强机械和建筑用钢、高级别高强度钢材。	济源市、平顶山市
建材	发展中高端耐火材料、绿色新型水泥和特种玻璃等。	郑州巩义市、许昌市

资料来源：笔者根据相关各地政府工作报告、发展规划等自行整理。

（四）培育壮大创新型企业群

1. 发展壮大产业链"头雁企业"

针对装备制造、电子信息、食品制造、新能源新材料、生物医药、化工以及智能装备等产业领域，充分发挥头雁企业创新主体作用，聚焦主业，专注创新和质量提升，重点围绕关键技术、关键零部件、关键材料等"卡脖子"领域，采取产学研联合攻关、建立全球化研发网络等方式，努力突破前沿引领技术，不断推动新产品迭代升级，始终保持在行业内领先水平。加强知识产权保护，促进创新成果产业化应用，加快构建以自主知识产权技术为核心的先进标准体系。支持头雁企业围绕战略性新产业和未来产业开展标准研究，加快前瞻性、先导性关键技术标准布局，发展新业态新技术产业链标准，促进产业化推广。把上市作为聚要素、优治理、塑品牌的重要途径，实施头雁企业上市行动，引导头雁企业积极对接资本市场，推动有实力有意愿的企业挂牌上市，运用资本力量提高企业研发能力和产业化水平，提升企业管理现代化水平。

2. 加强"专精特新"群雁培育

厚植"专精特新"中小企业培育和发展沃土，对推动土地、资本、技术、人才、数据等要素资源向这些企业集聚，加快培育主营业务突出、竞争能力强、成长性好、专注于细分市场、具有较强创新能力的专精特新"小巨人"企业。具有发展潜力的初创型企业早发现、早培育，通过头雁企业持股、企业经营咨询、政府定向采购、基金扶持等多种方式，解决这些企业的发展难题。针对新能源及智能网联汽车产业集群、智能制造装备产业集群、生物医药产业集群、锂离子电池新材料产业集群、光电信息产业集群、纳米新材料产业集群等战略性新兴产业集群，紧抓"一带一路"深度发展和RCEP新机遇，鼓励产业内企业"走出去"发展，实施兼并重组，鼓励瞄准产业链关键环节和核心技术，实施高端并购、强强联合，加速全球产业链关键资源整合，迅速壮大雁阵规模，提升产业集群发展层次。

3. 强化产业链上下游联动

将"专精特新"中小企业培育发展纳入以头雁企业为引领的先进制造业集群和战略新兴产业集群，引导头雁企业向集群内中小企业开放场景应用、共享生产要素、搭建共性技术平台，支持相关服务型机构重点向中小企业提供融资、创新等服务。支持头雁企业、高校、科研院所等与中小企业广泛开展产学研合作，在更多细分产品领域形成在全球市场、技术等方面领先的单项冠军，培育一批行业"隐形冠军"。

(五) 推动制造业与生产性服务融合发展

1. 推动金融业与制造业融合发展

强化科技在金融领域的应用。加快金融科技在交易结算、产品创新等领域广泛应用，加强大数据、云计算、人工智能、区块链等在金融领域的融合创新，推动金融数字化转型，提升金融业服务实体经济的效率效益。鼓励金融机构创新开发适应制造业特点的金融产品和服务。鼓励银行成立相适应的服务部门，加大制造业信贷支持力度。鼓励保险机构创新发展科技保险，在制造业加大力度推进首台（套）重大技术装备保险和新材料首批次应用保险补偿机制。引导加大直接融资支持力度。制定推动制造业公司上市激励计划，加强提供政策引导服务。加大支持制造业企业（公司）债券发行力度，支持创业投资、私募基金等投资制造业。

2. 推动物流业与制造业融合发展

支持物流企业与制造企业通过市场化方式创新供应链协同共建模式，建立互利共赢的长期战略合作关系，进一步增强响应市场需求变化、应对外部冲击的能力，提高核心竞争力。推动制造企业与第三方物流、快递企业密切合作，在生产基地规划、厂内设施布局、销售渠道建设等方面引入专业化物流解决方案，结合生产制造流程合理配套物流设施设备，具备条件的可结合实际共同投资建设专用物流设施。加快发展高品质、专业化定制物流，引导物流、快递企业为制造企业量身定做供应链管理库存、线边物流、供应链一体化服务等物流解决方案，增强柔性制造、敏捷制造能力。积极推进生产服务型物流枢纽建设，充分发挥物流枢纽对接干线运力、促进资源集聚的显著优势，支撑制造业高质量集群化发展。支持大型工业园区新建或改扩建铁路专用线、仓储、配送等基础设施，吸引第三方物流企业进驻并提供专业化物流服务。

3. 提升创意服务水平

推动工业企业与工业设计、服装设计、文化艺术品创意设计等企业深度合作，大力发展专业化设计及相关定制、加工服务，打造一批智能设计云平台，构建多领域、全方位的新型数字设计体系。强化科技型文旅产品体验，加大原创知识产权开发和技术应用研究力度，加快打造高新视频创意内容生态体系。提升文体场馆数字化、智能化水平，推动发展智慧场馆设施。加速推动文化创意资源数字化进程，促进本土文化元素和标识融入内容创作生产、创新设计。大力推进5G、AI、大数据、AR/VR等新技术深度应用，引进发展电竞、直播、短视频等新业态，依托商务中心区和服务业专业园区等高标准建设一批数字创意载体，培育一批具有核心竞争力的数字创意企业和精品IP。依托郑州都市圈丰富的文化创意资源，打造国家文化创新高地，支持建设一批文化创意节点城市和文旅文创名镇（城）。

（六）构建产业创新协同发展体系

1. 加快建设郑开科创走廊

抓住国家支持郑开同城化机遇，以郑开科学大道为轴线，加快推进中原科技城、白沙科学谷、西湖数字湾建设，增强郑州龙子湖智慧岛科创孵化功能，强化与郑州高新区、金水科教园区、开封职教园区联动，形成百里创新创业长廊，打造全国重要的科创策源地和国家创新网络重要节点。建立科创走廊"一站式"综合服务平台，营造一流创新生态，加速集聚一批重大科创平台、知名高校院所、新型研发机构、创新型企业。强化科教融合，联动推进郑州大学、河南大学"双一流"高校知识经济圈建设。

2. 协同建设都市圈重大创新平台

抢抓国家优化区域创新布局机遇，争取现代农业、网络安全、高端装备、新材料、黄河保护等领域重大科技基础设施在郑州都市圈布局。积极参与国家、省实验室体系构建。依托创新型领军企业和优势高等院校院所，加强都市圈内省制造业创新中心、技进创新中心、工程研究中心、企业技术中心等创新平台布局建设，推动具备条件的创新平台晋升为国家级，力争国家级创新平台数量进入全国第一方阵。加快传统科研机构资源整合和治理模式转型，推动国内外一流高校、知名科研院所和龙头企业在都市圈内设立分支机构和研发中心，新培育引进30家以上高水平新型研发机构。推进新型研发机构创新多元投入和管理运作机制，打造连接创新链和产业链的专业化服务平台，探索中试熟化、全链式整合等服务模式。组建郑州都市圈产业技术研究院，构建应用研究—技术开发—产业推广—企业孵化一体化科技创新链条，打造区域产业技术研发转化的先导中心。

3. 构建一流创新创业生态环境

推进国家和省级双创示范基地机制创新，统筹众创空间、科技企业孵化器、大学科技园、星创天地等载体建设，加强跨区域、跨类型融通合作，加快形成"苗圃+孵化器+加速器+创投"的孵化育成链条，争取新增5家左右国家双创示范基地。积极发展"互联网平台+创业单元""大企业+创业单元"等模式，树立融通创新引领标杆。加强共性技术平台建设，推进关键共性技术研发应用和公共设施共享，推动产业链上下游、大中小企业融通创新，择优选择转制院所建设行业共性技术研发平台。加大对中小微企业技术创新和专业化发展的支持力度，鼓励行业协会为中小微企业提供产品认证、培训等服务。围绕着全面创新抓改革，以创新创业者为主体，在着力提升自主创新和原始创新能力、畅通创新创业成果转化渠道、完善科技型企业融资体系、探索产业协同发展模式等方面推进具体改革的措施。

（七）加快开发区提质升级

经过十多年快速发展，郑州都市圈开发区产业规模不断壮大，质量效益持续提升，综合载体功能更为明显，已成为各地产业发展的主阵地和招商引资的主平台。但近年来，随着国内外经济形势发生深刻变化，开发区面临投资和要素驱动力减弱，主导产业关联度不强且主导产品集中在产业链的前端和价值链的低端，招商引资针对性不强，营商环境不优，区域同质化竞争等突出问题，必须全面实施开发区体制机制改革，把开发区建设成为高质量发展示范区、先进制造业引领区和改革开放先导区。

1. 深化开发区管理体制改革

针对当前开发区管理体制活力不足等问题，着力深化体制机制改革，破除制约因素。一方面，创新管理体制。支持各开发区加快推动"三化三制"改革，采取纯公司化、"管委会（工委）+公司"等多种模式，采用市场化薪酬待遇，激发"二次创业"的活力动力。另一方面，积极推行市场化开发运营。积极探索融资新模式，通过资产入股、金融租赁、发行债券等创新性手段，为主导产业发展提供强有力的资金保障。以开发区建设管理有限公司为平台，灵活采取厂房、土地等形式入股骨干企业，参与合作公司入股分红，降低企业建设成本，帮助企业尽快投产运行，同时实现国有资产的保值增值。比如，成立市场化运营公司，通过发行债券、设立基金等方式，提高投资运营能力，解决基础设施投入不足的短板问题。

2. 提升土地集约节约利用水平

针对当前开发区存在建设用地布局分散、结构不合理、用地效率不高等问题，必须提高土地利用效率。一方面，严把产业项目准入关。在项目选择上要按照高质量发展要求，对已建项目和新建项目，要跳出同构化和低层次的陷阱，抵制住低水平产业进入的诱惑，以亩均税收、技术创新能力、能耗指标为衡量标准，严把产业准入关，同时注重发展空间的"留空留白"，为未来产业发展预留空间。另一方面，建立开发区标准体系。制定发布开发区土地集约利用、亩均产出等标准，引导开发区开展对标改造，提升产出质量效益。推行"标准地+承诺制"改革，完善工业用地"标准地"出让制度，缩短项目落地周期。

3. 进一步完善提升基础设施

按照高标准建设要求，加快交通、信息等基础设施建设，尽快实现区域间骨干交通网络互联互通，重点加强开发区与中心城市、主城区、周边高速路网、轨道交通等道路连接。推动县城（区）与开发区融合发展，加快推进同生产生活配套的水电气、通信、环卫等市政基础设施建设，加强科教文卫体等公共服务设施配套建设，着重解决城市功能、公共服务、生态环境、旅游休闲等公共设施建设滞后问题。

（执笔人：冯书晨）

专题三

郑州都市圈优化创新生态研究

摘　要：郑州都市圈创新生态建设取得显著成效，但与长三角、珠三角地区的都市圈相比，面临着发展差距较大、创新主体不强、创新能力较弱、协作机制不畅、创新生态不优等短板，也面临着区域竞争激烈、创新抗风险能力低等挑战。本研究在分析当前国际国内主要都市圈及核心城市的创新生态演变趋势及特征的基础上，对郑州都市圈现状进行了分析，与国家已批复的七个都市圈进行了比较分析，并聚焦打造国家创新高地战略目标，提出了优化郑州都市圈创新生态的对策建议。

关键词：创新生态；郑州都市圈；行政壁垒；科技创新

世界城市发展规律表明，都市圈以其特有优势成为所在国家和地区的创新中心和竞争力高地。在新发展格局下，国内都市圈已经成为参与"双循环"发展的基本单元以及参与全球竞争的重要空间形态，以创新生态为支撑的都市圈建设正在开启中国经济新引擎。党的二十大报告强调了城市群、都市圈在构建区域协调发展格局中的牵引带动功能，这意味着我国都市圈建设从顶层设计到规划落地已日臻成熟。就河南而言，郑州都市圈肩负着重要的历史使命，发挥着中部崛起的支点、载体、门户、节点与平台作用。创新是都市圈高质量发展的核心，创新生态则是科技创新的核心部分和基础支撑，其有利于形成持续而又强大的驱动力，促进郑州都市圈发展能级和核心竞争力的提升。

一 国内外主要都市圈创新情况及趋势

（一）国外都市圈创新情况及趋势

都市圈创新生态系统的形成离不开产学研的深度合作、产业链与创新链的融合、创新平台体系的构建及政策环境的支持。优化都市圈创新生态已成为国际特大城市战略升级的必然途径，东京、伦敦、巴黎等都市圈都表明，都市圈及核心城市的科技创新，需要政策与机制的统一、产业与创新的分工协作、人才与技术的融合等。

1. 建立跨区域创新协同机制

各国都市圈根据自身行政制度的不同，因地制宜将都市圈科技创新协同机制与其现有的行政体系有机结合，作为优化补充。亚洲国家都市圈依赖于强大的中央和地方政府，其在协同机制方面垂直整合优先于政府间的横向互动，如日本都市圈因其"自上而下"传导为主的行政体系，选择以协调政策实施为主要职能的商议平台。英国都市圈通过设立具有法定地位的城市区域联合政府，实现跨区域科技创新机制协同，英格兰地区的都市圈主要在各"城市区域（City-Region）"范围内采用"联合政府（Combined Authority）"的模式，苏格兰地区则通过"城市区域协议"设立都市圈专门机构，有效补充中央政府与地方政府之间的行政机构空缺和协同机制缺陷。纽约都市圈在创新特别区成立半官方性质的地方政府联合组织，并通过持续完善产学研创新机制，建立产业互助系统，将协调范围覆盖整个都市圈，有效提升了各区域创新管理与协作水平，成功催生一批高科技企业，形成良性的科技圈生态环境。

2. 建立产学研合作机制

国际都市圈的创新协作分工十分明显，产学研合作效应显著。柏林都市圈构建由政府组织引导的创新研发活动支持体系，主要通过建立科技园和技术孵化中心，促进大学与企业的合作。纽约都市圈重视科研成果的产业化、商业化。一方面，充分发挥科研院所的技术引领作用，围绕高校布局创新孵化器和科研机构，强化校企间合作；另一方面，以建设产业园为平台，将企业发展过程中遇到的实际问题直接反馈到大学，增强科研过程中的应用性。东京都市圈鼓励高等教育机构与产业界联合培养高层次创新人才，并通过高校外迁等方式带动周边城市产业发展，促进城市制造业创新升级，加速科技产业化进程，同时，还支持利用国外创新人才资源从事合作研发活动。伦敦都市圈已成为全球三大医疗科技产业聚集地之一，其主要得益于以伦敦、剑桥和牛津为中心的"黄金三角区"，区域内包括5家全球排名前25的生命科学和医药科学大学，1家研发中心以及超过500家科技初创企业。

3. 优化布局创新平台（载体）

科学合理的空间布局能够有效提升都市圈创新力。各大都市圈大力建设跨区域数据中心以支撑都市圈创新服务平台，如巴黎都市圈利用南部众多高校和研究机构等资源布局科技创新中心，搭建跨国界数据中心支撑的城市创新服务平台，推动重大数据中心项目建设，形成为都市圈提供创新数据整合服务的神经中枢，而企业创新活动则主要集中于巴黎市区的中西部、西部近郊。不同地区有不同的实施方式，成熟创新圈的空间结构由传统的"一极集中"向"多心多核"的分散型创新网络转变，大幅度提升了都市圈的创新竞争合力，如欧美都市圈（都市区）注重构建多中心科技创新网络，较少涉及结构性变化，以美国东北地区大都市圈为例，波士顿以高科技产业为主导、华盛顿以文化为主导，各城市的不同优势产业互相调整和协作，在都市圈内更高层面上形成了多元化创新产业群落。

4. 完善科技创新政策环境

在顶层设计方面，纽约都市圈于2008年开始注重科技创新，相继发布《多元化城市：纽约经济多样化项目》《一个新的纽约市：2014—2025》等一系列政策，并提出降低金融业比重，重点发展高科技产业，明确"全球创新之都"的城市发展定位，实施"应用科学"计划，通过政策吸引全球优秀高校来纽约共建大学和科技园区。经过多年谋划，众多高科技企业选择落户纽约，形成横跨媒体、时尚、医疗等行业的科创生态系统。在科技金融方面，纽约都市圈科技创新中心的形成主要得益于其金融优势，全美500家最大的公司，约有30%的研发总部与纽约的金融服务相联系，聚集各类专业管理机构和服务部门，并已形成控制国内、影响世界的创新服务和管理中心。伦敦都市圈，是目前全球投资生态系统最完善的创新中心之一，全球资本聚焦伦敦为当地科技产业的持续发展提供创纪录规模的资金支持，更多元的融资渠道使得伦敦成为当下全球最适合科技创新福地。在土地政策方面，纽约都市圈灵活审批土地利用空间，激励市场对创新用地的供应。为吸引科创企业聚集，探索政府和企业公私合作等形式激励市场对创新用地的供应，并拿出政府产权的土地给园区主体合作运营。在人才政策方面，柏林都市圈重视人才培育，建立独特的双元制职业教育体系，除传统的综合大学外，还采用技术应用和知识商业化的创新人才培育模式，集中开设工程和自然科学专业的工业技术大学。纽约都市圈为破解人才居住成本过高难题，推出了"经济适用房"计划，建设经济收入混合型公寓，极大程度上提升了对全球人才的吸引力，为科创之城提供了充足的人才储备。

（二）国内都市圈创新情况及趋势

目前，都市圈正成为带动中国经济发展新的增长极，以及构建"双循环"新格局的重要突破口。国家"十四五"规划中把城市群和都市圈的发展上升到新型城镇化的重点发展任务高度。2020年5月，国家发改委再发布《2020年新型城镇化建设和城乡融合发展重点任务》，提出大力推进都市圈同城化建设。目前都市圈的创新生态也已基本形成，大部分都市圈科技创新生态远远优于其他地区，成为国内人才、资本、技术等创新资源的重要流入地，更是成为我国融入全球创新网络的主要空间载体。根据泽平宏观数据分析，按照都市圈的经济产业实力以及圈内中心城市对周边城市的带动作用，将34个千万级大都市圈分为成熟型、发育型、起步型三类。

表4-1　　　　　　　　　　　国内都市圈分类表

分　类	都市圈
成熟型（6个）	上海、深圳、广州、北京、杭州、苏锡常
发育型（16个）	南京、青岛、天津、济南、重庆、武汉、合肥、郑州、成都、厦漳泉、宁波、长株潭、福州、南昌、西安、珠西
起步型（12个）	石家庄、沈阳、昆明、南宁、贵阳、哈尔滨、大连、长吉、汕潮揭、太原、湛茂、兰州

资料来源：泽平宏观。

1. 成熟型都市圈

成熟型都市圈2020年GDP均在3万亿元以上，A+H股上市公司数均在200家以上，年发明专利授权量均在1.5万件以上，且都市圈内部周边城市与中心城市差距相对较小、且近年呈持续缩小态势，主要有上海、深圳、广州、北京、杭州、苏锡常等6个都市圈。从产业创新看，上海、北京、深圳都市圈占据绝对优势，A+H股上市公司数和专利授权量合计分别占全国的41.9%、29.8%。杭州、广州、苏锡常都市圈亦优势明显，A+H股上市公司数、专利授权量占全国比重均分别在4%、5%以内。

深圳都市圈。活跃的技术创新能力、丰富的创新要素以及快速发展的高新技术企业，成为其创新重要驱动力。近年来，深圳培养了一批具有创新活力和成长潜力的"专精特新"企业，在工信部2022年公示的第四批国家级专精特新"小巨人"企业名单上，深圳入围企业达到276家，数量位居全国大中城市第二位，成为了国内"独角兽"企业的主要聚集区。近年来，深圳都市圈坚持以基础研究和应用基础研究为先导，实施基础研究夯基行动，持续加大投入，提升创新引领力。"十三五"末，深圳市级科研资金投入基础研究和应用基础研究的比重达30%以上。同时，深圳都市圈注重协同创新，其研究与试验发展经费支出不断扩大，占地区生产总值的比重一直保持上升趋势，从2009年的3.41%上升到2020年的4.9%，是全国平均水平的两倍，在基因测序、柔性显示、新能源汽车、无人机等领域的创新能力处于世界前沿，拥有深圳国家基因库、国家超级计算深圳中心、大亚湾中微子实验室等一批重大科技基础设施，并在基因、互联网和云计算等领域建立了45个产学研资联盟和10个专利联盟。

苏锡常都市圈。实施产业科技创新高地共创行动，提出共建沿沪宁产业创新带、发展产业智造服务联盟、实施数字经济赋能工程、营造良好创新创业生态。2021年，苏州规模以上工业总产值突破4万亿元的同时，高新技术企业突破1万家；无锡拥有A股上市公司11家；常州汽车独角兽企业平均估值超过400亿美元，企业估值总金额位列第二，数量上仅次于北京和上海。苏常锡都市圈在承担上海功能扩散及参与国际分工的过程中成长为独立完整的强劲增长区域，逐渐形成以上海为中心、与上海优势互补、错位发展的格局。

北京都市圈。北京是全国科技创新中心，以中关村科学城、怀柔科学城、未来科学城为代表的科技创新平台，以亦庄、顺义为重点的创新型产业集群和"中国制造2025"创新引领示范区，以8所985院校、18所211院校为代表的高校科教资源形成了全国最优质的产学研合作创新生态系统。北京还聚集了金融、科技、文化创意、信息、商务服务等价值链高端的现代服务业，汇集中国约580家A+H股上市公司。

2. 发育型都市圈

发育型都市圈2020年GDP多在1.5万亿以上，但多数都市圈的中心城市尚处于虹吸阶段，中心城市与周边城市的人均GDP差距持续扩大，主要包括郑州、武汉、南京、福州、成都、重庆、长株潭等16个都市圈。

南京都市圈。坚持把创新生态建设作为重中之重，深化科技体制综合改革，构建互利共生、高效协同、开放包容的创新创业生态和人才发展生态，提升创新资源配置效率，发挥各类人才积极性创造性。强化创新创业的同城共建，打破行政壁垒，整合创新资源，推进宁淮、宁镇G312产业创新走廊建设，推动与扬州新兴科创名城、淮安智慧谷、滁州高教科创城、宣城宛陵科创城等平台机构协同创新。落实国家科技体制改革攻坚三年行动方案，编制实施《南京区域科技创新中心三年行动方案》，启动2022年长三角科技合作计划申报，编制《南京都市圈科技创新合作白皮书》。支持培养战略科学家和科技领军人才，吸引集聚海外高层次人才来宁创新创业。强化科技金融支撑，为科技企业发展提供精准服务。

武汉都市圈。统筹推动都市圈产业创新一体化，出台《武汉城市圈同城化发展实施意见》，确定"九城就是一城"发展理念，提出规划同编、科技同兴、产业同链等。为加速推进都市圈产业创新同城化一体化，由武汉牵头先后签订《光谷黄冈科技产业园与武汉光电工业技术研究院共建黄冈协同创新中心》《光谷科技创新大走廊光电子信息产业战略合作协议》《汉孝自然资源和规划同城化高质量发展战略合作框架协议》等相关文件，武汉都市圈的创新生态系统进入良性协同运转阶段。

成都都市圈。发挥科教人才和特色产业优势，推进科技和经济发展深度融合，打造具有全国影响力的科技创新中心和全国重要的科技创新和协同创新示范区。加快科技管理体制改革突破，在人才引育、科技金融、科技成果转化、扩大开放合作等方面展开跨区域合作，加速相向而行。打造区域创新共同体，建设成德眉资创新共同体，采用"一区多园"模式与重庆合作共建西部（成都）科学城，跨区域联动推进创新创业，打造高质量紧密型创新生态圈。加强高能级创新平台建设，提升科技创新策源能力，高水平高标准建设综合性科学中心、天府实验室、国家川藏铁路技术创新中心、成都超算中心等重大创新平台。营造良好创新生态环境，打造创新人才聚集高地。提升协同创新能力，发挥各自科技资源优势，通过凝聚形成科技创新合力，持续深化与大学、大企、大院科技创新和成果转化合作，依托西部（成都）科学城合作共建重大科技基础设施、前沿交叉平台、技术创新平台、校院地协同创新平台、科技创新基地，增强创新资源集聚转化功能。

3. 起步型都市圈

起步型都市圈 2020 年 GDP 在 1.5 万亿元以下，产业创新指标在都市圈中排名相对靠后，包括沈阳、昆明等 12 个都市圈。

沈阳都市圈。沈阳是全国 15 个创新策源地之一，高等院校、科研院所、新型研发机构众多，拥有技术创新中心、重点实验室、创新服务平台等丰富的科技创新资源。沈阳都市圈科技条件平台已建设成为集科研仪器、科技研发、检验检测、需求对接、成果转化等功能于一体的一站式科技创新综合服务平台，截至2021年年底，平台共上线服务机构1325家，在线注册企业3119家，提供科技服务项目达3126项。同时，为充分发挥对整个都市圈的辐射带动和示范作用，在集聚创新资源优势、增强创新能力的同时，联合各地建立创新联动机制，发挥各地在产业基础、创新开放、文化建设等方面的特长，加速平台、人才、项目等资源实现"圈内共建共享"，通过高质高效的创新服务，带动区域产业竞争力整体提升，助力沈阳国家中心城市建设。

昆明都市圈。昆明作为都市圈核心城市汇集了全省90%以上的科研机构、高等院校，60%以上的高新技术企业，但与国家平均水平和国内先进城市相比，科技创新还存在很大差距，研发投入强度、技术交易活跃度低于国家平均水平，高新技术企业规模、科技服务业发展水平落后于发达地区。近年来，昆明都市圈在布局协同创新重大任务、创新科技管理运行机制、保障一体化经费需求、实现省市无缝衔接等方面建立了省市共同推进落实的工作制度，并在基础支撑和共享服务能力、协同创新机制方面取得了成效。一方面，强化滇中城市群协同创新，建立健全推进一体化发展的组织机构和工作机制，提升创新体系整体效能；另一方面，借助"科技入滇"平台，加强与京津冀、长三角、粤港澳大湾区等城市群、都市圈的科技创新交流合作，积极参与和构建跨区域科技合作机制。

总体来看，近年来国内都市圈科技创新呈现较快发展态势，应用基础研究水平、关键核心技术装备研发能力和跨区域创新协同等方面都得到显著提升，人才链、信息链、资本链、技术链等多链融合度持续提高，尤其是创新生态和系统得到优化与提升，区域内创新要素、资源和成果共享得以实现，在区域竞争中形成了新优势，呈现出基础研究水平高、自主创新能力较强、科技性企业集聚、创新要素流动性好、创新协作程度高等共性特征，并逐步成为区域性或全国性科技创新高地、人才集聚洼地及科技创新中心。在实施创新驱动发展战略中，区域性科技创新在国家战略科技力量中的作用更加重要，而都市圈更是成为战略发展与实施的主阵地，需要更多承担区域产业创新和科技创新中心的职能，继续探索经济区与行政区适度分离改革的实现路径，打造高效协同的创新系统和生态圈，形成联系更加紧密的发展共同体。

二 郑州都市圈创新生态发展基础与存在问题

（一）发展基础

近年来，郑州都市圈深入实施创新驱动发展战略，围绕建设国家创新高地，聚焦创新生态优化，搭建创新生态系统框架，在创新载体建设、创新主体培育、创新平台布局、创新人才引育等方面取得了显著成效，形成更加完备的自主创新体系。

1. 创新能力持续增强

2021年，郑州都市圈全社会科技研发经费投入310.4亿元，是2012年的3.85倍。信息安全、智能传感器、超硬材料等领域关键核心技术不断突破，2021年专利授权量6.3万件、是2012年的6.9倍，技术合同成交额306.5亿元、是2012年的15.6倍。其中，近三年郑州市高新技术企业、研发投入强度、技术合同成交额、万人发明专利拥有量等科技创新的核心指标，年均增长幅度均居9个国家中心城市首位，为国家中心城市建设提供了强有力的科技支撑。

2. 创新格局初步形成

近年来，郑州都市圈积极融入全国科技创新战略布局，支持开展国家实验室、科技基础设施建设，建强科技创新平台，揭牌运行嵩山、神农种业、黄河等3家省实验室，聚焦助力国家种业振兴，支持神农种业省级实验室创建国家级实验室。推动省科学院重建重振和中原科技城、国家技术转移郑州中心"三合一"建设，加快复制推广中原龙子湖智慧岛双创载体，大力推动郑大、河大"双一流"和第二梯队建设，积极推进规上工业企业研发活动全覆盖。规划提升郑东新区全域260平方公里，构建人才服务、科技金融等6大支撑体系，嵌入龙湖北、郑州东站等7大功能片区，着力构建"研发在郑州、孵化在周边、转化在全省"的科技研发及成果转化格局。

3. 创新主体培育倍增

郑州都市圈初步形成了以创新龙头企业为引领、高新技术企业为支撑、科技型中小企业为基础的创新主体和创新型产业集群，已经成为全省创新最活跃的区域。郑州都市圈现有创新龙头企业87家，占全省总量的75%；高新技术企业6445家，占全省总量的78%；国家级科技型中小企业11639家，占全省总量的77%。其中，郑州市建成各类双创载体近千万平方米，国家级孵化器23家，在全省占比39%；2021年高新技术企业数量达4130家，是2012年的14.3倍，在全省占比近50%；累计培育"专精特新"中小企业1839家，科技型中小企业11500家。

4. 创新载体能级跃升

围绕郑州都市圈重大生产力布局，加大新能源汽车、新型显示、集成电路等产业的研发基地建设力度，支持符合条件的开发区申建国家级开发区等。郑州都市圈现有国家级高新区5个、国家级农业科技园区6个、国家级可持续发展试验区6个，分别占全省总量的71%、43%、46%；国家级科技企业孵化器、大学科技园、众创空间、星创天地等创新创业孵化载体127个，占全省总量的68%。郑州都市圈集聚创新载体，已构成了引领全省科技孵化的都市创新圈。

5. 创新平台提档升级

郑州都市圈已成为高校、科研院所重要的聚集地，是涵盖国家科技战略平台、国家创新平台、省级创新平台在内的全省创新能力最强的都市创新圈。目前，中原龙子湖智慧岛、国家技术交易市场（郑州中心）等一大批科研功能平台挂牌运营，中科院过程所、哈工大等14家大院名所在郑设立新型研发机构，累计建设新型研发机构58家，嵩山实验室、黄河实验室等相继挂牌，国家新一代人工智能创新发展试验区获批。随着域内重点实验室、产业创新中心等重大创新平台对接国家科技战略布局，郑州都市创新圈科技创新能力会更加突出,将形成全省科技创新新的增长极。

6. 创新人才加快集聚

目前,郑州都市圈已形成了汇聚各类人才、引领全省科技创新的人才高地和科技创新人才中心。实施支持"双一流"大学建设、青年人才新政等举措,为高层次人才在购房补助及落户、生活补贴、教育就学、医疗保障、税收、停居留和出入境等方面提供优质服务,引育各类高层次人才1802名,汇聚两院院士、长江学者等顶尖人才103名,建立院士工作站113家;研发人员数量实现倍增,拥有各类科研人员10.9万人,是2012年的2.3倍。

(二)存在的短板

郑州都市圈创新生态建设方面虽然取得一定成绩,但与国内较为成熟的都市圈相比,受科技创新水平制约影响较大,在资源聚集化、政策一体化、机制协同化、人才国际化、环境最优化等方面差距明显。

1. 创新型企业占比较低,难以支撑都市圈高质量创新

与国内其他都市圈相比,郑州都市圈规模以上工业企业的研究开发强度只有0.76%,远远低于上海、北京、深圳、西安等都市圈,区域内龙头企业、头雁企业、链主企业数量规模较小,缺少"专精特新""瞪羚""独角兽"等成长好、有潜力的科技型企业。2022年,郑州都市圈"独角兽"企业数量刚突破零的记录,新增2家企业;郑州市高新企业数量2918家,在九大国家中心城市中排名垫底,与南京、杭州等城市相比差距较大;拥有国家级专精特新"小巨人"企业63家,是合肥的1/2,不及武汉、成都的1/3,与西安、长沙也有一定差距。

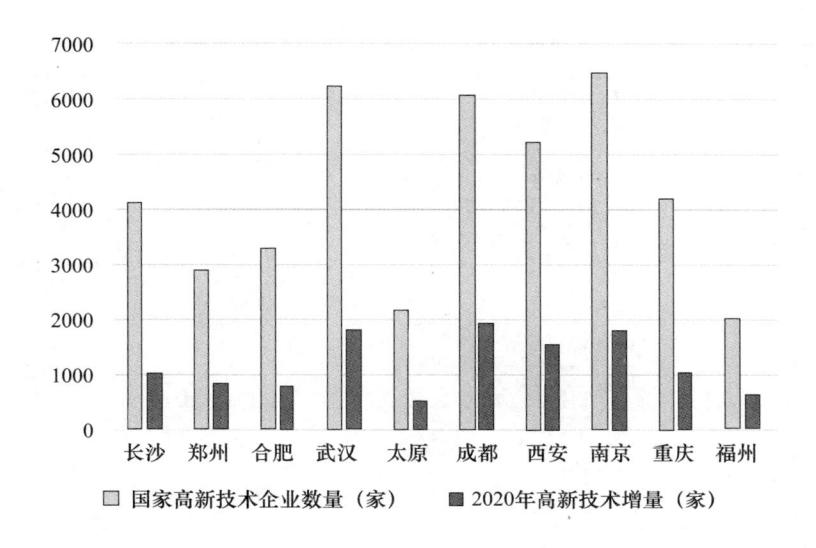

图 4-1 部分都市圈核心城市 2020 年国家高新技术企业数量

数据来源：各地统计局、科技局。

2. 高端创新资源集聚不足，科技创新能力有待提升

据《2022 年自然指数——科研城市》显示，全国共有 25 个城市进入百强，北京、上海、南京等 8 个城市进入前 20 强，郑州首次进入百强，排名第 96 位，而武汉、合肥、西安、成都、长沙排名均在前 50 位。近三年，虽然郑州高新技术企业、研发投入强度、技术合同成交额、万人发明专利拥有量等科技创新的核心指标年均增幅较大，但是其源头创新能力不足，缺乏颠覆性的创新，尤其是缺少能够颠覆行业和市场的基础科学、工程技术的创新。在 R&D 经费投入强度方面，2020 年，西安、武汉、合肥都市圈分别为 3.74%、2.61%、2.71%，而郑州都市圈不到 2.08%；2020 年，西安市、成都市分别为 5.05%、3.11%，郑州市仅为 2.31%。

表 4-2 《2022 年自然指数——科研城市》中国城市排名

序号	都市圈	核心城市	全球排名位置
1	北京都市圈	北京	1
2	上海都市圈	上海	3
3	南京都市圈	南京	8
4	广州都市圈	广州	10
5	武汉都市圈	武汉	11
6	合肥都市圈	合肥	16
7	杭州都市圈	杭州	19
8	天津都市圈	天津	20
9	深港都市圈	香港	23
10	深圳都市圈	深圳	28
11	西安都市圈	西安	29
12	成都都市圈	成都	30
13	长株潭都市圈	长沙	34
14	长春都市圈	长春	35
15	济南都市圈	济南	36
16	苏常锡都市圈	苏州	48
17	大连都市圈	大连	49
18	福州都市圈	福州	50
19	重庆都市圈	重庆	51
20	台北都市圈	台北	59
21	厦漳泉都市圈	厦门	63
22	兰州都市圈	兰州	67
23	青岛都市圈	青岛	68
24	哈尔滨都市圈	哈尔滨	85
25	郑州都市圈	郑州	96

数据来源：《2022 年自然指数——科研城市》。

3. 创新资源转化产业优势作用不明显，成果转化机制有待完善

2021 年，郑州市全年共授权发明专利 6.3 万件，每万人口高价值发明专利拥有量达到 6.41 件，高于同期河南省万人高价值发明专利的 1.73 件，低于同期国家万人高价值发明专利的 7.5 件。与中西部都市圈核心城市相比，郑州近两年专利授权量均低于南京、成都、重庆，同比增速仅为 25.1%，远低于成都、重庆，略高于南京。2020 年，郑州授权专利量高于合肥、西安，但 2021 年西安表现突出，其专利授权量同比增速高达 41.2%，数量反超郑州，合肥专利授权量同比增速也达到 31.5%，高于郑州 5.6 个百分点，专利授权量已接近郑州。

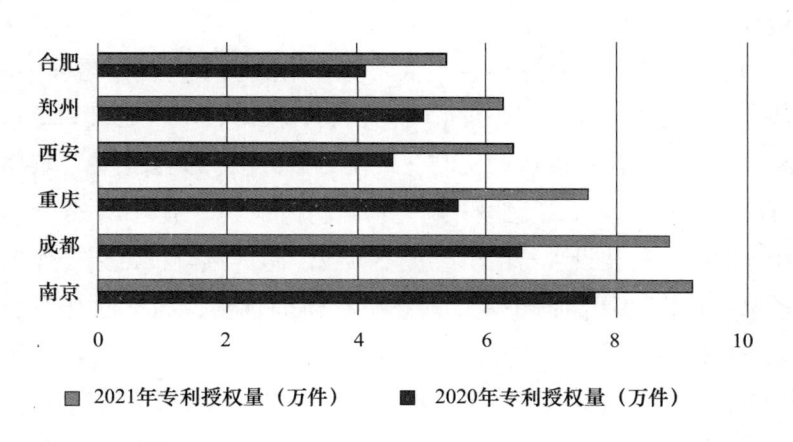

图 4-2 部分都市圈核心城市 2020/2021 年专利授权量

数据来源：各市市场监督管理局、《国民经济和社会发展统计公报》。

4. 教育科研资源不足，人才磁场效应未能有效发挥

目前，郑州都市圈科研人员的比重较低，缺少高端人才团队，郑州两院院士人数仅为合肥的 1/7，千人计划专家人数不及武汉的 1/10。在"双一流"高校和学科建设方面，与长三角、珠三角的都市圈及西部的成都、西安等都市圈都存在较大差距，与同处中部地区的武汉也有一定差距。2020 年，郑州都市圈普通高等学校在校生数量超过了武汉，但郑州都市圈的一流大学、高层次学历人才比例却不高。数据显示，郑州只有 26 所本科院校，武汉拥有 46 所。武汉的研究生在校生数超过 14 万人，郑州的研究生在校生数不到 4 万，不足武汉的 1/3，亟需在创新驱动、科教兴省、人才强省上下足功夫。

5. 行政壁垒依然存在，跨区域协同创新机制不畅

目前，郑州都市圈创新生态体系已初步形成，但整体科技创新合作与创新生态优化专项规划编制工作进展缓慢，缺少科技创新方面的统一规划和协同，导致都市圈同城化步伐缓慢，跨区域合作交流不充分，合作平台与专题缺乏等不充分不协调的问题突出。目前各城市产业结构趋同，城市间过度竞争，缺乏分工明确的产业布局规划，产业结构、方向高度重合，产业链分工和专业化协作脆弱。各城市为追求本地经济增长而"各自为战"，在具体推进过程中还存在竞争大于合作的现象，合作与冲突并存，缺少产业空间分工合作和产业集群协同创新。同时，平台建设和专题合作缺乏统筹，缺乏制度性的协调机制，致使力量分散、资源浪费，难以统筹各地科研力量形成合力。受此影响，导致都市圈科技创新体系分工不够合理、相互脱节，科技投入与产出流程不顺畅，跨区域科技创新合作项目多局限于单一技术和产品的研发，缺乏整体协同创新，制度性合作进程缓慢，未能集聚整体要素资源并形成合力，加之都市圈省级统筹协调机构不健全，导致行政区壁垒难以打破，同时，主管部门权限划分不清晰，也阻碍协作机制的发挥，使各城市比较优势没有得到充分发挥，客观上影响了都市圈创新生态的优化和提升。

总体来看，与国内其他都市圈相比，郑州都市圈在创新生态方面还存在不少短板，究其原因，主要是：一是科技创新潜能与优势尚未有效激发。郑州科研成果较少、增速不高，成果评价机制尚不完善，评价对象上，多以科技人员为主，忽视了从事科技成果推广的人才培育；评价过程上，重视转化前评价，忽视后期评价，导致成果无法顺利转移转化；评价方式上，重研究轻转化，导致大量科研成果理论性强，市场需求和价值高的成果占比较低，进一步导致企业对科研成果转化的投入积极性降低，致使成果"赋闲"与好项目少的不平衡现象突出。二是创新主体协同机制突破不足。在高校、科研机构以及金融、投资等机构参与成果转化和技术创新过程中，沟通协调仍不足，科技成果从研发到市场的有效通道还需打

通。科研及成果转化的投资风险较大，投入机制不健全也影响成果的有效转化。企业在技术创新和成果转化中的主体地位不够突出，大学—科研机构—产业—企业—市场—中介的联盟比较薄弱且不完善，导致本来就不多的科研成果转化受阻，大量的科研成果不能转化为应用技术的问题十分突出，加剧了创新链与产业链的脱节，这些均不利于区域创新生态网络的扩展。三是企业创新动力不足。目前，科研力量主要集中于高校和研究机构，企业缺少进行科技成果转化的科技人员，无法对科技成果的先进性、适用性、市场前景做出正确的分析和预判，导致企业缺乏依靠科技研发实现自身发展的动力，只是维持现状或片面追求企业经济效益，科技成果研究与转化具有明显的短期行为。同时城市的发展环境对于外部创新型企业的吸引力也不强，导致郑州都市圈面临着企业外迁的风险，如巴奴火锅、锅圈食汇等本土优秀企业总部陆续外迁，并非偶然，而是缺乏资本、人才等要素的生态性聚集，不利于头雁型企业、总部型企业成长。四是基础研究仍是最大短板。原始创新基础相对薄弱，重大科技基础设施、产业技术创新基础设施匮乏，缺少国家实验室、科技基础设施建设为代表的建制性科技力量；从事基础研究的人才缺乏，且研究大多倾向于跟随模仿，重大原创性科学理论研发投入不强，在基础研究领域的投入以政府资金为主，都市圈内企业投入基础研究较少；企业自主创新与设计能力较差，目前多数企业以 OEM 和跟踪模仿为主，处于全球价值链中低端水平，自主设计创造并引领世界的重要产品、高端制造装备、经营服务模式还比较少，自主创建的国际著名品牌、国际著名企业还很少。

三 郑州都市圈优化创新生态对策与建议

围绕产业带和以郑州为中心的主导产业集群和标志性产业链，注重顶层设计，聚势谋局，以规划引领郑州都市圈创新生态提质升级。深入实施科技创新互通互认协同机制，构建与其相匹配的梯次配套创新政策，推动都市圈政策"同"，夯实都市圈创新生态系统的制度保障；构建重大科技基础设施集群，加速创新驱动平台载体建设，实现高端创新资源要素"聚"；加速郑州都市圈向河南全省、向中部地区的创新带动、技术外溢，促进都市圈创新生态实现高质量的"变"和"优"，最终实现创新生态圈的国际化、协同化、最优化。

（一）高标准高起点推动顶层设计

加快顶层设计，以省主导、地方主责，高标准高起点启动郑州都市创新圈专项规划编制，开展郑州都市圈科技创新研究，明晰功能定位和空间布局，推进都市圈科技研发项目实施、管理机制的形成，搭建好都市圈创新生态系统"四梁八柱"的框架。充分发挥政府在体制机制改革等方面的作用，立足圈内创新资源及创新生态，研究出台郑州都市圈优化创新生态专项规划，积极开展郑州都市圈创新圈建设专项研究。紧扣"一体化"和"高质量"两个关键词，统筹把握各城市产业基础和禀赋特征，动态调整省级顶层设计，共同编制都市圈产业规划，加速产业链与创新链的融合。确保规划能够充分体现地方特色和发展条件，能够为解决地方的阶段性发展课题而服务，发挥各自比较优势，充分考虑城市联系、功能互补和产业支撑，提高政策措施的针对性，实现都市圈内涵提升式的"精明增长"，避免成为千篇一律缺乏地区特色和实际落地性指引意义的规划。

（二）培育壮大创新创业主体

企业、高校和科研机构是核心主体，政府、金融机构是辅助主体。在都市圈优化创新生态进程中，应充分肯定创新型企业、科研机构、高校在创新生态系统中的核心地位，发挥其创新主体作用，在生态圈层上培土奠基，积极构建都市圈协同创新网络架构，以产业联盟和产业创新中心的方式探索创新链产业链价值链、产业带创新带协同布局，全面提升都市圈创新竞争力。

1. 培育企业创新主体地位

都市圈建设有助于跨区域产业分工协作，避免各城市产业同质化竞争。省委经济工作会议也提出，将企业创新主体地位坚定贯彻到位非常关键，要坚持把创新建立在企业主体上，聚焦产业链部署创新链。在此背景下，应围绕优势产业集群，积极培育产学研用、大中小微企业有机结合的创新集群，构建产业生态圈的创新生态链；强化企业创新主体地位，促进各类创新要素向企业集聚，提升企业科技创新能力；发挥企业家在技术创新中的重要作用，鼓励企业加大研发投入，对企业投入基础研究实行税收优惠；完善企业主导产业技术创新的体制机制，支持企业发挥市场需求、集成创新、组织平台的优势，打通从科技强到企业强、产业强的通道；突出开放创新，引导企业以"可控开源"的方式充分利用国际智力资源，支持企业设立境外、省外研发机构，集聚外部创新资源。

2. 谋划都市圈"双一流"建设

落实省委科教兴省战略，扛起服务中部地区和郑州都市圈重要人才中心、创新高地建设的使命。充分发挥高校基础研究人才培养主力军和重大科技突破生力军作用，提升高校创新源头供给能力，打造都市圈人才"孵化器"，锻造都市圈"硬内核"。锚定都市圈制造业高质量发展主攻方向，对接河南省六大战略支柱产业、十大战略新兴产业集群，加强高技能人才定向培育，坚持学历教育与技能培训并举，扩大院校培训规模。加强都市圈优质教育资源协作联动，推动高校重点实验室、研发平台等设施资源跨区域开放。围绕优势产业、新兴战略产业及园区布局，优化调整高校布局、学科学院和专业设置，支持郑州大学、河南大学、河南科技大学、河南农业大学、河南理工大学等高校开展课程互选、学分互认、教师互聘，提速推进河南大学郑州校区、河南农大许昌校区二期建设，优先推动郑州高校资源向其他8市中心城区和都市圈新兴增长中心布局。努力补齐高等教育资源短板，坚持"积极应变、主动求变"，以求在变局中寻求突破，谋划申报国家新一轮"双一流"建设，争取国家对中部地区高校更多的政策资金支持。

3. 强化科研院所的支撑作用

发挥科研院所的先导作用，拓展创新生态圈。科研院所是产业共性技术和关键核心技术的重要支撑，应明确其基础性、公益性、战略性的定位，在基础研究、公益性技术研究等领域给予重大项目立项和经费倾斜。推动重建重振省科学院完成架梁立柱，重构重塑省实验室体系。制定中长期创新考核机制，建立科技成果转化评价指标体系、政策和实施细则，完善转制科研院所创新容错机制，建立创新容错负面清单制度。聚焦国家战略急需领域，支持科研院所深入开展基础研究关键核心技术攻关，促进转制科研院所更好地参与国家重大科技项目，不断提升科技自立自强的能力和水平。进一步完善科技研发开发、成果转化转移、人才培育和引进、科技创新服务等领域的政策，为科研院所注入充足活力，实现创新源头与市场需求深度衔接。

4. 加强创新主体的有效联合

创新主体间的产学研协同质量直接决定着创新生态系统的高质量运行。多种创新主体作为创新生态系统中的主要栖息者，在竞合共生中应保持动态平衡，进行有效联合互动。高校、企业及科研院所等创新主体在合作共生的创新生态系统中，应通过开展更为高效的联盟与合作，促进创新资源的有效互补与对接、各创新主体的相互制约与依存，从而实现区域创新生态可持续优化与平衡。一方面，充分发挥企业的核心主体作用，以市场为导向，建立完备的产学研协同创新体系，促进产学研协同创新。以头部企业为引领推动产业链跨区域协同合作，建立郑州都市圈龙头骨干企业培育库，构建以产业联盟和合作示范园区体系为核心的创新链合作格局。另一方面，鼓励高校及科研机构的研发者面向市场和企业的需求，建立与企业的良性互动机制。通过建立"创新链、产业链、资金链、人才链"融合的可持续的利益机制，高校、科研机构与科技领军企业共建产业技术联盟、产学研共同体等新型创新联合体。

（三）完善科技创新协同机制

目前，随着国内都市圈建设步入快速轨道，科技创新空间也在发生着深刻变化，正由单体城市为核心向都市圈多城市协同创新转变，创新要素也已经脱离单体城市，按照市场规律和需求导向，形成分工协作的新格局。学习借鉴上海、纽约都市圈，注重政策接轨，做好机制协同"乘法"，探索建立协同"政产学研用"各类创新资源的机构机制，推动郑州都市圈科技创新一体化协同化，共塑全国领先的创新共同体。

1. 强化创新机制协同

注重持续增强成果转移转化的政策保障，建立郑州都市圈跨部门跨区域协同机制，克服各种政策方面的阻碍，打造高效能协同创新圈。一是建立城市间多层次合作协商机制。探索都市圈科技研发协调推进机制，推动落实创新圈建设重大事项和项目。建立健全由河南省行业主管部门牵头、郑州都市圈各城市参与的"共同凝练科技需求、共同设计研发任务、共同组织项目实施、共同促进成果转化"的机制，完善利于科技创新的制度体系，创造利于优化科技创新的环境，瞄准世界一流的创新生态，推动提升郑州都市圈科技创新整体效能。二是探索都市圈科创资源与项目管理新机制。依托"中原云"建设"科创云"平台，建立科技研发与创新项目库，集中科创资源开展科研项目，尤其在关键技术、共性技术方面统一实施"揭榜挂帅制""赛马制""首席专家负责制"，促进要素对接转移转化。三是探索建立成果转移转化协同机制。借鉴上海都市圈经验，构建"基金投资助推""线下路演拍卖""线上对接撮合"等多渠道的成果转移转化促进机制，积极举办科技成果拍卖会，设立科技成果转化基金，支持建设都市圈科技成果转移转化示范基地。四是建立科创资源共享机制。推动科学仪器开放共享，建设都市圈创新资源全要素对接平台。五是探索建立都市圈内标准统一互认机制。针对高端人才团队率先试行都市圈内户口通迁、居住证互认制度，推动都市圈率先建立"全豫通办"业务支撑体系。六是探索建立人才共享协同机制。进一步完善都市圈人才与技术市场体系，建立人才资源共享协同机制，创新跨行政区人才管理模式，促进人才、技术及科技成果跨区域流动转移，逐步构建以郑州为人才创新高地、辐射带动 8 市协同创新发展的格局。

2. 注重政策接轨

全面对接国家创新政策体系，注重同圈政策创设、强化政策集成，推动各项政策靠前发力、精准发力、协同发力，形成都市圈创新生态的重要推动力。一方面，统筹政策接轨。加快破除区域间创新资源要素自由流动的行政壁垒，为创新生态一体化夯实政策基础。在税收分享和征管协调的政策基础上，加快人才、技术、金融服务、成果转化一体化，探索建立创新资源要素最优配置为核心内容的创新政策协同机制，消除阻碍创新资源要素自由流动的行政壁垒。另一方面，协同抓好政策创设和落地。积极开展创新多要素互认互通试点，研究出台互认互通的人才合作与交流、知识技术与资源共享、质量标准常态化交流等方面政策，搭建政府、企业、园区、机构为主体的科研交流（合作）平台。通过政策接轨，实现都市圈内创新链整合、产业链贯通、价值链互补、供应链对接、数据链共享，全面提升郑州都市圈科技创新协同水平。

（四）优化科技创新政策环境

优化创新生态是一项复杂的系统工程，政策支撑是营造有利于科技创新良好环境的关键环节，而机制、市场、文化、资源及人才是生态系统各要素共生的基础性条件。郑州都市圈创新生态的优化既需要基础设施、创新平台和载体等"硬环境"建设，又需要创新政策、制度、机制等"软环境"支撑。

1. 注重"软环境"支撑

更好地发挥引导型、服务型政府在优化创新生态方面的辅助主体作用，重点突出创新政策一体化，在科技政策制定、知识产权保护、市场环境营造、优秀创新人才集聚等方面充分发挥政策供给效能，有效推动创新圈建设。一是做好政策"加减法"。从深化"放管服"改革，能放、会管、服好角度切入，由省级统筹推动简政放权和优化服务，为企业减负降税，为高校、科研机构简化项目审批、管理程序，规范郑州都市圈跨区域"一网通办"专窗管理，破除制约科技创新的制度藩篱，实现都市圈政务服务事项"掌上办理"、民生事项"一证通办"全覆盖。强化创新政策支持力度，完善财政补贴、成果保护、税收减免、政策奖励等措施，共建有利于都市圈科技研发活动的政策环境，激发都市圈创新活力。二是完善创新基础制度。以郑州都市圈成员城市为试点，加速推进科技体制改革进入深水区，以质量、效益、贡献为导向建立能够准确反映科技研发能力、成果创新水平、社会实际贡献的综合评价机制，形成全面支持创新的基础制度。转变作风，减少行政干预，强化规划政策引导，给予科研事业单位足够的人事权、经费使用权等，同时推动重大科技项目管理体制改革，在都市圈全域推广"揭榜挂帅""赛马""首席科学家"等制度；建立符合科研活动规律的项目评价机制，进一步完善自由探索型和任务导向型项目分类体系；建立以创新能力、水平、价值和贡献为导向的人才评价机制，支持郑州都市圈公益性科研机构探索试行更灵活的薪酬制度，为从事基础性、前沿性、公益性研究的科研人员队伍提供制度保障。加快科技成果转化、标准化、反垄断及知识产权保护等方面的地方法律法规修订工作，并研究制定商业秘密保护、职务发明条例等相关制度，成立郑州都市圈知识产权行政保护协作中心，进一步完善促进科技创新的法律"软环境"。三是营造全社会创新氛围。随着创新基础设施不断完善，资源要素共享程度持续提升及社会公众科学素养逐步提升，社会各领域的创新愿望和能量被进一步激发，高成长性创新型企业、新型研发机构及"全民创新""草根创新文化"为代表的社会公众正成为创新生态体系中的新生力量。未来一个时期，应激发全社会创新活力，在全社会弘扬工匠精神、企业家精神、全民创新精神、草根创新精神，营造尊重劳动、尊重知识、尊重人才、尊重创造的环境，形成崇尚科学的风尚，强化创新文化认同感、参与感，让创新道路上的不同人才各展才华，构建鼓励潜心研究的制度环境、国际化人才制度和科研环境，打通创新链、产业链、资金链及政策链，让知识、信息、技术、人才、资金等各种创新要素资源互联互通，发挥郑州都市圈创新生态系统的整体效能，让郑州都市圈真正成为极具吸引力的创新创业沃土。

2、加快"硬环境"建设

强化基础设施对创新生态的支撑作用，加快郑州都市圈新型基础设施建设，补齐硬件基础设施短板。一是强化数字基础设施建设。巩固提升郑州国家信息通信枢纽地位，加速完善都市圈 5G 网络体系，支持拓展 5G 场景应用，扩大光纤覆盖范围，持续提升国家级互联网骨干直联点区域疏通能力，提升郑开国际互联网数据专用通道通信质量，加快推动中国移动（河南）数据中心二期、中国移动（郑州）数据中心一期、中国联通中原数据基地三期、中国电信郑州航空港数据中心和华为新基建（焦作）运营中心建设，持续强化网络云郑州大区中心、中国联通 5G 核心网中部大区中心承载能力，推进市级工业互联网标识解析（二级节点）体系和星火链网、区块链基础设施建设。推出郑州都市圈科创云平台，包含科创项目在线路演、双创技术项目对接、工业产品在线交易等服务板块。二是完善科技创新基础设施。锚定国内外基础前沿领域，加快基础研究平台建设，统筹基础研究设施布局，支持都市圈内城市联合头部企业、高科技企业等创新主体集中科技研发资源，共创国家级重点实验室、国家工程技术研究中心等核心技术自主创新实验平台。围绕学科领域、区域创新及行业发展加强引导和推动组建实验室联盟，就共性战略方向联合研究重大科学问题，促进协同创新。加强科创硬件设施规范化管理，向社会各界逐步开放国家省大型科研基础设施和仪器，避免科研设施重复建设和闲置浪费，实现其使用和利用效率最大化。三是优化布局研发载体。落实省委省政府工作部署，围绕优势产业和发展需求，优化科技创新资源布局，共建共享构筑各类融合创新大平台，促进郑州都市圈人才、技术、成果创新要素自由流动，打造以中原科技城、国家技术转移郑州中心为龙头、郑开科创走廊为轴带的创新核心区，为郑州都市圈构建创新网络夯实基础。

（五）以人才"磁场"促进创新生态提升

高层次人才培育与外部人才吸引是都市圈创新生态的关键主体，同时也是都市圈创新发展的不竭动力。因此，创新生态体系建设中，应在人才培育、人才引进及激发活力等方面共同发力，弥补高等教育、公共服务、宜居宜业、政策环境等短板，形成人才"磁场"，共筑人才"洼地"。一是夯实人才自主培养基础。应重视科学精神、创新能力、批判性思维的培养培育，完善战略科技人才、科技领军人才和创新团队培养发现机制，鼓励科技人员开展重大原创性研究，在重大科技攻关实践中培育锻炼人才。重视青年人才培养，建立青年人才培养机制，给予充分包容，培育科研生力军。探索建设一批专业化程度高，教学环境与产业界实际技术环境无缝链接的工程师大学（学院），将学历和技能教育一体化，规模化培养高级工程师，努力造就一批具有世界影响力的顶尖科技人才，稳定支持一批创新团队，培养更多高素质技术技能人才、能工巧匠、大国工匠，形成结构合理、多层次梯度的科技人才队伍结构。二是注重柔性引才产业引才宜居引才。借鉴南昌都市圈经验，坚持"以用为本，按需引进"的原则，采取招聘、挂职、兼职、项目合作等形式，定期举办中国河南招才引智创新发展大会等高规格大规模的招才引智活动，采用线上招聘、视频双选会、线下招聘、项目对接等多种模式相结合，引进关键技术领域及新兴技术领域的领军人才，通过产权及股权的确认与保护、科技项目的扶持等方式吸引、留住人才，激活人才引擎"新动能"。借鉴成都经验，以新型城镇化战略为支撑，加快都市圈内城市品质提升，支持都市圈成员城市申报具有中原特色的国家公园城市示范区，依托大学城探索推广以"未来社区"为代表的产城创融合新模式，打造"处处皆景、城在园中"的优美舒适宜业宜居环境，吸引国内外高端人才落户中原，打造中部地区人才洼地。三是促进人才有序自由流动。统一各个城市相关人才认定标准和流程实现，建立全球引才顾问专家库、城市联盟人才培训资源库；推动建立互认互通的人才档案审核机制和"一体通办"的流动人员人事档案转接受理机制，鼓励高校毕业生跨地区参加就业见习实习等事项。四是激发人才研发积极性。以人才强省战略为重要支撑，坚持"破四唯"和"立新标"并举，加快建立以创新价值、能力、贡献为导向统一的科技人才评价体系，统筹都市圈科研院所和高等院校等建设，将研发成果纳入科研人员绩效、职称、岗位考核体系，充分激发各类人才的创新才智，同时注重容错机制的完善。善于做"减法"，给予科研单位更多自主权，赋予人才团队更大技术路线决定权和经费使用权，试行首席专家负责制、科研项目包干制、科研课题招标制等。

（六）构建多维度科技金融服务网络

发挥好政府和市场两方面的积极作用，在政策支持和进入市场两个维度同时发力，引导利用好政策资金和资本市场，培育郑州都市圈现代金融服务体系。一是创新金融工具、拓宽融资渠道。支持都市圈与金融机构签署战略合作协议，依托政策性银行、开发性金融机构和商业银行共同发起设立郑州都市圈科技创新优惠利率信贷资金。推动科技金融服务和产品创新，面向具有创新能力和较高成长性的高科技企业推出"科创贷"等专属科技金融产品。深入推进科技贷业务，推进科技支行等专营机构建设，试点跨区域联合授信。二是提升地方金融机构服务创新能力。借鉴合肥都市圈经验，以地方金融机构改革和投融资体制改革为切入点，"敢投资、敢担责"，改革政府出资产业投资基金管理机制，建立种子期、初创期企业投资容错和政府让利机制，打造覆盖"募投管退"全流程服务链条，让资金不断滚动投向新的产业，形成滚雪球式的发展。借鉴上海经验，规范引导基金管理，提高和改善金融机构对科技创新的服务水平和服务能力，共建"基金大数据服务平台""省区域性股权市场（基金板）"和实施"中原路演品牌计划"。统筹省级创投政策衔接，利用好数字经济政府引导基金、新兴产业政府引导基金、中原科创基金、郑洛新国家自创区成果转化引导基金和郑洛新国家自创区创新创业发展基金、省市县（区）三级创业投资引导基金，为郑州都市圈高质量发展提供现代金融服务保障。三是推进信用一体化建设。打造"信用免押金都市圈"，推动各县（市、区）争创省级社会信用体系建设示范县（市、区），加强信用体系合作共建，建立完善全领域覆盖的信用监管机制，推动成立信用服务联盟，开展"信易行""信易贷""信易批"等"信用+"产品跨区域推广应用。探索跨区域投担业务联动机制，支持专业性融资担保机构与保险公司合作开展"担保+保险+险资直投"，提供多元化金融服务。四是加大资本市场对科技创新活动的支持力度。探索成立资本市场服务郑州都市圈基地，共同搭建都市圈拟上市企业平台，积极引进培育创业投资和天使投资机构，加速优质企业在创业板、科创板、新三板上市挂牌融资，实现线上平台共联共享，构建债权、股权、基金、上市联动的现代金融综合服务生态。

（七）探索建设开放式创新生态

主动服务国家"双循环"战略，提升创新开放合作层次。以产业链创新链深度融合为切入点，在产业合作的基础上建设开放式创新生态，打造国内循环的重要创新节点。一是开展跨省域创新合作，共建创新链。面向国内，注重"东引""西进""南联""北通"，依托"中原—长三角经济走廊"积极融入长三角、粤港澳、京津冀等地区的创新网络，推动郑州都市圈与西安都市圈、晋陕豫黄河金三角区域协同创新发展。二是拓宽视野，面向全球组织资源要素。吸引集聚全球优秀人才和创新资源，提升各类创新主体通过开放知识网络利用各类创新资源的能力，推动创新链与产业链、资金链、人才链的融合。面向"一带一路"重点合作区域，在更宽领域深化与沿线国家和地区的科技创新合作，在区域合作中寻机遇、建载体，打通区域合作'筋脉'，主动融入全球创新网络。三是协同推进高水平开放平台建设，引导都市圈企业携手"走出去"。充分利用豫沪合作基金和创业投资引导基金，加快中欧班列郑州集结中心智慧场站管理平台等示范项目建设，办好中国河南国际投资贸易洽谈会、全球跨境电子商务大会等重大经贸活动。

（执笔人：李旭　翁珺）

专题四

郑州建设国家区域性现代金融中心路径研究

摘　要：金融是经济高质量发展的核心和关键。区域性金融中心通过集聚效应和辐射效应，实现金融与经济的良性互动并共谋深入发展。近年来，郑州市加快搭建金融平台，强化要素保障，统筹推进"十大工程"，有序推进金融机构、金融产品、金融人才、金融信息向郑州集聚，不断提升金融供给水平，提高金融业对经济贡献度，国家区域性现代金融中心得到进一步发展。本报告立足郑州实际，深入探究郑州国家区域性现代金融中心建设的优势、劣势、机遇和挑战，对比国内典型案例，提出针对性、可行性、可操作性的政策建议。

关键词：区域性金融中心；金融创新；人才支撑

金融中心作为金融资源集聚高地，能够有效集聚金融机构及人才，加快产业优化升级，保障区域经济平稳有序发展。随着中国改革开放深入推进、区域经济加速发展，各都市圈为增强自身竞争力，纷纷优化整合金融体系，金融中心在推动区域实体经济稳健高效发展中发挥着越来越重要的作用，区域金融中心也被赋予了新的时代内涵。自上海确立建设国际金融中心的目标后，目前国内有近30座城市先后提出建设各类金融中心的目标。郑州市作为国家中心城市和郑州商品市场交易所所在地，在金融、外贸等方面具有一定的辐射力和影响力，探究建设国家区域性现代金融中心路径具有重要的意义和价值，必须紧抓"黄河流域生态保护和高质量发展""中部崛起"等国家战略发展机遇,围绕"服务经济实体、防控金融风险、深化金融改革"三大任务,激发金融创新活力,为加快推进区域性金融中心高水平建设、高质量发展。

一 区域性金融中心的内涵与发展趋势

金融是现代经济的核心,是实体经济的血脉。随着中国改革开放的深入推进,区域性金融中心纷纷涌现,金融政策持续稳定发力,为实体经济稳健高效发展保驾护航。

(一)区域性金融中心的概念及其特征

1. 区域性金融中心的概念

区域性金融中心是经济发展到一定阶段的必然产物,是衡量一个城市竞争力和一个地区经济社会综合实力的重要标志。构建区域性金融中心有助于整合资源,推动区域内经济社会协调可持续发展,确保社会大局持续安全稳定。

国外学术界大多从地理经济学视角定义区域性金融中心。美国经济学家金德尔伯格(Kindleberger)强调区域金融中心是金融资源交易媒介,是推进跨区域金融资源流通交易的枢纽,有利于将金融资源从储蓄转化为投资,实现跨区域结算和转移,推进资源优化配置。斯瑞伏特(Thrift)指出信息是金融运行发展中的核心和关键,区域金融中心的功能是获取、解析、提供相关金融信息,缓解市场信息不对称。盖瑞思(Gras)从城市发展的视角探究区域金融中心的功能和地位,区域金融中心是金融业的集聚地和城市高度发展的重要标志。

国内学术界主要从金融中心的服务功能方面定义区域性金融中心。许思萌等提出,区域金融中心是集中金融资本和其他生产要素的中枢,是金融交易和优化金融资源配置的纽带和桥梁。王学信认为区域金融中心是金融资源集聚、功能健全、市场发达、交易集中的地区,是金融腹地中心,货币资金市场、资本市场、保险市场和证券基金市场是金融资源流转的重要载体。王明国提出，区域金融中心的发展依托经济发展基础，是资金融通高效、金融活动密集、金融信息畅通的枢纽，有助于推进经济健康有序发展。

综上，本研究认为区域金融中心是以金融机构为载体，以金融信息为纽带，以人才、科技为支撑，以创新为动力的市场广阔、法治健全、功能齐全、服务实体经济的金融资源集聚地和辐射地。

2. 区域性金融中心分类

区域金融中心是在一定区域范围内通过发挥金融辐射作用带动周边区域发展的金融中心。依据不同的原则，区域金融中心可以划分为不同类型。

根据形成方式划分为主动型区域性金融中心、被动型金融中心。主动型区域性金融中心，即市场驱动型金融中心，是在一定区域范围内的经济增长推动金融市场繁荣发展，进而促使金融要素集聚、金融政策体系完善。被动型金融中心，即政府主导型金融中心，是在区域经济条件尚未成熟的条件下，政府推动而建立的金融中心，是政府直接干预的结果。两种模式的本质区别在于驱动力不同，主动型区域性金融中心的驱动力是市场，当区域经济发展成熟时自然而然形成，被动型区域性金融中心的驱动力是政府，是政府推动区域经济发展的重要载体。

根据资金供求、监管关系划分为供给型区域性金融中心、需求型区域性金融中心。供给型区域性金融中心，即区域性金融资源供给大于需求，是金融要素的供给方，有助于推动储蓄转化为投资，支撑区域经济高质量发展需要。需求型区域性金融中心，即区域性金融资源需求大于供给，是金融要素的需求方。通过借助外部资金推动区域性金融中心及其腹地的经济发展。

根据区域金融影响力范围，划分为全球性金融中心、全国性金融中心和区域性金融中心。全球性金融中心，即金融中心的影响辐射范围是整个世界。英国伦敦、美国纽约、中国香港金融市场的变动会波及全球，影响显著。全国性金融中心，即金融中心的主要影响辐射范围是整个国家。上交所、深交所和北交所是全国商品定价的重要平台，是全国金融要素集聚的重要场所，也是金融产品创新研发的重要载体，从而助力上海、深圳、北京成为带动全国经济发展、金融市场稳定的重要中心。区域性金融中心，即金融中心的影响辐射范围是特定区域。例如，南京提出要打造"东部地区重要金融中心"，成都提出要提升"西部金融中心服务能力"。

表 5-1　　　　　　　　　　金融中心分类

类别	代表城市
全球性金融中心	纽约、伦敦、新加坡、香港、旧金山、上海、洛杉矶、北京、深圳、巴黎、东京
全国性金融中心	上海、北京、深圳
区域性金融中心	东北：大连、沈阳、哈尔滨、长春
	北部沿海：天津、济南、青岛、石家庄
	东部沿海：杭州、南京、苏州、宁波、无锡、温州
	南部沿海：广州、厦门、福州
	中部：武汉、郑州、长沙、南昌、合肥
	西部：成都、重庆、西安、昆明、乌鲁木齐、南宁

资料来源：根据中国（深圳）综合开发研究院相关资料整理。

3. 区域性金融中心特征

区域性金融中心建设是以中心城市为依托，将金融人才和金融资金等相关因素共同结合起来，发挥金融资源的作用，促进区域经济的发展，并带动周边地区的发展。区域性金融中心建设是转变发展方式，促进区域经济快速发展的有效手段，是建设现代化经济体系的重要组成部分。区域性金融中心是多要素集成的产物，具有金融市场发达、金融机构集聚、金融信息对称、金融人才汇聚、金融政策完善等特点。

金融市场发达。区域金融改革有序推进，构建集货币、股票、债券、外汇、黄金、票据、期货、保险、信托等门类齐全的金融体系，金融基础设施完善，金融产品工具多样，市场要素齐全、功能完善。

金融机构集聚。境内外银行、证券、保险等金融机构在金融中心设立总部或分支机构，保险资产管理公司、基金管理公司等法人机构在金融中心聚拢，金融组织体系健全、布局完善。

金融信息高效。金融宣传权威、真实、到位，金融政策精准、有效、普惠，传导机制科学、畅通、有力，金融服务提档升级，确保金融市场信息对称。

金融人才汇集。构建完善的金融人才发展激励机制和良性循环的金融人才动态管理机制，领导干部学金融、懂金融、用金融，领军人才、创新人才、紧缺人才引领金融发展。

金融政策完善。金融创新绿色发展体制机制健全，金融政策服务实体经济落地见效，筑牢金融安全底线，金融高质量发展。

（二）区域金融中心的形成要素

区域性金融中心的形成和发展与经济发展水平、金融业发展现状、政府的支持密切相关。经济繁荣程度作为区域性金融中心建设奠定基石，金融业稳定高效是区域性金融中心建设的前提，政府政策支持是区域性金融中心建设强有力的保障。

1. 经济发展水平是区域性金融中心高质量发展的基石

地区经济发展水平决定区域性金融中心的形成和发展。纵观金融中心发展历程，区域性金融中心通常建设在经济基础优良、发展环境稳定的地区。新形势下，经济高质量统筹"数量"和"质量"，在做大经济总量的同时，优化调整经济结构，加快资金、技术、劳动力等生产资料流转。经济高质量发展为区域性金融中心建设和发展搭建平台，有助于充分发挥区域性金融中心资金高效运转的功能，以资本市场、货币市场为载体，以金融产品创新为抓手，拓展投融资渠道，加速生产要素集聚，提升区域性金融中心的发展水平，增强区域性金融中心的辐射力和带动力。

2. 金融业是区域性金融中心高质量发展的核心要义

区域性金融中心建设和发展的核心是金融业，包括金融机构和金融市场。区域性金融中心是金融机构的集聚地，银行、证券、保险等金融市场主体是推进金融产品创新、增强服务实体经济的重要支撑，有助于加快实体经济主体上市交易，拓展投融资渠道，增强经济发展的稳定性。区域性金融中心是金融市场的关键环节。货币市场助力区域性金融中心集聚和使用短期资金，资本市场为区域性金融中心发展提供长期、稳定的资金保障，稳定高效的金融业是加快区域性金融中心建立和发展的重要影响力。

3. 政府政策支持是区域性金融中心高质量发展的保障

区域性金融中心的形成和发展离不开政府政策的支持。政府通过提供水电、房租、税收等方面的优惠吸引全国性、区域性的金融机构聚集到特定区域，加快金融资源互补形成规模效应，增强服务实体经济的水平和能力。实践经验证明，金融稳定，则经济平稳运行，金融波动，则经济危机衰退，而政府政策是维护金融运行秩序、有效抵御防范金融风险的重要力量。统筹宏观审慎监管和微观审慎监管，加强对金融机构个体、金融机构间金融风险的防范，充分发挥区域性金融中心作用，推动金融市场平稳健康发展。

（三）当前区域性金融中心发展趋势

随着数字经济的快速发展，区域性金融中心的发展呈现新的趋势特点，必须以服务实体经济发展为目的，统筹"存量"和"增量"，"创新"和"风险"，激发市场潜力，为促进高质量发展提供金融支撑。

1. 从驱动因素上看，区域性金融中心由交通枢纽驱动向信息技术驱动转变

广泛应用的互联网技术加快信息资源的互换和交流，加速金融业的创新和发展，推进区域性金融中心加快向信息密集区集聚。传统意义上，交通枢纽中心是生产要素的集聚区和发展区，是资金、技术、劳动力有机融合的契合点，符合区域性金融中心建设和发展的条件，因此，很多区域性金融中心与交通枢纽中心是重叠在一起的。然而，随着互联网技术的普及，信息交流不再单独依赖于交通枢纽等传统媒介，数据化、智能化已成

为信息尤其是金融信息交流沟通的重要载体，互联网金融、普惠金融、绿色金融的高速发展推进区域性金融中心向信息中心聚拢。

2. 从发展定位上看，区域性金融中心由共性发展向特色发展转变

区域间金融资源竞争加剧，传统的金融产品和运营模式无法完全满足市场需求，差异化、特色化的服务和产品已经是当下区域间金融中心可持续发展的关键。传统金融，"银行""证券"等金融主体占据市场主导地位，金融产品相对比较单一，现代金融，"银行""证券""保险"等金融主体更多是"服务者"，金融产品更加多元化，购买渠道更加多元。新形势下，区域性金融中心的发展以金融市场需求为导向，依托金融主体研发金融产品、提升金融服务水平，更好地满足消费者多元化、多样化、多层次的金融需求。与此同时，区域性金融中心要避免同质化竞争，立足区域金融消费需求，挖掘发展潜力，推进区域间金融中心互补共赢发展。

3. 从功能作用上看，区域性金融中心由内部循环向服务实体经济转变

金融是实体经济的血液，区域性金融中心是支撑区域经济高质量发展的重要载体。金融追逐高利润，区域性金融中心通过运用资产证券化等手段，对资产进行再打包出售，将金融风险无限制扩大，当金融危机爆发的时候，对实体经济的影响造成了巨大的冲击。目前，金融"内部循环"的危害性已达成共识，新形势下，区域性金融中心以金融创新支持实体经济，以金融服务助力实体经济，鼓励金融产品创新，支持企业上市，拓展企业投融资渠道，推进金融与实体经济融合发展，做到"避虚就实""去虚向实"，提升金融服务实体经济的能力和水平。

二 郑州建设国家区域性现代金融中心的基本判断

近些年，国内多个城市均提出要打造区域性中心城市，郑州市作为国家中心城市和郑州商品市场交易所所在地，在金融、外贸等方面具有一定的辐射力和影响力，打造区域性金融中心具有天然的优势。

(一) 发展基础

1. 金融业总体规模快速增长

党的十八大以来,郑州市金融业发展迅速、占全省比重稳步上升。2020年,全市金融业增加值增长到1302.91亿元,位居中部第二;占河南省金融业增加值的44.08%,比2012年提高6.61个百分点;占地区生产总值的比例达到10.5%,比2012年提高3.65个百分点。郑州市金融机构存款快速增长,2020年郑州市金融机构本外币各项存款突破28000亿元,是2012年的2.71倍。

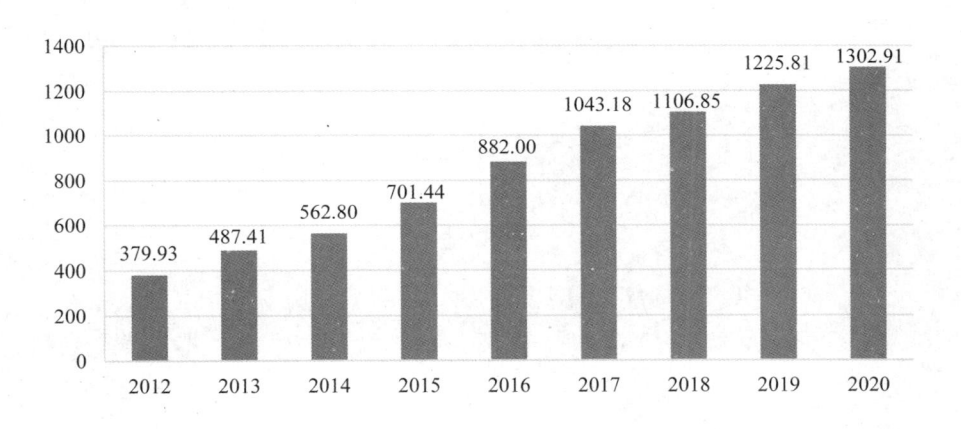

图 5-1 郑州金融业增加值(亿元)

数据来源:河南省统计年鉴。

2. 金融机构有序增长

2020年,郑州市有各类金融机构395家,其中银行业59家,证券业162家,期货业87家,保险业87家,初步形成了多层次、广覆盖、有差异的机构体系。此外,郑州中小企业担保公司、中通小贷分别增资至10.7亿元、12亿元,跻身全省两类机构头部企业。全年新增4家地方金融组织。受传统金融高工资、高福利的思想影响,许多人员选择进入金融机构,加之郑州市为吸引高层次、高素质、高学历人才,出台了青年人才补贴政策，2020年，郑州市金融行业在岗职工人员呈现上涨趋势，增长到76261人。

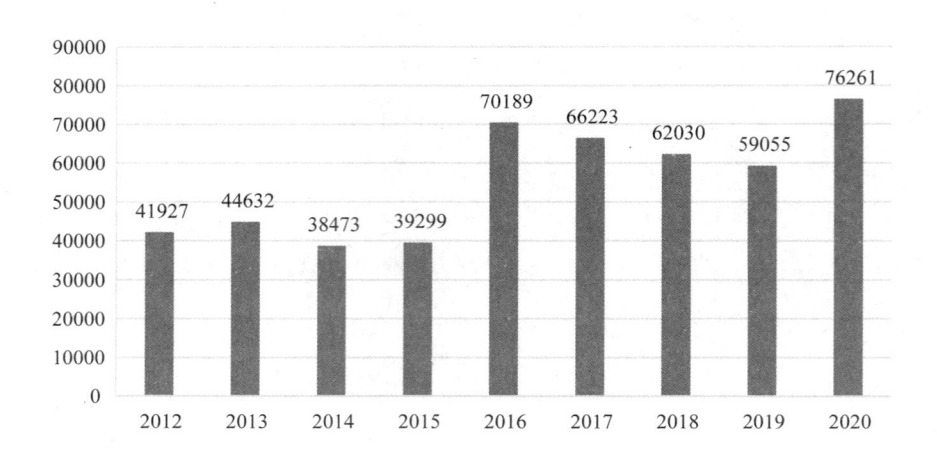

图5-2 金融行业在岗职工人数（人）

数据来源：郑州市统计年鉴。

3. 多层次资本市场体系更加完善

证券期货交易额稳中有进。郑州是中部六省中唯一具有证券交易所（郑商所）的省份，随着互联网技术的推广和应用，证券交易市场的效率和规模得到了质的提升，证券交易市场迎来了新的发展。2020年，郑州市证券交易额达到61224亿元，是2012年的6.62倍；郑州商品市场交易所期货累计成交量16.6亿手，同比增长53.6%。其中，甲醇MA、PTA TA、玻璃FG、菜粕RM是主要的交易品种，成交量占比分别为20.8%、19.4%、11.2%、9.6%。国债发行有序推进。郑州市国债发行规模占河南省国债发行规模的比例大致呈"U"型，2012年郑州市国债发行规模占比为31.31%，从2013年的31.31%，到2016的22.96%，再到2020年的36.31%，郑州市国债发行规模占比稳定保持在30%左右。保险市场快速增长。2020年，郑州市保费收入突破了800亿元大关，是2012年的4.49倍；其中，人身保险保费收入高于财产保险保费收入。郑州保险赔款及给付均不高于保险保费收入,保险收支差额大致呈上涨发展趋势。

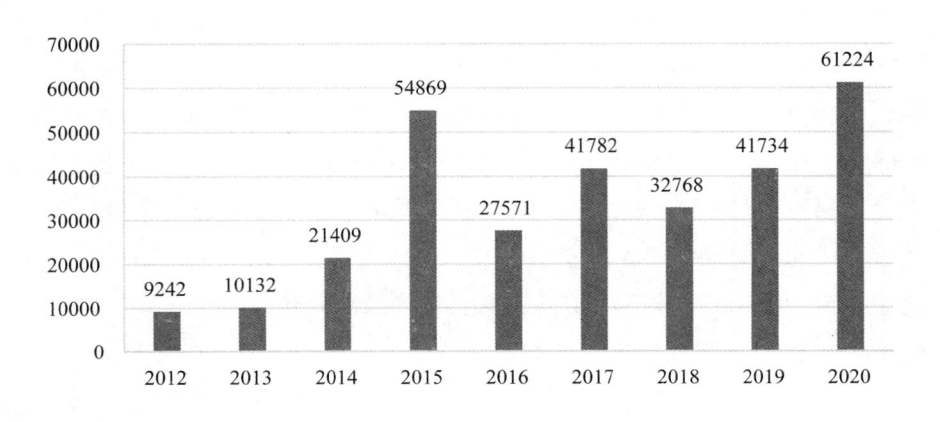

图 5-3 郑州市证券交易额(亿元)

数据来源:河南省统计年鉴

4. 金融业新业态新模式层次不穷

随着互联网技术的发展和"双碳"发展的要求,普惠金融、绿色金融、金融扶贫等金融业新业态新模式不断涌现。郑州市金融业加大对民营经济的支持,成立"12363 金融消费权益保护投诉咨询电话呼叫中心",提升金融服务实体经济的实力。郑州积极推进金融走出去和引进来,郑州航空港经济综合实验区开展经营性租赁收取外币租金业务,郑州商品交易所 PTA 期货成功引入境外交易者,浙商银行郑州分行成功创设河南省首单挂钩民企债券的信用风险缓释凭证。郑州市加快社会信用体系建设与大数据融合发展,加快移动支付便民工程建设,郑州地铁上线运行移动支付,郑州市成为全国首个同时支持"云闪付"APP、地铁方 APP、24 个发卡银行 APP 扫码过闸的城市。

5. 金融业改革开放持续推进

郑州市积极推进金融业改革,取得了显著成绩。依托中国(河南)自由贸易试验区服务于"一带一路"的现代综合交通枢纽、全面改革开放试验田和内陆开放型经济示范区。在自贸区推出资本项目收入便利化等创新业务，推动贸易投资自由化便利化。推进国际贸易"单一窗口"金融服务功能建设，开展海关税费支付、电子汇总征税保函等业务，开发"跨境快贷—出口贷"等产品，为外贸企业特别是中小企业提供一站式金融服务。银行机构改革。整合郑州市 48 家城市信用社，组建郑州城市合作银行，2009 年更名为"郑州银行"。2015 年，郑州银行在香港联交所主板上市，是全国第 10 家上市的城商行，2018 年，郑州银行在深圳证券交易所挂牌上市，成为河南省首家 A 股上市银行，全国首家 A + H 股上市城商行。支持中原银行围绕"双创"发行金融债，助力金融改革。

6. 金融监管和风险防范工作稳步推进

加强社会信用体系建设，提升农村和中小微企业征信服务供给水平。贯彻落实八部委关于进一步强化小微企业金融服务要求，大力推广在线供应链融资模式。积极参与推进，着力增加小微企业征信服务供给，建成省级征信平台，深入推进农村信用体系建设，扩展农户信息采集广度。加强金融知识宣传教育，切实维护金融消费者合法权益。开展驻豫金融机构金融消费权益保护监督检查，依法进行行政处罚。深入推进金融知识纳入国民教育体系。大力推动河南金融消费权益保护协会获批成立，协会下设河南省金融纠纷调解中心，与郑州市金水区法院签署了《金融消费纠纷诉调工作备忘录》，开启河南省金融纠纷多元化解机制建设新篇章。

（二）存在的问题

1. 金融服务科技创新的深度有待加大

科创金融是金融业态重要的环节。近些年，郑州加快科创金融发展，组建完成郑州银行科创金融事业部，推动科创金融高质量发展，但与武汉、合肥等中部城市相比，仍然存在着较大差异。武汉市围绕"促进科技金融深度融合，打造全国一流创新中心"，开展科创金融创新试点，加快金融科技发展，适时扩大数字人民币试点工作，在金融业"十四五"发展规划中，将金融科技创新能力列为五种能力之一。而合肥市直接提出要推动科技赋能金融，强化金融服务科创，加速改革落地试点，打造科创金融中心。郑州在推进科创金融的过程中缺乏规划、实施方案的引领和指导。

2. 上市企业数量少

金融是推动区域经济高质量发展的助力器，增强金融服务实体经济的作用是关键环节和路径。近些年，郑州金融融资规模持续扩大、上市公司数量逐步增多，郑商所持续发力，金融支持实体经济的作用越来越突出。2020年，全市境内外上市公司49家，郑商所上市交易期货期权品种累计达28种。但与武汉、广州、成都、西安等城市相比，仍然存在一定差距。2020年，武汉市境内外上市公司数量达到83家，位居中部省会城市首位，广州、成都、西安境内外上市公司数量为117、113、80家，依次是郑州的2.4、2.3、1.6倍。

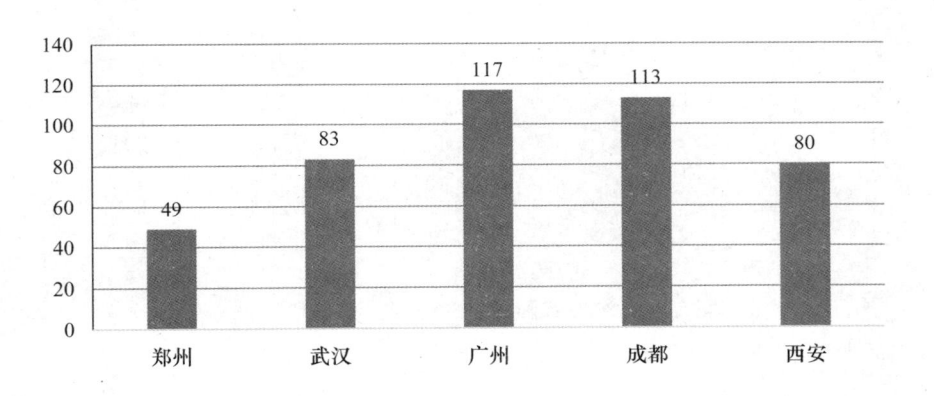

图 5-4　2020年国家中心城市境内外上市公司数量

数据来源：各市统计年鉴。

3. 高层次金融人才缺少

高层次金融人才是保障金融业可持续发展的关键因素。近些年，郑州深入推进金融改革，吸引高素质人才，创新金融产品研发，取得了显著的成绩，但郑州知名高校相对较少，依靠自身培育金融人才存在一定困难，此外，新冠疫情作用下，郑州市金融业受到较大影响，高层次人才引进受到一定的影响。

4. 面临周边地区激烈竞争

集聚性是区域性金融中心的显著特点，金融要素集聚会产生规模效应，推进区域金融市场互补、金融产品创新，降低交易成本，提升金融服务实体经济的能力。2020年河南省金融业增加值为2955.87亿元，在五个省会国家中心城市中高于西安（1820.9亿元），位居第四位。郑州市金融集中度（市金融业增加值/全省金融业增加值）为0.44，依次比成都（0.63）、西安（0.59）、武汉（0.54）低0.19、0.15、0.10，金融产业集中度，集聚能力相对较弱。

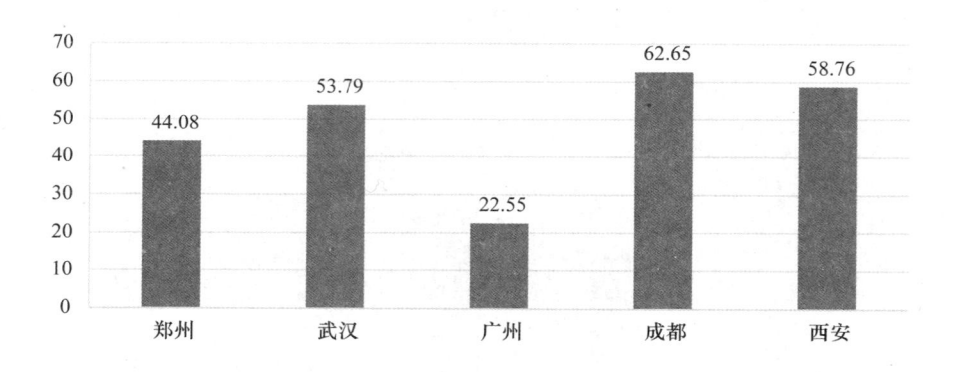

图 5-5　2020 年国家中心城市金融集中度（%）

数据来源：各市统计年鉴。

三　外省建设区域性金融中心的主要做法

目前，区域性金融中心建设在社会上掀起了一股浪潮，北京、上海、深圳等地提出要建设"国际金融中心"，大连、广州等多地提出要打造区域性金融中心，"区域性金融中心"建设备受关注。

（一）武汉：打造科创、低碳为主的区域性金融中心

武汉市"十三五"规划纲要明确指出，将武汉建设成为中部金融中心,"十三五"金融业发展专项规划进一步细化为中部金融中心、全国性科创金融中心和全国性金融后台服务中心。2020年,武汉市金融业增加值1628.48亿元,占全市GDP比重首次超过10%,根据"中国金融中心指数"(CFCI 13),武汉市位列国内金融中心前10,中部第1。主要做法如下:

1. 政府主导,规划先行

武汉市委、市政府坚持规划引领,从"十三五"提出的"中部金融中心"到"十四五"提出的"区域金融中心",武汉以规划的形式明确推进金融中心的路径、目标,加快推进武汉国家中心城市、长江经济带核心城市和国际化大都市建设进程,提升武汉区域性金融中心的辐射力和影响力。为增强金融服务实体经济、抵御风险的能力,武汉市专门出台了《武汉市加快区域金融中心建设若干支持政策》,围绕"金融机构总部""提升融资水平""金融创新""人才集聚"不断提升发展动能。武汉区域性金融中心的发展是经济高效发展的必然产物,但也与政府的支持和助力密切相关。

2. 聚焦科创,突出绿色

武汉紧抓"武汉都市圈"发展机遇,成为全国首个科技金融改革创新试验区,围绕"中小科创企业"推出了"科创板""科技企业贷款保证保险"等金融产品,助推武汉科创金融发展。武汉市围绕"碳达峰、碳中和"目标,加快推进绿色金融发展,建立健全绿色金融要素交易市场,以"绿色信贷""绿色投资"等方式加快绿色金融产品和服务发展,实现绿色金融高水平发展。

3. 对标一流,优化布局

武汉市以上海、北京、深圳等全国性金融中心为榜样,立足自身发展实际,加快金融机构集聚,优化服务能级,拓展融资渠道,培育新型业态,以点带面推进武汉金融城、华中金融城、东湖资本谷、车谷资本岛、武汉产业基地建设,形成金融资源丰富、金融业态多样、金融服务全面的金融集聚区。

（二）合肥：打造"科创+战新产业"为主的区域性金融中心

合肥市积极融入长三角，以科技创新为动力，以金融为支撑，建立完善产业协同发展体系，加快融入长三角城市群。合肥市金融业"十四五"规划明确指出，以"科技金融""金融科技"为主线，以"科技创新""新兴产业""绿色发展"为抓手，依托金融产业集聚区、科创金融试验区、跨境金融先行区、新兴金融引领区，打造区域性科创金融中心，为推动合肥金融业高质量发展明确了"任务书""施工图"。2020年，合肥市金融业增加值为970.26亿元，增长7.7%，全年新增12家上市公司，位居省会城市第二，其中科创板上市7家公司，位居省会城市第一，"科创金融中心""新兴金融中心"已经成为合肥重要的标签。主要做法如下：

1. 锚定科创，服务新兴

合肥市坚持"金融服务实体经济"的发展理念，立足综合性国家科学中心、长三角城市群副中心等定位，吸引各类金融资源集聚，构建多层次、广覆盖的金融服务群，尤其是新一轮科技革命和产业革命的推动下，合肥聚焦战略性新一代信息技术、人工智能、高端装备制造、新材料、生命健康等新兴产业，积极推动产业链、供应链与金融有效融合，建立健全现代化经济体系，实现经济、金融良性互动、高效协同。

2. 数字引领，改革驱动

合肥市完善数字基础设施建设，加快数字征信体系建设进程，深入开展数字人民币领域的研究，争取数字货币应用试点，促使"数字金融"落地生根。积极推进数字金融发展，创新金融体制机制，依托大数据、人工智能等新一代信息技术，研发顺应经济高质量发展的金融产品，增强融资信用担保，提高"三农"及中小微企业金融资源的可得性和便捷性，有效解决"融资难、融资贵"的难题。

3. 扩大开放，合作赋能

合肥市依托中国（安徽）自由贸易试验区合肥片区、合肥综合保税区，加快金融制度体制创新，提升金融服务的精准度，探索"银行+征信

+担保""股债联动"新业态新模式，以人民币结算为突破口，引进国外优质金融资源，强化跨境金融机构合作交流，提高跨境投融资的效率，实现区域间金融要素优化配置，扩大金融开放力度。

（三）大连：打造东北亚重要的国际金融中心

大连是最早制定金融业长期发展规划的城市，从金融业"十一五"发展规划到金融业"十四五"发展规划，大连紧抓金融发展机遇，结合发展实际，从金融行业、金融体系、金融改革、金融生态等方面提出区域性国际金融中心等发展目标，并如期或超额完成任务，对区域性金融中心发展具有重要的指导意义。大连市区域性金融中心发展"十四五"规划指出，2025 年，初步建成国际化、创新性、功能型的区域性金融中心，2035 年，建成国际大宗商品定价中心和风险管理中心、东北亚贸易链供应链金融服务中心、东北亚离岸金融中心、东北地区金融科技中心。

1. 金融立法，全力护航

2016 年，《大连区域性金融中心建设促进条例》的出台具有里程碑的意义，这标志着大连区域性金融中心建设进入法律规范阶段。《条例》共计 6 章，围绕"金融规划与功能区""金融市场""金融服务体系""金融人才和环境"提出了推进大连区域性金融中心建设的目标、抓手和路径，明确了推进大连区域性金融中心建设的主体，畅通了部门协调沟通机制，为大连区域性金融中心建设保驾护航。

2. 专资支持，激发活力

大连市设立"大连市金融产业扶持专项资金"，围绕金融重点领域、薄弱环节，在"金融市场、金融机构、金融创新、金融人才和金融服务实体"等方面进行补贴和奖励，在金融领域公共服务方面进行购买，从而加快推动金融业高质量发展。

3. 服务实体，助稳经济

大连市开辟绿色通道，发挥大连市股权交易中心的作用，大力支持企业在公开市场挂牌、上市，鼓励企业境内公开发行上市、境外上市以及通过并购、借壳等方式上市，引导企业在"新三板"和大连市股权交易中心市场挂牌。增强金融机构对实体经济的资金支持，引导保险、债券等金融产品推动实体经济高质量发展。

（四）成渝：打造中国西部金融中心

成渝秉承"互建互补互赢互享"的原则，深化金融体系改革，加快金融开放创新，推进金融要素安全、高效地流转和集聚，以良好的金融发展环境、扎实的金融发展基础助力成渝地区双城经济圈高质量发展。强化顶层设计，统筹政府力量和市场力量，依托成渝金融资源禀赋，优化功能布局，防范化解金融风险，稳步推进区域金融协同有序运转。随着成渝一体化加快推进，中国人民银行等部门联合印发《成渝共建西部金融中心规划》，为增强成渝金融综合实力、提升成渝金融交流合作水平擘画了蓝图、提供了指引。2020年成都市金融业增加值为2114.81亿元，位居中西部首位，重庆市金融业增加值为2212.8亿元，位居全国前列。

1. 区域联动，互助共赢

成渝区域金融中心坚持以新发展理念为指导，集聚成都、重庆金融资源，吸引金融机构入驻，推动金融人才汇聚，优化资源布局，以金融改革试点为契机，引领金融创新发展，助力中小微企业健康发展，释放金融开放红利，积极对接国际金融市场。成渝依托四川大学、重庆大学等高校和科研院所，立足发展需求，稳步推进科创金融、消费金融、绿色金融、产业链金融发展，实现产融结合，助力经济转型升级。

2. 深化交流，共谋发展

成渝充分发挥国际门户枢纽优势，依托川渝自贸试验区等平台，借助铁路、航空、港口等开放口岸，以中新（重庆）战略性互联互通等示范项目为载体，多管齐下开展深入交流合作，强化人民币在"一带一路"沿线国家和地区结算中的地位，推进金融开放向纵深发展。成渝紧抓产业优化升级、技术革新的历史机遇，围绕能源、环保、物流、产业等方面，加强与关中平原、长江经济带、东部沿海地区交流合作，为新发展格局贡献成渝力量。

3. 搭建平台，加强宣传

成渝多措并举提升金融产业能力，优化金融资源结构，在增强金融综合实力的同时，尤其加强区域金融中心宣传，提升成渝西部金融中心在国际国内的影响力。目前，中新（重庆）战略性互联互通示范项目金融峰会、天府金融论坛智博会、西洽会等已经发展成为成渝金融交流合作的重要品牌。

（五）西安：打造"丝绸之路"金融中心

西安市委、市政府明确西安"丝绸之路金融中心"定位，出台了《关于印发推进普惠金融发展落实方案》（市政办发〔2017〕77号）、《西安丝绸之路金融中心规划》、《西安丝绸之路金融中心发展行动计划（2020—2022年）》、《西安市"十四五"金融业发展规划》等政策文件，强化政府引导，激活市场活力，培育科技金融、绿色金融、物流金融、跨境金融、农村金融等金融业态，实现区域金融高质量发展。2020年西安市金融业增加值为1069.98亿元，占地区生产总值的10.99%，位居副省级城市第7位，金融业成为西安重要的支柱产业。

1. 深化改革，筑牢根基

西安市着力建设丝绸之路金融中心，稳步推进金融供给侧结构性改革，成功争取到全国本外币合一银行结算账户体系试点、数字人民币试点。实施"龙门行动"，把握"新三板"发展机遇，加强"新三板"和区域性股权交易平台建设，以"一企一策一专班"帮助企业上市，拓展融资渠道。全力打造"央行·长安号票运通"等融资工具、"长安企融"等企业综合金融服务平台，强化金融改革创新，有效解决企业融资难、融资贵的问题。

2. 信息支撑，突破瓶颈

依托通信网络、互联网优势，利用大数据、云计算等技术，优化金融传导机制，提升西安信息化水平，降低金融服务实体经济、金融机构内部管理、金融监管的成本，提升金融资源运转效率和水平，统筹好金融创新发展和防范化解金融风险的关系，维护经济金融秩序，保障金融安全稳定。发挥金融信息媒体作用，及时、高效、准确发布金融相关政策、法律，满足金融中心的信息化建设需求。

3. 征信赋能，优化环境

西安市加快完善区域征信系统、大力倡导诚信文化。2022年，西安市社会信用体系建设领导小组办公室出台了《西安市创建全国社会信用体系建设示范城市实施方案》，构建企业和个人信用信息数据库，完善信息共享、信用监督和失信惩戒制度，健全金融生态环境评价和考核机制，规范金融市场主体活动、行为，为优化金融生态、提升金融治理能力现代化提供了指导。

四 郑州打造国家区域性现代金融中心的对策

充分借鉴外省经验，聚焦服务全省高质量发展，围绕"服务实体经济、深化金融改革、防控金融风险"三项任务，深化金融供给侧改革，强化金融改革创新，筑牢系统性金融风险防线，构建普惠性、科创性的高水平、高质量的金融体系，着力构建投融资中心、保险中心、期货交易中心，在建设省内区域性金融中心的基础上，逐步发展为中西部重要的金融中心。

（一）加强顶层设计，做好系统规划

1. 加强规划引导。修订《郑州区域性金融中心建设规划纲要》，明确郑州在丝绸之路经济带、黄河流域发展的金融战略地位，从金融机构、金融市场、金融人才、金融制度、金融创新、金融风险、金融合作等多个维度全面推进郑州区域性金融中心"做起来""立起来""强起来"，为做大做强国家中心城市打下坚实基础。立足国家发展战略和河南省、郑州市发展实际，锚定战略节能环保、新兴信息产业、生物产业、新能源、新能源汽车、高端装备制造业、新材料等新兴产业，加大金融资源支持力度，积

极培育物流金融、科创金融、供应链金融、绿色金融、普惠金融等新业态,紧抓"互联网+金融"的发展契机,顺应现代金融发展趋势,强化资源集聚,积极与周边区域金融中心协调差异发展。

2. 明确"三大中心"功能定位。打造中西部期货定价中心。郑州与中部省会城市最大的优势是有郑州商品市场交易所,具有全国性的商品定价市场。期货具有套期保值、价格发现的功能,郑州商品市场交易所反映的市场信息,有利于指导产品的生产,确保商品价格稳定,实现商品供需双方有效匹配,有效缓解商品生产不足和商品生产过剩的矛盾。郑州打造中西部期货定价中心,有利于从时间维度锁定商品价格,稳定商品的生产成本,推进商品市场平稳可持续发展。打造中西部保险中心。随着人们生活水平的提升,加大对人身、财产的保护逐步成为新时代社会发展的必然要求,"保险"再次成为人们的话题。郑州地处中原,是全国重要的交通枢纽,创新金融业态,紧紧围绕"财产保险""人身保险",丰富保险品种,依托互联网技术积极挖掘投保渠道,提高保险的可得性和便捷性。尤其是大力发展农业保险,河南是农业大省,立足发展实际,从数量和价格两个层面,加快农业保险品种的研发,提升河南在农作物生产发展中的话语权,是打造中西部保险中心的重要举措。打造中西部投融资中心。金融即资金融通,是推动实体经济高质量发展的重要助推力。金融通过投资、融资等方式加快产业转型升级,增强经济发展的支撑力,为推进区域经济"成高峰""成高原"创造条件。郑州作为中部重要的城市,市场广阔,一二三产业融合发展,需要拓展投融资渠道,健全投融资担保机制,提高资产的利用效率和增值空间,郑州打造中西部投融资中心,有利于加强金融资源的汇聚,提升金融资源的规模效应,有利于搭建金融资源桥梁,确保金融资源供需匹配,激发金融中心的活力。

3. 抓好"五个聚焦"。聚焦产业优势,推动金融与实体经济融合发展。郑州区域性金融中心聚焦以信息技术、生命科学、新能源装备等高新技术产业,立足食品等千亿级外贸产业,提高金融供给保障能力,扩大重大科创平台、战略性新兴产业、现代化产业链投资,助力企业设备更新和技术改造投资。完善政银企社对接机制，拓展投融资渠道，持续提升金融支持实体经济质效，大力发展直接融资，改善间接融资结构，拓展保险等资金投资渠道。聚焦枢纽优势，推动金融与供应链、四条丝路融合发展。郑州区域性金融中心立足郑州交通枢纽优势，依托互联网金融、数字金融，积极推进金融与供应链融合发展，与"一带一路"沿线国家和地区围绕金融发展开展务实合作，创新招商引资模式，扩大战略性新兴产业、现代化产业链、供应链投资，建立完善投融资体制机制，做到"引进来"和"走出去"，在郑州建立人民币结算点，强化郑州金融在"一带一路"发展中的重要节点地位。聚焦创新优势，推动科技金融与创新创业融合发展。郑州区域性金融中心要健全金融创新体系，依托物联网、大数据等技术，引导金融机构创新，支持金融产品创新，推动金融市场创新，打造金融创新"新高地"，大力培育普惠金融、绿色金融和供应链金融等新业态，支持"大众创业、万众创新"，为创造就业机会、引领创新发展奠定坚实的基础。聚焦开放优势，推动离岸金融、服务外包金融、对外投资的融合发展。郑州区域性金融中心要立足中部，对接东西部，服务"一带一路""黄河流域生态保护高质量发展"战略沿线国家地区，助力实体经济稳健高效发展。深化郑州—卢森堡战略合作，以自由贸易试验区为平台，做优做强融资租赁、离岸金融、保税维修检测等新兴业态。稳步推进郑州金融与海内外金融的合作交流，唱响"郑州金融"新篇章。聚焦市场优势，推动金融与消费融合发展。郑州区域性金融中心要立足河南人多消费市场广阔的实际情况，建立健全移动支付体制机制，提高金融支付的便捷程度，依托互联网技术，探究消费潜力，以金融服务为载体，满足人们对商品的消费需求，通过采取金融补贴、发消费券等手段，调动人们消费的积极性，引导人们树立理性消费的观念。

（二）强化政策支撑，推动金融机构集聚发展

1. 做强郑商所龙头

实施"期货+"战略，充分发挥期货价格发现、套期保值等功能，创

新期货品种，加强与上海期货交易所、大连商品交易所、中国金融期货交易所等全国性期货交易平台对接，加快期货与实体产业、对外开放、枢纽经济、绿色金融、人才培育融合发展，提升郑州商品交易所在期货市场的影响力，增强郑州商品交易所服务实体经济的能力和水平。

2. "筑巢引凤"

以龙湖金融岛为依托，出台土地保障、税收减免等扶持优惠政策，完善金融基础设施，提升营商环境，为金融机构引进来打造坚实的基础。以项目为载体，大力引进国内外知名金融机构，尤其是投资银行等金融市场主体，加快发展金融总部经济，打造郑州金融发展新坐标。积极培育地方金融组织，推进传统金融业转型升级，加快互联网金融健康发展，重塑河南金融版图。

3. "招才引智"

优化高层次金融人才补助政策，打造全方位多层次的人才评价体系，妥善解决教育、医疗、住房等问题，构建覆盖专科、本科、硕士、博士等多层次、多维度的人才生态圈，满足不同层次金融发展需求。实施"金融企业进校园"工程，鼓励郑州大学、河南大学等高校科研院与郑州银行、中原银行等金融机构合作，联合培育满足市场化需求的人才。开展"金融人才引进来"活动，鼓励金融专家和人才团队来豫进郑，筑牢"金融人才高地"。

4. "搭台唱戏"

实施"上市企业培育"工程，完善上市培育机制，提升信贷、基金、保险、担保等金融工具对企业的扶持力度。建立上市公司培育信息库，聚焦新兴产业和未来产业，明确公司上市的具体目标、需要完成的任务及其时间节点，以台账为载体有序推进。依托郑州航空港区，探索开展跨境金融业务，提升郑州区域性金融中心"引进来""走出去"的能力，释放开放活力。

（三）统筹发展和安全，促进可持续发展

1. 培育金融新业态

建立健全金融制度，完善金融体制机制，在筑牢金融安全底线的前提下，鼓励金融科技研发创新，研发金融衍生产品，提升金融服务实体经济的水平和能力。加大培育金融科技产业集群，稳步推进数字金融、互联网金融、科创金融、普惠金融、供应链金融、绿色金融健康发展，拓展金融创新应用场景，以金融新业态高质量发展助力郑州国家中心城市建设。

2. 加强信用体系建设

积极推进人行征信系统与支付宝、微信等信用系统有机衔接，建立健全征信容错纠错机制，牢树"征信规范人们行为"的宗旨，以征信引导人们理性消费、理性借贷，以失信惩戒打击恶意违约、恶意透支行为。加强金融信息资源的管理和应用，进一步规范信用信息平台，适度扩大征信覆盖范围，提升"征信"机构的公信力，强化防范化解金融风险的作用。

3. 完善金融监管

牢树"风险为本"监管理念，充分发挥中国人民银行、中国银行保险监督管理委员会、中国证券监督管理委员会的金融监管职能，统筹宏观和微观审慎监管，统筹金融创新和金融风险，统筹金融开放和金融安全，依托互联网平台，积极开展金融监管数字化、智能化转型行动，规范金融市场主体行为，严厉打击金融犯罪行为，推进金融市场安全高效发展。

（四）强化金融合作，提升开放发展水平

1. 加强省内金融合作

充分发挥郑州区域性金融中心的作用，以金融服务为纽带，强化与洛阳、南阳等城市金融资源互联互通，助力河南省"一主两副"经济发展格局。引导金融资源优化布局，统筹集聚与分散，做大做强郑州区域性金融中心的同时，兼顾豫北、豫西、豫中、豫东、豫南的资金需求，加快区域间资源要素的流通，积极构建便捷、高效的省内金融大市场。

2. 加强省外金融合作

积极与北京、上海、深圳等全国性金融中心合作，承接金融资源跨区域转移，引进先进经验和做法，进一步完善金融制度和体制机制，吸引金融专业人才和高素质人才向郑州集聚。强化与武汉、长沙、成渝、西安等区域性金融中心的交流，围绕"金融改革""金融创新""金融服务实体经济"，定期开展金融业务研讨会，推进郑州区域性金融中心纵深发展，增强郑州区域性金融中心的影响力。

3. 加强国外金融合作

深化郑州—卢森堡金融战略合作，增强空中丝绸之路辐射力和影响力，实施"中欧班列（郑州）+"金融建设工程，推进陆上丝绸之路扩量提质，打造海上金融枢纽核心节点，实现海上丝绸之路无缝衔接，强化跨境电商金融平台建设，促进网上丝绸之路创新发展。郑州依托"四条丝路"，加强与沿线国家商贸的交流和合作，积极开展人民币结算、兑换等业务，参与离岸金融等活动，为人民币国际化作出一定贡献。

（五）加强宣传推介，提升金融中心的影响力

1. 依托互联网平台进行宣传

依托微信、微博、抖音、头条等互联网平台，加强对金融法律法规、政策条文的宣讲，在郑州定期开展"金融进社区""金融进农村"活动，加强对金融知识的普及教育，充分调动公众学金融、懂金融、爱金融的积极性，提高公众识别金融风险的能力，从而降低金融诈骗等现象的发生概率，确保区域性金融稳定。

2. 争取大型金融活动在郑举办

积极引导国内外金融峰会、论坛来郑举办，吸引金融高层次人才、专家了解郑州区域性金融中心、研究郑州区域性金融中心，为郑州区域性金融中心建设出谋划策。设立郑州区域性金融中心专项奖，围绕"郑州区域性金融中心发展的瓶颈""郑州区域性金融中心发展的挑战"向国内外学者探寻破题之法，对具有可操作性、可执行性的对策及时采纳，并给予提出者物质和精神奖励。

3. 积极参加国内外知名的金融活动

秉承"金融走出去"的理念，鼓励引导郑州金融专家人才与国内外知名的专家学者交流，探讨推进区域性金融发展的新思路和新路径，为郑州区域性金融中心发展谋篇布局。实施"金融机构走出去""金融监管机构走出去"行动，加快金融产品便捷化、高效化、安全化发展，提升金融监管现代化、专业化、时代化水平，确保郑州区域性金融中心"创新"与"安全"同行，"高效"与"稳定"并存。

（执笔人：李　猛）

专题五

培育壮大以郑州为核心的枢纽经济研究

摘　要：枢纽经济是交通枢纽和区域经济发展到一定阶段深度融合的结果，大力发展枢纽经济，推动交通区位优势转化为产业优势和经济发展优势，有助于加速提升郑州竞争力。本文首先分析了枢纽经济的内涵、发展规律和演变模式；其次，分析国内发展枢纽经济的主要做法，从国家和外省两个层面进行阐述，并得出经验启示；再次，深入分析郑州市枢纽经济发展的基础与面临的形势，梳理现阶段发展现状、存在的问题以及机遇与挑战；在此基础上，提出枢纽经济高质量发展的对策建议。

关键词：枢纽经济；交通一体化；对外开放；产业集聚

枢纽经济是交通运输与经济社会融合发展的时代产物，是一种新经济模式，伴随着综合交通枢纽的建设与发展，枢纽经济正在成为我国经济转型升级中的新动能和增长极。随着我国"一带一路"建设的深入推进和国际国内双循环新格局下，全国特别是内陆地区国际性枢纽型城市发展迅速。枢纽兴则城市兴，促进交通、产业和城市融合发展是枢纽经济发展的核心要义，因此以"枢纽—产业—城市"融合发展为理念，做活枢纽经济大文章，为郑州建设国内大循环的"引擎"和国内国际"双循环"的"枢纽"提供强有力支撑。

一　枢纽经济的内涵与演变规律

（一）枢纽经济的内涵

枢纽指的是关联事物之中的关键环节。常见的枢纽包括：交通枢纽、信息枢纽、水电水利枢纽、网络枢纽等，一些国家或地区依靠先天地理枢纽优势或交通枢纽的特点，促使当地经济快速发展，枢纽经济也可以促使各个地区协同发展。国内外学者对枢纽经济进行了系统的研究。Joseph Sarkis（2000）分析了美国主要机场的物流等运行效率，认为物流效率与当地经济发展具有密切关系。Davis（2002）研究交通枢纽对经济发展的影响，认为日本之所以能够迅速恢复至战前经济发展水平，是因为地理禀赋、交通区位等因素，枢纽起到了重要作用。孟令兴（2011）认为，枢纽经济实际可以称作最大化发挥交通枢纽或地理枢纽汇集疏散的代名词，吸引众多生产要素在当地，进一步促进本地产业发展，同时不断扩大经济统筹领域的经济形式。储东涛（2016）提出，"枢纽"叠加"经济"的组成体，就变成了我们提到的枢纽经济。交通枢纽经济是枢纽经济中最具代表性的一类，同时重点强调枢纽经济所具备的四种突出效应，分别是极化效应、扩散效应、开放效应和滚雪球效应。张芬芬（2017）指出，通过利用本地区的地理交通特点，可以大力发展枢纽经济，汇聚附近地区生产要素聚集，进而大力推动本地经济发展的一种经济形式。席悦（2018）发现，枢纽经济的高质量发展离不开多式联运，可以通过构建多式联运体系打造枢纽经济新引擎。通过上述讨论分析，可以总结为枢纽经济是依托交通枢纽等资源要素集聚载体，以集聚和辐射为特征，通过技术变革和制度创新，优化区域经济要素时空配置，重塑产业空间分工体系，从而提升经济运行质量效率的一种经济形态。汪鸣（2018）认为，枢纽经济是借助经济要素资源聚集平台，汇集、扩散、疏导商流、物流、资金流、信息流、客流等而形成的规模化产业发展模式，具有高度的供应链、产业链、产业集群化组织特征。

综上，枢纽经济是交通与经济融合模式创新的重要体现，一是以交通枢纽为核心的通道经济。"枢纽"可以是交通枢纽，也可以是信息、水利、水电等枢纽，但通常以交通枢纽为主；二是以二、三产业为主体的复合型、融合型经济。制造业、服务业、现代物流、信息服务及战略性新兴产业等行业相互交叉和融合；三是以数字经济、互联网等新技术加持的平台经济。随着新一代信息技术和数字经济加快发展和深度应用，基于产业链、集群化的电子商务、快递行业等新型业态的涌现，一些原先并不具有优势区位条件的城市，依托各种"经济流"组织平台，做到"买全球、卖全球"；四是以枢纽地区或枢纽城市为载体的都市圈经济和"双循环"流通经济。流通离不开交通，交通因流通而升级，"两通相通，融会贯通"，通过枢纽城市的极化效应、辐射效应，辐射带动整个都市圈，逐步形成连接东中西、贯穿南中北、通达海内外的国际国内双循环的重要节点。

由于各枢纽型城市的枢纽类型、基础条件和能级等存在差异，枢纽型城市所拥有的产业也各具特色，呈现出多元化局面，但总的来说，枢纽经济能够归结出以下几点基本特征：

第一，经济的高开放性。枢纽经济不是封闭型经济而是一种开放型、辐射型经济。枢纽经济的经济开放性特征是通过多种因素和各个方面的条件共同决定的。枢纽城市先天具有更为优势的地理位置，枢纽经济之所以能够形成，是因为交通枢纽的存在。内外通达的基础设施为经济开放性奠定基础，而内外互通的市场联系又进一步加快实现经济开放性。随着"互联网+"逐步推进，枢纽经济外向发散功能也在"通道+枢纽+网络"的枢纽运营模式的影响下，渐渐凸显出来。枢纽型城市与外部城市日益频繁的交通联系，能够逐渐形成区域内大市场，为枢纽型城市进一步开放提供内生发展动力，推进外向型经济繁荣发展。

第二，要素的强集聚性。枢纽经济本身是基于枢纽地区对资源要素进行优化配置的经济形态，属于流通型经济范畴。依靠交通枢纽等资源要素集聚、辐射，使得要素进一步集中，促进区域协调发展，加速经济与社会发展。都市圈交通系统重要节点的枢纽具有相对密集的要素流动，促使了频繁的经济和社会联系，因此创造了多重经济影响的枢纽经济现象，带动当地经济发展。根据枢纽规模和枢纽城市能级的不同，资源要素聚集效果也不尽相同，枢纽规模大、能级高的城市集聚要素能力越强，反之则会越弱。枢纽经济不断演进的过程之中，产业集聚是其发展之中的产物，枢纽经济演变到某种程度，就会发生产业集聚情况。

第三，产业的强辐射扩张性。对产业发展的辐射与带动作用是枢纽经济的重要功能之一。通常交通枢纽会引发枢纽经济的出现，吸引集聚产业、要素，从而形成产业集聚，对地区稳步繁荣产生催化效应，加之多种生产要素驱动，枢纽地区也因此建设成为枢纽城市。通过要素自由流动，提高要素供给质量，优化经济资源时空配置利用效率，并向前向后延伸形成高效率、低成本、全产业链的区域经济模式。枢纽经济与产业升级前的通道经济、转口经济所存在的最大不同点在于枢纽经济通过各种经济要素发展催生了多元化产业和业态，周边许多地区也因新生的产业业态的辐射带动效应而不断壮大。比如作为电商巨头的阿里巴巴，选择杭州为总部之后，杭州的经济通过资金流、电商流、信息流等方式，不断引领新的经济增长。

第四，产城的深度融合性。枢纽经济中一二三产业之间以及同一产业内的行业之间存在着目标指向综合枢纽的产业融合，而且伴随着数字经济的发展，枢纽产业融合还催生出更多新型业态，把商品设计、生产、信息、物流、多点存储、展示、消费者体验、购物等融为一体，把产城融合推向了新的高度。枢纽城市在经济计划和扩散中肩负着承接的任务，能够加速优化都市圈整体空间布局优化，有助于动态调整都市圈内生产要素的市场化配置。加快发展枢纽经济能够放大枢纽城市的枢纽效应，提高城市能级，加速促进枢纽城市和周围中小城市的产业互补与差异化发展。

（二）枢纽经济的发展模式

从国内外发展经验看，枢纽经济主要有以下4种发展模式。

1. 航空经济

航空经济是以航空枢纽为依托，以现代综合交通运输体系为支撑，以提供高时效、高质量、高附加值产品和服务并参与国际市场分工为特征，吸引航空运输业、高端制造业和现代服务业集聚发展而形成的一种新的经济形态。比如，美国孟菲斯选择了航空与物流相互促进的枢纽经济发展模式，主要特点是依靠机场带动物流、物流推动产业、产业促进城市发展。孟菲斯美国联邦快递（FedEx）将孟菲斯机场作为枢纽基地，联合包裹（UPS）、敦豪快运（DHL）等著名公司也在此设有分支机构，推动孟菲斯逐步扛起全球重要航空货运中心的大旗，2020年孟菲斯机场货运量达到461.34万吨，排名世界第一。四川成都作为国家级航空高技术产业基地，发挥研发制造航空发动机优势，集聚了一批军工集团和航空企业，成都临空经济示范区形成了以航空经济为引领，以电子信息、生物产业、绿色能源等高时效性、高附加值产业为支撑现代适航产业体系。同时成都市丰富的旅游文化资源，有力带动了旅游、酒店服务、汽车租赁等航空周边产业发展。

2. 高铁经济

高铁经济是依托高速铁路速度快、运力强、全天候的综合优势，促使资本、技术、人力等生产要素，以及消费群体、消费资料等消费要素，在高速铁路沿线站点实现优化配置和集聚发展的一种新型经济形态。高铁经济以高铁站区为载体，吸引商贸金融、电子商务、文化创意、信息技术咨询等关联产业聚集，大力发展总部经济和楼宇经济，构建高端商务商业圈，打造与站区经济、城市空间、产业发展联动融合的立体式复合型城市综合体。比如，法国高铁通车后，里昂市高铁站周边吸引大量巴黎公司设立分部，集聚了全市40%的商务办公楼。日本新干线开通后，传统的京滨、中京、阪神、北九州四大工业地连接形成"太平洋带状工业带"，新横滨车站周边集聚了以丰田、本田、日产、东芝、富士通等为代表的汽车、半导体、机床加工、精密仪器制造公司。

3. 陆港经济

陆港经济是指内陆地区通过建设枢纽口岸，促进沿海港口功能向本地转移，以此带动产业集聚发展，形成以传统生产制造业产业链延伸和价值链提升为主要特征的枢纽经济区。在"一带一路"战略背景下,陆港不仅是实现沿海沿边和内陆衔接的主要桥梁,也是将区域贸易推向全球的重要引擎。国内一些内陆城市聚焦畅通运输环节、提高物流效率、促进产业聚集,形成了各具特色的陆港发展模式。比如,西安高标准建设西安国际港站,实行"物流+贸易+产业"模式,发展现代物流、电子商务、现代金融等临港产业,引进招商局物流、马士基等知名行业龙头企业,注册电商企业超过2200家,汇聚供应链金融、融资租赁、商业保理等企业237家。重庆重点推进渝新欧班列建设,利用长江黄金水道发展铁、公、水、空多式联运,打通立体对外出口大通道,开行跨区域合作中欧班列,依托口岸大力发展高端制造业,引进惠普、华硕等国际龙头企业入驻,形成"品牌+代工+配套企业"的电子信息产业集群。

4. 港口经济

航运具有通用性强、客货两宜、运输成本低、运量大等特点,是远距离大宗货物运输的主要方式。港口经济以港口为中心,以港口城市为载体,依托海洋或内河运输发展港航、临港工业、商贸、旅游等相关产业。比如,荷兰鹿特丹港区通过内河航运、公路、铁路与国际航运相配合,辐射半径达到8000公里,涵盖英国、德国、瑞士等国主要工业区,形成了集装箱运输、石化、食品深加工、高端服务业四大产业集群,对当地和全国GDP贡献度分别超过40%和10%。鹿特丹港强化了海洋经济的辐射能力,选择了大力发展临港产业促进陆海统筹和港城融合的发展模式。产业集聚发挥巨大效应,使得鹿特丹港口产业深度融合腹地经济,港口物流业市场和产业竞争力也随之进一步深化。内河港口是连接内陆腹地和沿海港口的重要枢纽,一些内陆城市通过建设港口、打通航道、发展航运,积极融入全球产业链,为区域经济发展注入了新的动力,比如,安徽芜湖借力全省港口一体化、港航协同化发展的优势,重点发展物流运输、船舶交易、航运金融、法律服务等,吸引奇瑞新能源汽车、海螺集团、新兴铸管、中联重科等一批具有全球竞争力的重点企业,芜湖港为安徽省进出口企业融入长三角、融入国际市场,提供了一条"高效、快捷"的物流大通道。

(三) 枢纽经济的演变规律

枢纽经济从产生到现在，其形态经历了几个阶段的演变过程，可以说是从单一性升级至多元化发展。枢纽经济是以交通物流枢纽为主要功能而兴起，依靠铁路、公路、机场、港口等交通枢纽而壮大，随着交通枢纽的日益繁忙，产业枢纽逐渐产生，交通枢纽与枢纽型产业发生巨大化学反应、枢纽型城市也由此向纵深延伸。

1. 初级阶段——交通物流功能

枢纽经济现象在我国很早时期就出现过，中国古代的驿站、码头、港口等交通节点频繁发生货物交易，进一步推进附近区域贸易和加工业繁荣的场面，都是早期枢纽经济的雏形。交通枢纽能够吸引各类要素资源，产生集聚和扩散效应，是枢纽经济最基础的形态。随着交通枢纽作用的日益凸显，通过打造多种交通运输方式于一体的综合枢纽，总体运输效率逐步提升，物流枢纽也应运而生，成为枢纽经济的主要功能和枢纽城市发展新的增长极。物流枢纽是实现互联互通的重要抓手，物流功能为城市经济可持续发展提供市场资源和恒久活力，从而促进产业高度集聚、优化产业结构。

2. 成长阶段——以交通枢纽形成产业枢纽

枢纽产业是枢纽经济发展的核心，枢纽产业不断壮大、日益变强，枢纽经济才能依靠产业支撑开展稳定向好发展。21世纪以来，枢纽的重要性日益凸显，特别是在交通运输业不断壮大、加快城市经济蓬勃发展的阶段，交通与产业充分融合的枢纽经济发展模式应运而生。在枢纽产业中，最先发展起来的是枢纽基础产业，主要包括运输、装卸、仓储、物流等。随着时间的推移，枢纽产业不断发展而带来的枢纽核心产业集聚，主要是一些具有指向性的制造业。当然，交通枢纽进一步汇聚商流、物流、资金流和信息流，枢纽经济也由早期仅仅依靠物流、商贸等领域逐渐变身成为聚焦以人为本的知识密集型产业，如金融保险、贸易、旅游、咨询等。枢纽经济产业的高级阶段是当代服务业，以信息、研发设计为主。创造了新的发展范式,形成了经济产业集聚区,发挥集聚效能,促进产业发展。

3. 成熟阶段——产业枢纽与城市进一步融合,形成产城融合带动城市发展

枢纽经济发展到一定阶段之后,逐渐模糊产业和地域之间的界限,往城市附近或边缘蔓延开来,形成产城融合的"枢纽之城"。枢纽功能拓展和枢纽产业链延伸,枢纽区域逐渐发展成为集就业、宜居、文化、生活、生态为一体的城市空间。产业和城市相互促进,相互成全,产生合力,城市为产业打造稳定发展环境,聚集人才资源,产业为城市注入发展动力,提供资金支撑,放大产业对城市的推动作用。通过产业枢纽以城市为基础,承载产业发展空间,进一步提升土地价值,以达到产业、城市、人之间有活力、持续向上发展的模式。假设我们站在更高深次分析枢纽经济如何充分融合城市发展,可以发现交通走廊的存在,能够加速枢纽经济从单城市逐步延伸至城市群,甚至融入进都市圈,最大程度将资源合理化分配整合,在宏观层面上,打造出较为系统的枢纽经济体系,对区域经济快速腾飞发挥催化剂的作用。

二 国内发展枢纽经济的主要做法

(一) 国家发展枢纽经济的概况

在我国进入新发展格局背景下,亟待建立现代流通体系,打通循环堵点,实现"双循环",枢纽经济则是重要的突破口,一方面发挥着连接、集散、运输的基础作用,另一方面通过依靠人流、物流、资金流、信息流的集聚优势,积极推进产业聚集区建设,交通与产业充分融合的枢纽经济发展模式成为主流。近年来,我国高度重视枢纽经济发展,《交通强国建设纲要》《国家综合立体交通网规划纲要》都提出将发展枢纽经济列为重点任务。我国有关于枢纽经济的政策规划逐步印发,为我国枢纽经济向好发展指明方向以及具体实施路径,也为各省、市、自治区的枢纽经济发展目标和规划提供借鉴。

表 6-1　　　　　　　　我国发展枢纽经济文件及主要内容

时间	名称	主要内容
2018 年 9 月	国家发改委与交通部联合发布《国家物流枢纽布局和建设规划》	公布了 127 个国家物流枢纽承载城市名单，并明确提出到 2025 年，将布局建设 150 个左右国家物流枢纽
2019 年 9 月	中共中央、国务院印发《交通强国建设纲要》	建设一批全国性、区域性交通枢纽，推进综合交通枢纽一体化规划建设，提高换乘换装水平，完善集疏运体系，大力发展枢纽经济
2021 年 2 月	中共中央、国务院印发《国家综合立体交通网规划纲要》	建设综合交通枢纽集群、枢纽城市及枢纽港站"三位一体"的国家综合交通枢纽系统，大力发展交通运输平台经济、枢纽经济、通道经济、低空经济
2021 年 7 月	国家发展改革委印发《国家物流枢纽网络建设实施方案（2021—2025 年)》	培育发展枢纽经济通道经济，打造经济和产业发展走廊
2022 年 1 月	交通运输部、国家铁路局、中国民用航空局、国家邮政局、中国国家铁路集团有限公司联合印发《现代综合交通枢纽体系"十四五"发展规划》	要着力推进枢纽转型发展，推动"枢纽+"产业深度融合，鼓励发展临空经济、邮轮和临港经济、临站经济等新业态
2022 年 4 月	《中共中央国务院关于加快建设全国统一大市场的意见》	通过现代科技和管理技术的运用，大力发展电子商务、连锁经营、物流配送等现代流通方式，促进商品和各种要素在全国范围自由流动和充分竞争

资料来源：根据国家有关文件整理。

（二）外省发展枢纽经济的主要做法

近年来，国内发达省份或城市依托自身交通区位、资源禀赋、产业基础等独特优势，积极打造枢纽经济新高地，培育高质量发展新动能，这为郑州市枢纽经济发展提供了示范作用。

1. 南京市

南京市 2021 年 11 月出台《南京市"十四五"枢纽经济和现代物流业发展规划》，提出目标打造国家枢纽经济创新先导区和长江经济带重要的资源配置中心。一是打造枢纽设施高能级。枢纽设施现代化水平不断提高，通达能力显著增强。南京深入拓展民航国际客运航线网络，基本实现 1 日联通全球，与东北亚和东南亚主要城市形成"4小时航空交通圈"。持续打通跨区连接道路，加密地铁线网，全力消除都市圈高速公路"断头路"。南京区域性航运物流中心启动建设，形成了直达日韩及国内主要港口的集装箱国际国内干线网络，实现与欧美地中海三大国际远洋干线无缝衔接。国际铁路班列发展提质增速，通达全国的"米"字型高铁网络加快构建，高铁动车通达省内所有设区市、全国24个省会城市。二是培育智能高效多式联运绿色工程。推进南京港多式联运示范工程建设，强化南京港铁水联运功能。研究中欧班列开展跨境电商业务，多元化进行南京公铁水国际多式联运业务。提升南京禄口国际货运服务功能，培育发展空陆联运模式。引进跨境电商企业等具有全货机业务能力的快递企业，应重视突出航空物流的地位。支持企业采购新能源汽车开展工作作业，支持物流园区全方位应用绿色建筑材料、推广节能技术和设备、能源合同管理等。绿色供应链也是企业在经营过程中十分重视的，带动上下游企业发展绿色供应链，极大化实现绿色可回收包装全覆盖。三是建设营商环境高标准。枢纽经济区先后获批南京港口型（生产服务型）国家物流枢纽、南京临空经济示范区、中国（江苏）自由贸易试验区南京片区、南京空港保税物流中心（B型），建立7×24小时预约通关机制，推广应用国际贸易"单一窗口"国家标准版，完成边防出入境自助通道建设。现代物流业获批江苏省智慧物流试点城市，南京港智慧型港口、多式联运示范项目获批国家示范工程，南京龙潭综合物流园获批国家示范物流园区，苏宁云仓被评为国家智能化仓储物流示范基地，发布《推动物流业降本增效促进实体经济发展的实施意见》。

2. 武汉市

湖北省十二次党代会提出，全力打造国内国际双循环枢纽，加快建成引领先行区发展的新枢纽功能体系。一是在交通枢纽发展上发力。打造内陆开放新高地，迎接培育国际综合交通枢纽城市的机遇，特别是在大型陆海通道和国际航空通道方面，要重点关注投入和支持，尽量将物流成本降至最低，物流通道效率提至更高，物流体系更加多元。积极融入国内国际双循环战略，为战略打造奠定基础。武汉市以建设便捷城市圈、打造1小时通勤圈为目标，以推进基础设施互联互通为重点，以"七环二十四射多联"高快速路网为骨架，依托高速公路、国省干线构筑主通道，加快建设和完善综合交通体系。做强多向拓展、内畅外联的中部陆海大通道，构建链接全球、覆盖广泛的航空客货运输大通道。加快提升中欧班列（武汉）跨境通达与集散服务能力，构建形成联通欧洲、覆盖中亚、衔接日韩、连接东盟的中部陆海国际大通道。着力建设航空国际大通道，完善空中通道体系，天河机场和花湖机场客货运齐头并进，持续推动航线分布合理化，深化洲际货运航线发展，增加中短程货运航线密度，积极推动"联通世界、全面辐射"的航空国际大通道建设。二是在产业融合上下功夫。通过枢纽和交通的建设，引导武汉及城市圈特色优势产业集群集聚发展，促进湖北和武汉的汽车、机电、纺织、医疗、粮食等重点产业充分对接国际产能，加快发展现代物流、国际商贸、高端服务、先进制造等临港临站产业，打造产业融合发展走廊，强化交通、枢纽、产业协调可持续。武汉是全国重要的工业重镇、科教基地、国家自主创新示范区和全面创新改革实验区，加快构建现代高端产业和自主可控产业链。三是在提增有效投资与消费上久久为功。通过加快培育建设国际消费中心城市，实施城市更新行动，以"新城建"对接"新基建"，提升城建现代化水平和运行效率，释放城市发展潜能，发挥"新城建"撬内需、稳增长、育动能的抓手功能，为更好地应用新技术、融合新智造、拉动新服务、提升新消费、集聚新产业、催生新业态，建立坚实的城建基石。在消费方面，扩大重点行业消费。迭代升级消费业态和模式，特别是企业的数字化转型尤为重要，鼓励商圈和商业企业加快步伐，推荐实体企业重点在推广社区营销、发展直播带货和云购物上下功夫。升级优化夜间经济，聚力打造"长江夜游""东湖夜游"等不同类型的路线，推行以"夜上黄鹤楼"为典型代表的夜游项目，总计各式各样的项目共 30 个，举力将夜江城在全国、甚至于全世界打造成知名品牌。

3. 重庆市

2022 年 5 月，重庆市提出，全力建成内陆国际物流枢纽和口岸高地，初步形成"一带一路"、长江经济带、西部陆海新通道联动发展的战略性枢纽。2021年10月出台《重庆市综合交通运输"十四五"规划（2021—2025年）》。一是加快完善综合立体交通网络。郑渝高铁全线开通后，重庆"米"字型高铁网络正加速形成。全国主要城市实现3小时可达。成渝双核间实现1小时到达，成渝双核至附近主要地区做到1小时互通，成渝地区毗邻城市1小时互通互达，成渝都市圈做到1小时通勤。重庆市域内高铁全覆盖，实现2小时畅行；主城都市区轨道交通全覆盖，实现1小时通勤；主城都市区至周边主要城市高铁、城际铁路全覆盖，实现1小时可达。城区15分钟上高速公路、20分钟上铁路、60分钟到机场，除部分边远地区外，城区到乡镇60分钟内可达。交通基础设施通达率明显提高，出行全链条进一步便利化、快捷化，"123出行圈"规模已初步形成。公路方面，重庆将建好"三环十八射多联线"高速公路布局，持续提质普通干线公路，加快推动"四好农村路"向进村入户倾斜，着力打通"断头路"、畅通"微循环"。水运方面，重庆将建好"一干两支六线"航道网和"三枢纽五重点八支点"港口体系，打造"支流转干流、小港转大港、大港通海港"发展格局。航空方面，将在全球层面建好"城市双枢纽协调、成渝四大机场联动"的机场集团，打造国际航空门户枢纽。加快建设中心城区国际性综合交通枢纽，打造万州全国性综合交通枢纽，支持合川、永川等打造区域性综合交通枢纽，形成"1＋1＋6＋22"的多层级一体化综合交通枢纽体系。二是完善多式联运体系。重庆联合成都开创全国首个两地合作的中欧班列（成渝），对促进全国中欧班列实现"干支结合、枢纽集散"发挥示范引领作用。提高多式联运承载能力，畅通综合运输大通道。强化规划统筹引领，提高交通基础设施一体化布局和建设水平，构建重庆综合立体交通网对外运输大通道。做大做强南向西部陆海新通道，巩固强化西向丝绸之路经济带通道，优化提升东向长江经济带通道，培育壮大北向中蒙俄通道，强化航空物流大通道，全力支撑重庆打造西部国际综合交通枢纽和国际门户枢纽。加大吸引多式联运市场参与者。深入推进国家多式联运示范项目建设，探索共建成渝地区双城经济圈多式联运体系。三是拓展完善开放口岸体系。合理布局开放口岸和具有口岸功能的开放平台，构建"一枢纽、两中心、多节点"的开放口岸体系。"一枢纽"，即重点打造主城枢纽口岸，推动重庆航空、水运、铁路口岸及公路物流基地组团发展、抱团发展，形成各具特色、错位发展的良好口岸发展环境。"两中心"，即以万州机场、万州港为引领的渝东北口岸发展中心，以黔江机场为支撑的渝东南口岸发展中心，进一步提升当地口岸开放发展水平；"多节点"，即重点在全市15个区县规划布局16个具有口岸功能的开放节点，满足各区县个性化、差异化开放需求，便利进出口企业就近清关。

4. 天津市

天津交通"十四五"规划提出，到2035年基本建成便捷顺畅、经济高效、绿色集约、智能先进、安全可靠的现代化高质量综合立体交通网；面向全球，支撑构建双循环发展格局，建成世界一流智慧绿色枢纽港口。一是重点培育国家物流枢纽城市。天津市构建以天津航空口岸大通关基地为核心的物流枢纽信息大数据平台，提供实时数据展示、全流程可追溯的"平台支撑运行体系"。另外，天津加强冷链物流储运销标准在京津冀地区的推广应用，致力于构建北方国际冷链物流仓库，聚焦开展京津冀生鲜农产品业务，培育1小时冷链配送圈。以建设国际航空物流中心为目标，充分利用沿海城市的港口功能，借助区位优势，在国际上打响空港型物流枢纽的名牌，发挥航空物流扩散范围和自贸区试点优势。在特色临空产业方面，天津着力完善供应链服务平台，聚焦构建"4＋1＋4"模式的"通道＋枢纽＋网络"物流设施空间布局体系。二是推进智慧绿色港口建设。在智慧港口建设领域，天津港以优异的成绩享誉全球，"津港效率"也在世界范围内崭露头角。天津港主动调整运输结构，推广矿石与煤炭"满载来、满载走"的绿色运输模式，大力推进零碳港区、零碳港口建设。天津市顺利并网发电的北疆港区C段码头智慧绿色能源系统是我国港口首个"风光储荷一体化"智慧绿色能源项目，能够做到绿电100%自主供应、全程零碳排放。未来，天津港计划在零碳排放领域深耕细作，全面打造零碳港区以及零碳港口，全面开采绿色能源，逐步开展防波堤集中式风电和港

· 183 ·

区内分布式风电、光伏发电系统建设。三是进一步扩展开放的广度和深度。天津自贸试验区围绕制度创新,助推特色产业发展,积极开展首创性、差异性改革创新,为制度创新赋能产业发展探索了新路径,创造了新经验。全面推动差异化改革创新,为制度创新和赋能产业发展增添新路径、创造新方法。充分利用自贸区先行先试作用,开展改革性创新实践和探索性试验,拓展服务业扩大开放综合试点深度,培育一批高质量示范园区。不断提升发展层级,加大金融领域创新、深化投资、高新技术产业发展、数据互联互通等方面交流,高质量完成通关一体化、金融一体化和跨境贸易一体化。特别是在金融开放创新方面,天津自贸试验区在全国首创"数字仓库+可信仓单+质押融资+大宗商品市场+场外风险管理"五位一体供应链金融创新体系。此外,天津自贸试验区发布了全国首个省级ESG评价指南及成果,助力绿色金融标准体系建设,提升企业融资能力。

(三) 经验启示

通过分析国内枢纽经济的成功做法,可以总结以下几点启示。

一是做好枢纽经济发展的总体纲领。坚持区域"一张网"、全路"一盘棋"。模糊行业间和区域间的边界线,充分消灭屏障,利用全方位、多层次交通枢纽优势,极大化融通人流、物流、资金流、信息流,释放出巨大潜能。应以国家总体枢纽经济规划为政策指引,重点突出本土化、合理化、科学化的要求,制定出枢纽经济规划纲要,大体方向与总体规划保持一致,又要融入当地基本概况,同时重视不同功能枢纽的专项规划,协同推进综合规划和专项规划的实施,最大化发挥政策叠加优势。

二是夯实枢纽经济发展基础。紧紧抓住数字化、智能化、国际化发展的衍生机遇,充分运用多式联运这条路径指引,积极推动航空、铁路、公路、产业协调可持续,着力打造枢纽经济郑州升级版。重点培育,多点带动,打造线上线下枢纽优势,培育新经济增长点,全力打造多元化网状发展新格局。抢抓郑州国际性综合交通枢纽的机遇,充分突出国际铁路、航空货运、邮政快递等枢纽优势。辅之以区域性枢纽,着力打造多元化、全方位立体枢纽,为枢纽经济发展奠定坚实根基。加快资源要素流动效率,利用基础设施高水平互通、运输领域无障碍通道,集聚服务业,将省级枢纽经济与"一核四区"对接,扩散至京津冀、长三角、粤港澳、成渝等城市群,加速四通道经济带的形成和发展。

三是培育枢纽经济偏好型产业。经济发展,基础在实体,支撑在产业。发展枢纽经济要紧紧抓住建设综合交通枢纽这一契机,智能化提升枢纽经济服务平台,不断壮大枢纽优势产业队伍,充分发挥枢纽功能区作用,着力打响郑州枢纽经济主导产业品牌影响力,推动枢纽经济偏好型产业繁荣发展。参考多元交通方式的技术经济现状、地理区位特点、产业条件和发展趋势,科学化选择一批基础现状排名靠前、区域风格突出、交通经济融合度较高、未来产业发展前景较广阔的产业,并将其融入全方位、多元化的区域和全球产业链分工体系。

四是高标准营造枢纽经济发展生态。加快对外贸易优化升级,实施出口品牌战略,大力培育自主品牌。着力形成服务外包、文化、教育、中医药、知识产权、创意设计等服务新优势,推动服务贸易数字化。加强与全球主要国际金融中心交流,加大与"一带一路"沿线国家文化交流与合作。

三 枢纽经济发展基础

(一)发展现状

1. 交通集疏网络逐步完善

铁路方面。郑徐、郑万、郑阜、商合杭、太焦高铁相继开通运营,郑州至济南、菏泽至兰考高铁加快建设,米字形高速铁路网和"四纵五横"大能力货运铁路网基本形成,铁路营业里程达到6518公里,其中高速(含城际)铁路1979公里。民航方面。郑州机场二期工程建成投用,三期北货运区工程加快建设,信阳明港机场建成通航,安阳机场开工,全省取证(备案)及在建通用机场达到11个,"一枢多支"现代化机场群加快构建,目前全省共开辟客货运航线296条,通航城市177个,初步形成了横跨欧美亚三大经济区、覆盖全球主要经济体的国际枢纽航线网络，2020年全省完成客货运吞吐量分别达到2405.8万人次、64.1万吨。公路方面。2021年全省高速公路通车总里程将突破8000公里。省际出口32个，二级以上公路里程占比69.7%，所有高铁站、机场、港口和省级产业集聚区实现二级及以上公路连通，所有县城实现15分钟上高速。国际性综合交通枢纽方面。郑州入选陆港型、空港型、生产服务型、商贸服务型国家物流枢纽。2021年，空中丝绸之路货邮吞吐量70.47万吨，同比增长10.22%，连续5年位居中部第1，全国第6；连续两年跻身全球货运机场40强，新开通7条国际定期货运航线；陆上丝绸之路，开行班列2002班，货重121.83万吨，增长68.25%。网上丝绸之路，跨境电商交易额增长17.35%，并获批全国首个跨境电子商务零售进口药品试点。海上丝绸之路，海铁联运线路6条，到发17930标箱，增长18.6%。

表6-2　　　　　　　　2020年国内主要枢纽机场建设情况

机场	航站楼数量及面积（万平方米）	跑道（条）（现状/规划）	客运量（万人次）	客运排名	货运量（万吨）	货运排名
北京首都	3（141.4）	3/5	3451	5	121.0	4
北京大兴	1（70）	4/6	1609	17	7.7	35
上海浦东	3（138.4）	4/8	3048	9	368.7	1
广州白云	3（141.2）	3/5	4376	1	175.9	2
成都双流	2（48.8）	2/2	4074	2	61.8	7
成都天府	1（67）	3/6	—	—	—	—
深圳宝安	2（59.7）	2/3	3792	3	139.9	3
重庆江北	3（73.7）	3/4	3494	4	41.1	8
昆明长水	1（54.8）	2/5	3299	6	32.5	12
西安咸阳	4（108.12）	2/5	3107	8	37.6	10
杭州萧山	1（36.6）	2/4	2822	10	80.2	5
郑州新郑	2（61.4）	2/5	2141	11	63.9	6
南京禄口	2（37.8）	2/5	1991	12	38.9	9

续表

机场	航站楼数量及面积（万平方米）	跑道（条）（现状/规划）	客运量（万人次）	客运排名	货运量（万吨）	货运排名
长沙黄花	2（26.4）	2/4	1922	13	19.2	15
厦门高崎	4（23.78））	1/1	1671	14	27.8	13
厦门翔安	1（55）	3/4	—	—	—	—
武汉天河	3（53.48）	2/5	1280	23	18.9	16

数据来源：中国民航局、民航资源网。

2. 枢纽产业发展态势良好

交通运输业快速发展。2021年，郑州市交通运输业各种运输方式完成货物周转量821.2亿吨公里，比上年增长16.0%；交通运输业各种运输方式完成旅客周转量213.9亿人公里，比上年增长11.1%。郑州新郑国际机场业务量完成较好，全年完成货邮吞吐量70.5万吨，全国客货吞吐量排行第6，同比提高10.2%；郑欧班列开行1508班，增长33.9%，进出口货值60.3亿美元，增长41.0%。物流业发展势头良好。2021年河南省交通运输仓储和邮政增加值排名全国第4，交储邮业增加值3378亿元，较2020年增长18.7%；郑州共培育A级物流企业128家，其中5A级物流企业9家，4A级物流企业66家，3A级物流企业49家，2A级物流企业4家。

表6-3 2021年全国客货吞吐量排行前15名

排名	机场	旅客吞吐量（万人次）	排名	机场	货邮吞吐量（万吨）
1	上海/虹桥+浦东	6533.6	1	上海/虹桥+浦东	436.6
2	北京/首都+大兴	5770.1	2	广州/白云	204.5
3	成都/双流+天府	4447.9	3	深圳/宝安	156.8
4	广州/白云	4023.1	4	北京/首都	140.1
5	深圳/宝安	3634.2	5	杭州/萧山	91.4
6	重庆/江北	3575.2	6	郑州/新郑	70.5

续表

排名	机场	旅客吞吐量（万人次）	排名	机场	货邮吞吐量（万吨）
7	昆明/长水	3222.2	7	成都/双流	62.8
8	西安/咸阳	3017.8	8	重庆/江北	47.7
9	杭州/萧山	2815.8	9	西安/咸阳	39.6
10	长沙/黄花	1998.0	10	昆明/长水	37.7
11	武汉/天河	1980.5	11	南京/禄口	35.9
12	郑州/新郑	1895.0	12	武汉/天河	31.6
13	南京/禄口	1759.9	13	厦门/高崎	29.8
14	海口/美兰	1751.2	14	青岛/胶东	23.8
15	贵阳/龙洞堡	1694.7	15	长沙/黄花	20.9

数据来源：中国民航局、民航资源网。

3. 枢纽产城融合进程加快

注重交通与产业、城市的跨界融合，以交通支撑产业发展，以产业推进城市建设，以城市建设促进产业发展，高标准建设融合共进的现代枢纽功能区。以郑州航空港实验区为例，坚持"产城融合、集约紧凑"发展原则，按照"北城、中流、南工"的功能布局，统筹产业布局、人口分布、资源利用和基础设施建设，高水平推进城市功能区连片综合开发，打造绿色宜居的生活环境、集约有序的城市空间，形成空港、产业、居住、生态功能区共同支撑的国际化绿色智慧航空都市，城市综合承载力显著提升。截至2020年底，航空港实验区基础设施建设完成220平方公里，建成区面积达到100.86平方公里。园博园、双鹤湖、苑陵故城三大城市公园建成开放，绿化面积超过3200万平方米，建成区绿化覆盖率达到31%。加大教育、医疗等公共服务投入，建成各类学校198所，各类医疗卫生机构237个，省立医院、郑州市第一人民医院、郑州一中、郑州财经学院等一批优质医疗、教育资源落户入区，全区公共服务供给水平大幅提升。

4. 政策支持力度持续加大

多重国家战略和省级规划的叠加下，政策支持的大背景下不断加强枢纽优势向枢纽经济优势转化。河南省先后出台《河南省"十四五"现代综合交通运输体系和枢纽经济发展规划》《"十四五"现代物流业发展规划》《加快现代物流强省建设的若干意见》《支持现代物流强省建设的若干政策》等相关文件，培育物流新优势，强化形成"通道+枢纽+网络"的现代物流运行体系，打造国际综合交通枢纽。发挥中国（河南）自由贸易试验区制度性创新试验田作用，完善特殊监管区域和功能性口岸分布，在软硬件设施建设方面下狠劲，更大力度推进通关更加方便快捷，投资更加开放顺畅，加快整合资源、促进要素顺利流动，在全球范围内聚集更多高水平生产要素和高端市场资源。

（二）存在问题

1. 枢纽建设仍存在不足，面临枢纽地位相对弱化、先发优势丧失的风险

一是综合运输通道布局有待优化。高效联通长三角地区的东向通道不足。亚欧大陆桥、京港澳等主通道部分区段能力饱和，省际、市际间还存在不少断头路。福建、安徽、江苏、江西、河北5省已实现市市通高铁。二是交通网络能力相对不足。高速铁路、高速公路里程排名分别下降至全国第7位、第8位（2006—2013年居全国第1位），路网密度分别居全国第12位、第10位；全省仅有4个运输机场，内河航运未深入腹地。三是枢纽组织功能亟需提升。交通枢纽更多承担过境集疏功能，引流、驻流能力不足，客货"始发终到"集聚效应有待提升，郑州铁路发送量低于北京、上海、广州、武汉等国家中心城市，郑州国际陆港面积远小于成都和西安，郑州机场航空产业支撑薄弱、缺少大型物流集成商。

表6-4　　　　2020年部分省份铁路、高速铁路、高速公路概况

省份	铁路里程（公里）	路网密度（公里每平方公里）	路网密度排名	省份	高速铁路里程（公里）	路网密度（公里每平方公里）	路网密度排名	省份	高速公路里程（公里）	路网密度（公里每平方公里）	路网密度排名
内蒙古	14277	1.21	25	安徽	2329	1.66	5	广东	10690	5.95	4
河北	7870	4.17	6	广东	2137	1.19	11	云南	9000	2.31	23
新疆	7830	0.47	29	辽宁	2106	1.42	9	四川	8000	1.65	25
山东	6887	4.36	5	山东	2090	1.32	10	河北	7775	4.12	12
黑龙江	6781	1.43	24	江苏	2062	1.92	3	贵州	7604	4.32	9
辽宁	6628	4.48	4	湖南	1986	0.94	14	山东	7473	4.73	7
河南	6518	3.9	8	河南	1979	1.19	12	湖北	7433	4	13
山西	6247	3.99	7	江西	1898	1.14	13	河南	7100	4.25	10
湖南	5630	2.66	20	福建	1866	1.51	6	内蒙古	6985	0.59	28

数据来源：根据各省份统计年鉴整理。

2. 枢纽偏好型产业发展缓慢

枢纽偏好型产业对交通枢纽的位置、硬件和软件条件、分布能力十分敏锐，一般位于港口、机场、高铁等地区，与交通枢纽的整体分布有着很大程度的联系。枢纽型产业支撑力度不足，凭借铁路枢纽优势、人口优势逐步壮大起来的郑州，枢纽产业面临较多考验和挑战，具体来说有着多元结构未形成、规模小、层次低、功能相近等情况。一是临空产业结构单一。智能终端产业"一家独大"，增加值占港区规模以上工业的90%以上，且企业多处在来料加工和组装等初级产品阶段，与成都、西安、广州等临空经济示范区相比，航空关联度较高的高端制造业和高新技术产业规模偏小，生物医药、精密机械等航空偏好产业发展相对滞后，郑州机场出口货物中我省货源占比较低。二是高铁经济拉动效应有限。全省除郑州东站商务区初具规模以外，其他高铁枢纽的商务区还在建设中。全省新兴服务业规模较小，除金融业增加值占第三产业增加值比重达到11%以外，信息技

术、商务服务、科学研究和技术服务业的比重均不足5%。三是临港经济产业链条较短。周口港、淮滨港等临港经济目前仍以仓储物流产业为主，农产品加工、钢铁制造等产业项目还处在建设之中，对产业链上下游及关联配套产业延伸和吸引不够，集聚效应尚未形成。

3. 要素支撑能力不足，枢纽的"放大器"功能尚未充分发挥

引领型企业缺乏，本土物流和平台经济企业仍处于培育发展阶段，整体规模小、带动能力不强，同时在我省运营的货代企业和平台经济企业都是分公司或办事处，尚未在我省设立区域性分拨中心和区域总部。从2021年全国快递、同城配送、冷链、供应链等领域具有较强影响力的185家企业总部所在城市看，北京25家，上海60家，深圳45家，杭州9家，广州11家，南京3家，郑州4家（UU跑腿、云之扬、鲜易供应链、冷链马甲），成都3家，其他城市合计25家。人才吸引力不足，枢纽经济作为新经济、新业态的典型代表，对其功能和作用机理的研究还不够系统深入，既了解产业发展又熟悉枢纽建设的复合型人才和企业家十分短缺；空港、高铁、河港在居民生活、教育医疗等公共服务配套建设落后，难以吸引企业和人才落户。

4. 发展体制机制有待进一步创新

总体系统规划缺乏。引导枢纽经济发展的顶层设计还尚未形成，目前全国许多省市都致力建设国际化现代综合交通枢纽，并陆续提出加大建设枢纽经济力度，但是由于缺乏有关专业性认识、参考借鉴经验有限，发展经验缺乏等原因，枢纽经济发展总体规划滞后、发展无序等现象比较突出，还未形成体系化的总体发展规划。城市与枢纽、枢纽与枢纽、中心与产业、枢纽与环境之间的关系，以及它们发展的协同效应，需要依靠整体规划系统地、前瞻性地加以解决。各城市枢纽经济发展，存在单打独斗、各自为战的现象，导致产业布局重复，同质竞争严重，没有体现枢纽经济应有的层级性特征，难以实现向心发展、错位发展、互动发展的整体合力。都市圈交通一体化水平亟须加强。近年来郑州都市圈建设逐渐展现向好发展趋势，但当前都市圈内交通基础设施存在发展步调不一致的现象，

依旧存在城市间一体化程度普遍不高、协同发展体制机制不健全等问题，因此推进交通一体化水平需要摆在重中之重的位置，要积极加大郑州都市圈城市紧密联系，交通网络布局，做到区域经济协调发展。发展环境有待提升。促进公平竞争、放宽市场准入等方面仍有短板，制约商品及资金、技术等要素流动的壁垒依然存在，跨境资金流通、资金结算等问题尚未得到根本破解，口岸管理信息化水平和通关便利化程度仍需进一步提高。

总的来看，郑州交通"流量"虽大，但"留量"小，以"过境"为突出特点的郑州高铁、航运存在一定问题，整体呈现大进大出、快进快出的局面，要素集聚并未发生较强的积极效应。吸引人流和物流到达于此，也并未充分利用好其优势，无法最大程度转换成资金流、信息流和技术流的集合优势。交通系统、物流枢纽与区域、城市和行业的互动和整合能力尚还不足。此外，短时间内的疫情防控将慢慢削减人流和物流的先发优势，郑州重塑枢纽经济新优势迫在眉睫。

四 推动枢纽经济发展的对策建议

坚持把发展枢纽经济作为推动郑州乃至全省交通区位传统优势向产业综合竞争优势加速转变的关键举措，以航空、铁路为牵引，以高速公路、干线公路、农村公路为支撑，以内河水运为补充，加快建设功能完善的交通枢纽、便捷畅通的交通网络、优质高效的服务平台，强化资金、土地、人才、信息、技术等高品质要素集聚，大力发展现代物流、总部经济、电子制造、高端装备、生物医药等枢纽偏好型产业，促进交通、产业和城市融合发展，走出一条具有河南特色的"大交通、大枢纽、大物流、大产业、大都市"发展之路，打造区域竞合发展新优势。

（一）以"四条丝路"为引领，打造链接国内外的枢纽经济网络

枢纽经济绝不仅仅取决于交通、物流设施、平台载体等建设，必须防止和纠正"重交通、轻经济"、"重硬件、轻软件"倾向，紧抓数字经济、

智慧城市发展机遇，建设"实体+云上双枢纽"。

1. 提升"四条丝路"协同发展水平

着眼城市发展需求织密枢纽网络，对交通能级进行更大力度、更优质量的改造、更新、提升，大力推动"四条丝路"协同发展，在协同联动和制度创新上持续发力。深入推动"网上丝绸之路"与"空中丝绸之路"高效联动，实现跨境电商业务规模化发展、货运包机常态化运营；创新"中欧班列+跨境电商"融合模式，提供质量更优、服务更广的"中欧班列+"服务；促进"陆上丝绸之路"与"海上丝绸之路"无缝对接，推动公铁水多式联运更加顺畅；深化四条"丝路"与航空港区、自贸试验区、综保区、开发区等协同发展，借助RCEP高标准贸易规则高水平推动制度型开放，形成更优营商环境。

2. 大力发展多式联运

稳固提升郑州国际性综合交通枢纽地位，提升"铁公水空"多式联运能级，达到"全球辐射能级"，真正达到"国际范"。标准化转换科技创新成果，积极转变运输表现形式，在综合交通运输领域，明确"四新"的合理化标准，即新装备、新技术、新业态、新模式，充分保障有效发挥，高效推进现代化综合交通运输体系建设。大力推进交通基础设施网络融合、服务融合、新旧业态融合，推进铁水、公水、公铁、空铁等多式联运协同发展，积极推广新能源、智能化、数字化交通装备，打造多尺度、多类型的多式联运服务体系。聚焦完善交通基础设施全方位融合，如网络融合、服务融合、新旧业态融合，加快多式联运全方位可持续，在新能源推广，智能化运用等领域，持续发力久久为功，打造多尺度、多类型的多式联运服务体系。

3. 实施"智慧枢纽+"发展战略

新一轮科技革命风起云涌，数据、算力等成为新时代城市建设的关键词，"互联网+交通枢纽"的智慧型枢纽逐步释放强大经济活力。以数字孪生技术为手段，依托元宇宙、大数据、云计算、人工智能等新兴技术造国内一流、国际领先智慧枢纽城市标杆。重点关注智慧交通发展程度，加大交通运输领域研发科研力度，聚力开发专业软件和专用系统应用，加快发展交通运输新型基础设施。一方面，在交通运输公共服务、监测预警、综合应急指挥和监管、舆情主动响应、驾驶培训等领域，加快移动互联网、人工智能、区块链、云计算、大数据等新一代信息技术的应用。另一方面，加强北斗技术在道路运输车辆、船舶等动态监控、定位、导航服务中的应用。加强云计算、大数据、人工智能、物联网等投入力度，进一步助推智慧交通迭代升级。着力全方位、多层次的大数据全息感知体系，实现车道级感知。优化智慧交通管理系统，动态监测评估人车路，打造交通出行和智能管理新模式。

4. 打造"实体+云上"双枢纽

把有限物理空间与无限网络空间结合起来，比如，交通、地理、物流、口岸等硬件枢纽和数据、信息、金融等软件枢纽结合起来，嵌入全球创新链条和体系，打造优良的云办公、云商务、云指挥、云服务等云环境，打造形成"实体枢纽+云上枢纽"新形态。强化"枢纽+网络"，以数字化供应链为支撑，打通新型国际贸易"大动脉"，积极培育发展平台经济、数字经济、跨境电子商务、供应链服务等特色新兴产业，形成线上线下有机衔接的智慧型枢纽经济新形态。

（二）壮大枢纽产业集群，夯实枢纽经济发展基础支撑

枢纽经济是交通与区域经济融合模式创新的重要体现。要加强郑州都市圈枢纽经济高质量发展，航空经济、高铁经济、陆港经济和港口经济拥有不同的显著特点，依照不同类型经济，量身打造提升规划，吸引不同生产要素资源集聚于枢纽经济区域内，支撑枢纽经济规模化发展。因地制宜发展"枢纽+先进制造"、"枢纽+生产性服务业"、"枢纽+物流"、"枢纽+文旅"、"枢纽+贸易"等，推动制造业与物流、快递业、旅游业等融合发展，在全球价值链上配置资源要素，做大做强枢纽偏好型产业集群。

1. 做大做强航空枢纽偏好型高端制造

以空港枢纽聚产业，重点发展智能终端及新型显示、精密设备、生物

制药等产业及航空物流、离岸金融、外贸综合服务等。发展航空会展、航空运动等产业集群，打造一批特色通航小镇。郑州依托新郑国际机场交通优势、口岸优势以及区位优势，促使生产、技术、资本、贸易与人口等生产要素加速集聚。郑州航空港应通过大力发展枢纽经济，培育临空产业集群，进一步增强区域竞争优势；围绕精密仪器、电子信息产业为主的高端制造业，以及生物医药产业、航空物流和现代服务业。充分应用机场枢纽建设产业集群，重点发展高端制造业、航空物流、现代服务业等优势产业，顺应郑州航空港区产业发展潮流，在互联网金融、互联网贸易、信息技术服务等领域，加大资金投入和政策扶持力度，科学合理布局商务会展、科技研发、人力资源，力争在临空经济领域打响国际名牌。

2. 发展壮大高铁经济带、高铁商务圈

充分利用高铁枢纽这一优势，打造现代服务业产业集群，积极凭借高铁便利条件，在总部经济和楼宇经济领域，鼓励引导郑州、洛阳等城市深耕细作，出台总部经济招引政策，吸引以建筑业、现代服务业为主的大企业、大集团设立全资子公司、区域分公司，同步填充甲级办公、电子商务、金融服务、法律服务等业态，打造总部经济楼宇经济产业集群。加速商贸金融、电子商务、文化创意、信息技术咨询等产业快速发展，打造布局高铁周围的豪华商务商业圈。引导沿线城市因地制宜发展以文化旅游为龙头的消费性服务业，打造一批高铁黄金旅游线路，建设一批以休闲旅游康养产业为主导的特色小城镇。在发展特色商贸方面，积极调整片区商业布局，力争招引高端服务业入驻，构建高端商贸、高级商务、高档酒店为特色的商业经济圈。

3. 积极打造陆港产业集群

依托综保区、国际陆港、口岸等，做强跨境电商、国际贸易、国际运邮、服务外包等外向型产业集群，在中欧班列沿线国家布局建设一批经贸产业合作园区，发展跨境货物加工与转口贸易。重点支撑枢纽偏好型的电子信息、生物医药、新能源汽车等产业发展，推动实现空港、陆港、综合保税区、保税物流中心协同发展，建成以机场为核心跨多关区、多种运输方式无缝衔接的货物集疏体系，助力郑州建设国际性现代综合交通枢纽。

（三）推动融合发展，促进"枢纽功能"变"平台经济功能"

枢纽经济与平台经济的融合发展，能够释放出巨大发展动能，是未来枢纽经济高质量发展的重要趋势。通过促进枢纽＋平台、枢纽＋开发区以及枢纽＋城市功能的深度融合，全力培育壮大以郑州为核心的枢纽经济。

1. 枢纽与平台建设融合

聚焦快递、同城配送、供应链、冷链物流、多式联运、航空铁路货运等领域，形成一批总部位于河南的平台型企业。构建"通道＋枢纽＋网络"现代物流体系，形成一批具有竞争力的物流龙头企业，将枢纽功能升级为国际采购交易平台、贸易投资促进平台、跨区域合作平台功能。依托枢纽构建出大物流、大平台、大通道、全链条网络，更大范围吸引集聚资金、土地、人才、信息、技术等高端要素，助力传统优势领域开辟更多优质赛道，培育一批领先产业、领先技术，形成先发态势，在做大做强枢纽经济中增强高端要素链接优势。依托港口、机场、高铁站等重要交通枢纽，构建集传统贸易、电商物流、生产加工、资金交割、投融资、城市服务于一体的现代化综合服务平台。

2. 枢纽与开发区融合

突出郑州国家物流枢纽龙头带动作用，建设以高端制造、国际供应链、金融、科技、大数据等为主的枢纽经济示范区；依托洛阳等城市国家物流枢纽节点城市，打造一批突出先进制造业、物流、文旅为特色枢纽经济区。

3. 枢纽与城市功能融合

优化公共服务供给，完善学校、医院、商贸等服务设施，提高对企业、人才的吸引力，打造高端要素"强磁场"，形成"双循环"流动空间的势能高地。比如，依托郑州国家中心城市，加快国际消费中心建设，打造国际消费引擎，实现"过境流量"转变为"消费体量"。支持郑州、洛阳、开封联合打造国际消费中心城市，积极在文化创意、服装、假发等时尚领域发展首店经济等新业态。加快布局数字化消费网络，推动互联网消费和实体店消费相结合，推广"互联网＋消费"。积极发展在线教育、互联网医疗、便捷化线上办公等线上服务新模式，探索发展智慧超市、智慧商店、智慧餐厅、智慧体验馆等新零售。在公共服务领域，着力丰富供应，在枢纽经济区内配套建设学校、商贸等服务设施，方便群众体验到更加便捷化的生活与出行，亦能够将高层次人才留住。积极打造青年友好型城市，持续关注青年人多元化需求，丰富其在学习、生活、工作、住房方面的福利政策。持续优化就业服务，有效链接重点企业等紧缺岗位需求，加大青年创业帮扶，积极出台配套扶持政策。

（四）深化区域一体化发展，促进"交通圈"变"经济圈"

经济的转型、创新的发展离不开区域城市群和城市圈的建设，区域一体化正在成为引领国家经济转型发展的主战场和主引擎。区域一体化发展是枢纽型经济发展的本质要求。通过大力推进同城化发展、密切联系主要经济区和拓展开放空间，能够加快"交通圈"向"经济圈"的转变。

1. 加快"同城化"，引领都市圈一体化建设

充分借鉴成都都市圈、南京都市圈同城化的经验，加快"1＋8"都市圈建设，以郑开同城化引领都市圈一体化建设。都市圈协同发展不应当是郑州市与其他城市的一对多的辐射性协同发展模式，应当形成以中心城市郑州为主，各城市都发挥自身辐射能力的多对多网状协同发展模式，在交通网络、产业对接、协同创新、区域营商、生态环境、教育医疗及疫情防控等方面充分协同，互联互通，共同发展。比如，交通一体化，加快建设"轨道上的都市圈"，建设以郑州为中心的"米＋半环＋一网"郑州都市圈轨道交通网、"三环十纵十横六联"高速公路网和"一城一港"的水运网，将明显提升郑州都市圈城市间的社会经济联系；比如产业发展一体化，形成郑开科创走廊以及郑许、郑新、郑焦、洛渑、洛汝、洛巩等产业带，形成产业的链式布局。

2. 拓展"朋友圈"，强化与主要经济区的密切联系

依托枢纽带来的时空变化，推动与京津冀、长三角、粤港澳大湾区等

主要经济区的战略合作与互动发展，共同建设一批经济合作园区、"产业飞地"、"创新飞地"等，承接技术辐射和产业转移。以京九、京广两大铁路大动脉为纽带，把握粤港澳大湾区建设国际一流湾区的溢出机遇，聚焦数字经济、智能制造、科技创新、现代服务业等关键领域，加强与珠三角及港澳地区合作，着力引进高端项目和创新企业，务实推进重大项目落地实施，加快高质量转型发展。

3. 提升"外向度"，拓展开放合作空间

紧抓 RCEP 协定的机遇，推动与"一带一路"沿线国家、RCEP 市场开展产业圈协作和产业链合作，以开放发展厚植新优势。促进传统服务贸易数字化转型，提升我省数字贸易、金融等生产性服务贸易的竞争力。争取 RCEP 世界 500 强企业在郑州都市圈设立区域总部、采购中心、物流配送中心等功能性机构，推动研发、设计、营销、售后服务、金融租赁、法律等服务业集聚发展。依托郑东新区龙湖金融岛、龙子湖智慧岛等区域，重点引进一批外资金融、大数据、信托基金等企业总部。大力发展数字基建、数字产业、数字服务，着力构建"数字自贸区"。

（五）打造一流营商环境，促进"服务质量"变"竞争力量"

营商环境是经济软实力的培育之土，把打造一流营商环境作为"生命线"，加强"招商、营商、安商、稳商"全链条、全过程、全覆盖的一体化服务水平，加快构建市场化法治化国际化的一流营商环境。

1. 强化制度创新

以优质的制度供给、服务供给、要素供给、诚信供给，特别是在都市圈一体化（产业、交通、公共服务、要素市场等）、通关一体化等体制机制创新。聚焦重点领域和关键环节，对标国际一流水平，在金融、增值电信、数据跨境流动、教育、医疗、文化等重点领域实现突破性政策和制度支持，加快形成与国际通行规则相衔接的市场体系。进一步提升投资贸易自由化便利化水平，增强开放制度的系统性、整体性和协同性。积极对接 RCEP 经贸新规则，探索建设 RCEP 经贸合作示范区。依托郑东新区龙湖金融岛、龙子湖智慧岛等区域，重点引进一批外资金融、大数据、信托基金等企业总部。大力发展数字基建、数字产业、数字服务，着力构建"数字自贸区"。进一步提升投资贸易自由化便利化水平，增强开放制度系统性、整体性和协同性。

2. 加大政策支持

全面落实市场准入、外资准入负面清单管理制度，降低市场准入门槛。在国家减税减费政策基础上，继续压缩机场、铁路、港口等收费服务项目，放大政策红利。给予重点企业优惠政策支持，对表现突出的企业保留场地选址、人才落户、人才公寓、子女教育、税务开票、政策申报等服务，实现全方位、全覆盖的企业贴心服务，保障全链条顺畅不间断。帮助企业降低成本，激发企业未来潜力。建立政银企对接常态机制，用好中小企业发展基金，完善中小微企业融资再担保体系，将国家税收减免政策落到实处。方便企业在经营过程中克服资金困难等问题，免去了许多后顾之忧，让企业在政策红利中有闯劲儿，有干劲儿，大胆创新，安心经营。

3. 探索建立枢纽经济专项资金或基金

引导金融机构加强融资支持，加大对枢纽经济区建设、枢纽网络平台等支持力度。鼓励银行业金融机构加大对枢纽机场的信贷支持力度。鼓励符合条件的航空公司发行公司信用类债券，拓宽航空公司多元化融资渠道。对受疫情影响严重的航空公司和民航机场注册发行债务融资工具建立绿色通道；支持平台经济企业、物流龙头企业入驻河南。积极引进国内外优势平台企业，培育具有竞争力的平台企业，在电子商务、生活服务、物流、文化旅游、大宗商品等重点领域形成一批行业领先的平台企业，金融、科技、数据、信用等配套体系进一步健全，营商环境不断优化。利用创新生态支撑等专项资金，加大对平台类信息技术研发的支持力度，引导平台企业提高创新投入强度，加快人工智能、云计算、操作系统等技术研发突破。

（执笔人：王笑阳）

专题六

加快建设郑州国际消费中心城市研究

摘　要：国际消费中心城市建设是新形势下我国赋予城市新功能定位、服务构建新发展格局的一项重要举措。郑州作为国家中部地区崛起战略、黄河流域生态保护和高质量发展战略的重要组成部分，参与谋划建设国际消费中心城市，对发挥自身优势、加快补齐城市消费短板、完善城市功能、提升城市能级，进而深化整合都市圈资源、有机融入国家双循环新发展格局，更好地承担国家中心城市职能有重要意义。本文梳理了国际消费中心城市的内涵特征，对比了国内外发达地区国际消费中心城市培育发展经验，提出了针对性发展建议，为加快郑州国际消费中心城市建设提供参考。

关键词：国际消费中心城市；对外开放；文旅融合；新消费

在新发展格局背景下，扩大内需成为战略基点，消费的作用更加凸显，加快培育建设国际消费中心城市，既是抢抓双循环发展机遇的内在要求，也是全面开启建设社会主义现代化新征程的必然选择。党的十九届五中全会提出，"要全面促进消费，培育发展国际消费中心"；党的二十大报告强调加快构建新发展格局，明确"要着力扩大内需，增强消费对经济发展的基础性作用和投资对优化供给结构的关键作用"。2022年3月，郑州市发布《郑州市创建国际消费中心城市实施方案》，提出加快建设国际消费中心城市。随着郑州大都市圈建设力度不断加大，多重国家战略叠加赋能，郑州要准确把握国际消费中心城市建设内涵特征，紧紧依托我省市场规模优势和内需潜力，更好地承担国家中心城市职能，站稳新一轮城市竞争的"新赛道"。

一　国际消费中心城市的内涵、特征与衡量标准

（一）国际消费中心城市基本内涵

1. 国际消费中心城市内涵

界定国际消费中心城市的内涵首先了解消费型城市，消费型城市最早由德国学者马克斯·韦伯于1921年提出，消费城市是依靠君侯、官僚、地主等特权阶层为购买力的城市。这一概念的背景是社会处于前工业化时期，主要从生产的角度探索城市聚集产生的原因以及规模经济对城市生产效率的影响。现代消费城市理论的代表哈佛大学经济学家爱德华·格莱泽等则从消费的视角研究城市经济的增长，认为随着工业化、信息化的发展，消费成为城市吸引人才的重要权重指标，消费城市应该具有多样的商品和服务、丰富的娱乐设施和宜人的自然环境、优质的公共服务和便利的交通设施四个特征，关系到城市的长远发展。

在国内，从学术研究层面来看，国际消费中心城市提出主要源于政府文件和城市发展目标，在概念上没有统一的界定。国内学者对国际消费中心城市的内涵特征从不同角度进行了有益探讨，但总体处于起步阶段，观点大致分为三个方面：一是对消费中心城市的内涵和特征、形成原因和机制、测度评价等开展一般性研究，如有的学者研究了国际消费中心城市的内涵、形成与评价机制，认为国际消费中心城市具有较强的消费创新引领作用，通过高端人才的集聚效应，推动城市的生产性服务业的快速发展，以激发城市的创新活力；有的学者梳理了消费中心城市概念的理论，提炼了消费中心城市的特征并提出建设对策；有的学者探讨了新时期构建消费中心城市对经济增长和转型的重要作用；还有的学者指出国际消费中心城市应是一个消费规模大且具有较高消费能级的国际大都市，对社会经济发展具有突出的贡献力、对潮流时尚具有较强的引领能力、对全球资源和消费者具有显著的集聚力和影响力。二是针对具体城市建设国际消费中心开展研究，如刘司可等学者通过对20多个世界主流城市的数据进行考察，认

为培育国际消费中心城市应从吸引优质跨国企业集聚、促进城市人口双向流动，展示城市特有文化魅力等方面着力。三是有的学者用关键词分解法界定国际消费中心城市，认为国际消费中心城市是面向和服务全球消费者，具备消费服务功能且在全球城市网络体系中具有较强影响力的城市。

综上所述，国际消费中心城市包括消费城市、国际大都市、中心城市等多个角度的内涵释义，是消费城市的高级形态。与传统封闭经济下的消费城市不同，国际消费中心城市是顺应全球物质生活水平持续提高，借助经济全球化、全球消费市场一体化、信息网络化的力量，形成的消费资源高度集聚、世界消费者规模大、极具流通发展活力的全球性商业中心城市。

2. 国际消费中心城市核心功能

国际消费中心城市是一个国家乃至全球消费资源的集聚地、消费市场的制高点、创新创意的策源地，功能复合、内涵丰富，有着较高的发展要求。从核心功能上看，全球公认和基本能够被认可的国际消费中心城市，往往具备"强大引擎""全球枢纽""策源中心"三大核心功能。"强大引擎"指国际消费中心城市是全球消费市场的制高点，具备强大的消费实现功能，能够扩大内需、激发经济增长潜能、保持经济增长动能。经济增长规律表明，拉动经济增长"三驾马车"中，消费是基础，国际消费中心城市则是借助经济全球化的力量，形成的消费资源高度聚集、消费主导功能显著的全球性商业城市。"全球枢纽"指打造集聚要素的资源配置枢纽。依托自身的枢纽地位，国际消费中心城市往往是全世界著名消费品牌、消费资源高度集聚的地区，是国家集中展示和输出特色品牌、消费文化资源的窗口，带动全球消费供给和服务能力提升，对相关产业和投资起到导向作用，具备高效的消费配置和带动功能。"策源中心"指引领创新，策源新型消费功能。国际消费中心城市具备显著的消费创新和引领功能，不仅是全球高品质产品和服务的供给地，更是本土品牌的创新孵化场，能够在全球引领潮流、促进消费创新创意，成为全球消费发展的风向标。

（二）国际消费中心城市发展特征

从全球范围看，纽约、伦敦、东京、巴黎、香港、新加坡等经济高度发达的城市，不仅是国际贸易中心、全球商业商务资源配置的中枢，更是国际名品的集聚地和辐射地，汇聚顶级消费资源，成为国际消费中心城市。呈现以下主要特征：

1. 具有坚实的消费硬件条件

强劲的经济支撑力、多元化的经济发展环境是建设国际消费中心城市的坚实基础。带动消费资源配置。依托现代化国际机场（港口、码头）、酒店、商场、娱乐场所、免税店等发达的国际化交通体系和全球城市网络中的枢纽地位，搭建消费供需对接的"大平台"。如巴黎生产总值长居欧洲城市榜首，雄厚的经济实力为消费中心地位奠定了坚实基础，内联外通的交通系统通过铁路直达欧洲大多数城市，特别是推出自动驾驶汽车，加快优化公共交通系统和扩大国际机场能级。注重科技创新。随着移动互联网、大数据、虚拟现实等现代信息技术发展，新产品、新服务、新时尚大量涌现，引领全球消费扩张和升级，推动国际消费中心成为新型消费的展示发布、体验应用的中心。伦敦将创新作为第一动力应用到多元化产业发展中，比如在博物馆图书馆等场所开设虚拟现实通道，最大限度保证市场良性运维，形成消费经济规模化发展。

2. 具有全面提升消费软实力

文化、服务、制度等软要素决定城市吸引力和竞争力提升的速度和高度。高能级的综合服务体系。综合服务业高度发达是国际消费中心城市基本特征之一，发达经济体为满足全球经济活动多元需求，不断提升国际化水平、扩大全球消费份额。全球顶尖城市集聚众多跨国企业和上市公司，对高能级的金融、会计、审计、法律等高端生产性服务业产生大量业务需求，生产性服务业形成的产业能级越高，对跨国公司等机构产生的吸附作用越强，从而形成了服务于全球业务的高端服务网络，直接提升了城市的全球消费额。截至2020年，东京、纽约、伦敦分别有25家、23家、16家四大会计师事务所，而上海只有9

家。重视消费文化与消费服务。全面打造全球文化艺术消费胜地，不仅有助于提升城市商业繁荣度，更在满足人们消费需求方面发挥着重要作用。借助历史文化资源和特有的城市文化品牌等优势，伦敦拥有皮卡迪利大街、国王十字街区、考文特花园等商业消费场所，此外，伦敦西区剧院高度集聚、演出剧目丰富多彩，不仅是伦敦建设国际消费中心城市的重要支撑，更是全世界文化消费和娱乐休闲的目的地；巴黎独有艺术格调的优雅气息，与之浪漫优雅的城市格调相得益彰的香榭丽舍大街，更是因其高品质商业氛围、华丽的建筑、浪漫的公共花园和历史景观，成为世界上最受欢迎的城市景点之一。注重培养和吸引国际人才。被誉为"时尚之都"的米兰，拥有全球一流的设计和金融院校，每年向各行各业输送大量相关人才；迪拜专门制定人才政策引导国际人才就业定居，推动地区人口增长率逐年提升，创建了可持续的发展环境。

3. 具有多元化消费运作平台

国际消费中心城市是集商业、旅游、文化、体育等诸多行业联动发展的有机整体，专业化综合化世界顶级展会、国际大型赛事活动、重大文化艺术节庆、夜经济灯光秀烟火秀等成为一个国际消费中心城市的标配，从而实现消费的形态升级、规模效应和整体优势，成为全球时尚消费、品牌消费、休闲娱乐的高地，提升全球知名度和影响力。全球国际消费中心发展日益多样化和层次分化，各具特色：大型化、综合化发展模式主要以纽约、伦敦和东京等城市为代表，以纽约为例，依托国际大都市完善的基础设施和服务体系，多年来致力于建设国际消费城市核心功能区，创新消费场景，形成了多元化消费功能、全球知名高端消费品牌跨国企业、优质服务企业总部等高度聚集，与国际金融中心、贸易中心等一并成为城市的核心功能区；专业化、特色化发展模式主要在新兴工业化国家或具有区域影响力的国际化大都市。如巴黎依托运作了上百年的著名"巴黎时装周"，每年来自全世界的顶级时尚展商及专业采购人士集合于此，短期内集中举办几百场的时装发布会，真正吸纳了全世界的时装精英、集聚了全球时装品牌。

4. 具有高识别度的全球性商业地标

核心商圈是国际消费中心城市的主要标志，也是国际消费中心的发展引擎，在形成更高消费群体、消费品牌和相关产业集聚能力的同时，最大程度激发消费潜力。纵览全球著名的国际消费中心城市，均有一个或多个根植于城市肌理、特色鲜明商业内容、高识别度的世界级商业地标，这些全球性高端商业地标是国际消费中心城市对外展示的重要窗口，也是国际知名品牌的主要集聚地。东京银座、巴黎香榭丽舍大道、纽约第五大道被称为世界三大繁华中心，东京银座被称为"东京的心脏"，号称"亚洲最昂贵的地方"，全球顶级商场世界名品集聚，正在打造"旅游+文化+艺术+商业"高度融合的新商业地标，为城市、商业、消费提供了多种可能；巴黎围绕著名的香榭丽舍大街，形成多个著名商圈、数十条呈辐射状的特色商业街区，集聚全球著名的国际品牌和上千家不同业态的商铺，汇聚大量展览、演艺、娱乐活动，引领全球消费时尚。英国欧睿信息咨询公司发布的2021年、2022年全球100强旅游城市目的地报告中，巴黎连续两年蝉联榜首，成为全球最强旅游城市目的地，尽管受疫情影响，巴黎2022年依然吸引超过1600万国际游客。

5. 具有法治化精细化消费服务体系

国际知名消费中心城市经济社会开放水平较高，以国际化、法治化、智能化、安全化等优越的消费营商环境，不断吸引国际一线品牌和国际新产品的入驻，进而带动国际消费力的聚集。建立制度加强消费保障。在涉及消费的各个领域，特别是涉及新的消费方式采取多种举措，不断完善消费者权益保护及其法律体系。如美国发布《兰哈姆法》，是针对商标保护管理的联邦法规，并对商标侵权方面制定了详细的补救措施；英国先后颁布《公平交易法》《消费者权益保护法》，主要规范消费者不公平条款，实现连续透明的高效监管；日本的《反不正当竞争法》先后经历多次修改完善，在加强知识产权保护等方面为多国借鉴参考。打造新消费支付方式。伦敦顺应疫情后线上消费增加的趋势，2021年在数字购物领域的风投金额达到50亿美元，越来越多数字购物领域的科技公司涌入伦敦。探索实行"先买后付"的数字化消费方式，带来更加便捷的购物体验。完善政策保障。多数知名城市建立了较为完善的免税购物和离境退税政策制度，能够在免税店购买全球著名的高档消费品、独特的国产商品，部分国际消费中心城市免税店的国产商品销售份额占到30%—40%。新加坡从2012年开始实行离境电子退税政策，入境游客购物时只需一张信用卡作为支付手段，离境时可在3分钟内完成退税流程。

（三）国际消费中心城市衡量标准

我国对建设国际消费中心城市的目标、任务和指标等作出了明确要求，指导各地培育发展国际消费中心城市的具体实践。2019年，商务部《关于推荐申报国际消费中心城市培育建设试点工作的通知》列出国际消费中心城市评价指标体系，主要从国际知名度（20%）、城市繁荣度（20%）、商业活跃度（25%）、到达便利度（15%）、消费舒适度（10%）、政策引领度（10%）六个维度来考察和评判。2020年，全球知

表7-1 国际消费中心城市评价指标体系（试行）

维度	具体指标	维度	具体指标
国际知名度	全球城市竞争力排名	商业活跃度	免退税费网点数量
	世界文化遗址数量		城市营商环境指数
	4A、5A级景区数量		国际知名品牌/国内知名品牌/中华老字号数量
	世界500强企业进驻数量	到达便利度	国际国内航班路线数量及起降架次
	国际重大活动与赛事数量		高速公路数量
城市繁荣度	GDP总量/人均GDP		高铁、动车到达次数
	年末人口数量		地铁运营总里程
	入境游客接待量		网约车数量
	国内旅游人数	消费舒适度	消费者满意度
	居民人均收入/支出		商业信用环境评估
商业活跃度	社会消费品零售总额/增速		三星及以上宾馆数量
	服务业增加值/增速		城市空气质量指数排名/绿化覆盖率
	进出口总额	政策引领度	领导组织和部门协调机制
	商业步行街数量		规划、目标、实施方案
	网络零售总量/占社零总额比重		配套措施和资金投入安排

资料来源：根据商务部出台的《国际消费中心城市评价指标体系（试行）》的评判标准、学术界以及三方机构研究成果整理。

名咨询机构仲量联行参考商务部关于《国际消费中心城市评价指标体系》的评价标准，整理了相关核心指标数据，按六个维度制定了"国际消费中心城市发展指数"，并对国内重点城市的"国际消费中心城市发展指数"进行评级，上海、北京、成都排名位居前三。

总的来说，从国际消费中心城市本质、核心功能、衡量指标及特征来看，国际消费中心城市不仅仅对城市消费供给和需求的良性互动提出了更高的要求，同时也对城市消费与区域转型发展相协调，在推动形成新发展格局中发挥关键作用提出了明确的要求。新时期，国际消费中心城市可通过带动一批大中城市提升国际化水平加快消费转型升级，促进构建新发展格局，推动新一轮高水平对外开放，更好地满足人民日益增长的对美好生活的需要，实现以人民为中心的发展。因此，建设国际消费中心城市，本质上是国家中心城市建设功能完善、能级提升的一项重要要求，是完善国家中心城市核心职能的一项重要工作。

二 各地建设国际消费中心城市的实践经验

（一）发展演绎

国际消费中心城市是城市消费功能发展、扩大内需促进经济转型升级、国内统一大市场建设和新发展格局加快形成的必然要求，在我国经历了一个逐步认识和加快发展的过程。

1. 概念萌芽阶段（2003—2016年）

"消费中心城市"概念在中国最早可溯至2003年，沈阳出台《关于大力发展商贸流通业的若干意见》，提出"围绕建设消费中心城市的目标，建设现代商业区街网络体系"。2010年，深圳在《关于加快推进我市经济社会平稳较快发展若干措施》中首次提到"国际消费中心城市"一词，同年又在《关于加快转变经济发展方式的决定》中提及"着力扩大消费特别是居民消费，引导消费载体、消费结构、消费内容升级，发展新型消费业态，建设国际消费中心城市"。2015年以来，随着中央城市工作会议的召开，我国出台了一系列具有连贯性的政策和文件，持续推动城市高质量发展。

2. 层级定位阶段（2016—2018年）

为加快消费升级、深化消费市场供给侧结构性改革，国家在"十三五"规划中提出一系列促进消费升级与创新的新要求，提出了"培育发展国际消费中心"的重要任务。2016年11月，国务院发布《关于进一步扩大旅游、文化、体育、健康、养老、教育培训等领域消费的意见》，首次提出"国际消费中心城市"概念。同年，商务部发布《关于做好"十三五"时期消费促进工作的指导意见》，提出"继续推进品牌消费集聚区建设，积极培育国际消费中心城市"，将国际消费中心城市明确为层级目标建设。自《意见》发布以来，多个城市响应展开国际消费中心城市建设。2017年，北京、上海、杭州、宁波、深圳、武汉、成都、西安等城市先后提出将"建设国际消费中心城市"作为发展目标，并相继推出打造国际消费中心城市的若干举措。

3. 建设热潮阶段（2018—2021年）

党中央、国务院高度重视增强消费对经济增长和社会发展的贡献度，发挥国际消费中心城市功能。2018年是培育建设国际消费中心城市的元年。北京、上海等9座城市被确定为国家中心城市，引导发挥其在区域乃至全国的辐射和引领示范作用。9月，中共中央、国务院出台《关于完善促进消费体制机制进一步激发居民消费潜力的若干意见》，提出"建设若干国际消费中心城市"。2019年10月，商务部联合14部门印发《关于培育建设国际消费中心城市的指导意见》，即第一个专项推进消费中心城市建设的国家级文件，提出了培育建设国际消费中心城市的发展任务，明确了培育建设国际消费中心城市的总体要求，绘制了国际消费中心城市建设的精致"蓝图"。

4. 重点培育阶段（2021年至今）

2021年，"十四五"规划和2035年远景目标纲要明确提出要"培育建设国际消费中心城市，打造一批区域消费中心"，成为中国经济中长期建设的重要内容。7月，上海、北京、广州、天津、重庆率先开展国际消费中心城市培育建设，标志着国际消费中心城市进入了重点培育阶段。8月，商务部发布《培育国际消费中心城市总体方案》，提出国际消费中心城市建设的时间节点、目标要求，以及从"构建全球多元融合的消费资源聚集地、建设具有全球影响力的标志性商圈"等六个重点任务推进国际消费中心城市建设。2022年4月，国务院出台《关于进一步释放消费潜力促进消费持续恢复的意见》，强调"加快推进国际消费中心城市培育建设"。其他有发展潜力的城市，如成都、杭州、南京、武汉等新一线城市以及宁波、厦门等二线城市也加入了申报行列，深圳、成都、武汉、郑州、西安等二十余座城市，也结合相关要求和自身特点，纷纷谋划国际消费中心城市建设实施方案。培育建设国际消费中心城市建设已经步入各地对照要求强功能、突出特色找定位、结合实际谋布局，科学实施、竞相发展的新阶段，正在全国形成热潮。

（二）主要做法

自2021年上海、北京、广州、天津、重庆等五个城市率先拉开国际消费中心城市培育建设的帷幕，取得了积极成效。

1. 强化政策配套引导

五个试点城市对标商务部总体方案明确的重点任务，先后颁布一系列培育建设国际消费中心城市政策。北京重点突出首都功能，提出做好"首都文化+"文章，打造具有国际影响力的消费地标、国际消费桥头堡；上海发挥雄厚经济基础、广阔消费市场、发达商业文明等优势，突出高端资源集聚、市场创新活跃特点，围绕打造"全球新品首发地""全球消费目的地"，提出打响"上海服务""上海制造""上海购物""上海文化"四大品牌；广州致力打造"广买全球，广卖全球"的国际消费高地；天津依托京津冀协同发展战略，充分发挥河、海、港、洋楼和小镇等五大特色优势，打造具有独特的港口交通与完备的产业体系；重庆立足"山、水、桥、城"地域特色，挖掘特色价值赋能消费，打造富有巴渝特色、辐射西部地区、面向东南亚的特色型国际消费中心城市。

表7-2　　　　　　　国际消费中心城市试点城市政策梳理

城市	政策文件及重点	时间
北京	《北京培育建设国际消费中心城市实施方案（2021—2025）》突出首都功能，打造具有国际影响力的消费地标、做好首都文化+文章等，全面实施消费新地标打造、消费品牌矩阵培育等十大专项行动	2021年8月
	《打造双枢纽国际消费桥头堡实施方案（2021—2025年）》发挥首都双机场双枢纽优势，建设国际消费功能区，打造国际消费桥头堡	2021年1月
上海	《打响上海购物品牌第一轮三年行动计划（2018—2020年）》实施八大工程，打响购物品牌	2018年4月
	《关于提振消费信心强力释放消费需求的若干措施》全力打响"上海服务""上海制造""上海购物""上海文化"四大品牌，加快建设国际消费城市	2020年4月
	《关于加快建设上海国际消费中心城市　持续促进消费扩容提质的若干措施》：疫情防控常态化下稳消费、促消费、提消费	2021年4月
	《全力打响上海购物品牌　加快建设国际消费中心城市三年行动计划（2021—2023年）》：以品质发展为主线，以数字赋能为动力，使上海购物品牌打得更响，辐射更广	2021年7月
	《上海市建设国际消费中心城市实施方案》：突出高端资源集聚、市场创新活跃等优势，全面打响四大品牌，打造全球新品首发地、全球消费目的地	2021年8月
广州	《广州市黄埔区　广州开发区　广州高新区　加快国际消费中心城市建设扶持办法》打响商贸发展最强区	2021年9月
	《广州市加快培育建设国际消费中心城市实施方案》：深入实施商品提质强能通达美誉五大工程，打造广聚天下客，广卖天下货，广货卖天下的国际消费高地	2021年11月
天津	《天津市加快发展新型消费实施方案》：优化新型消费发展环境，促进新型消费扩容提质	2021年8月
	《天津市培育建设国际消费中心城市实施方案（2021—2025年）》：深入贯彻落实京津冀协同发展战略，构建一个中心、多支撑的商圈格局，做好河、海、港、洋楼和小镇五篇文章，打造面向东南亚，辐射俄罗斯和中东欧的特色性国际消费中心城市	2021年10月
重庆	《关于培育建设国际消费中心城市的指导意见》实施十大工程，建设五大名称，建成具有全球影响力的国际消费中心城市	2019年12月
	《重庆市培育建设国际消费中心城市实施方案》进一步建设五大名城，开展十大工程，打造富有巴渝特色、辐射西部地区、面向东南亚、南亚的特色型国际消费中心城市	2021年10月
	《重庆市培育建设国际消费中心城市若干政策》：培育试点示范区县，支持商产文旅全面升级发展	2022年1月

资料来源：各级人民政府官网相关文件。

2. 推动商业经济繁荣

随着城市经济繁荣和收入水平提升，市场消费呈现多样性特点，低水平商品消费比重减少，文娱兴趣、教育成长等高水平消费需求增加，消费结构转型升级加快。综合实力提供了有力支撑。2021年全国城市GDP排名，上海、北京稳居前二，广州、重庆位列第四和第五，天津排名稍靠后，反映出经济基础决定消费的多样性。经济发达、人口庞大的城市，商业活力较强，2021年上海、北京、重庆和广州社会消费品零售总额均超过1万亿元，排在全国前4位。庞大的人口规模提供了充分保障。根据第七次全国人口普查数据，重庆人口达3205.42万，上海、北京人口均超过2000万，广州、天津人口超过1000万，保障了城市消费群体规模。强劲的消费实力是主要动力。进一步释放消费潜力已成为各地恢复经济、稳定增长的重要抓手。上海明确大力促进消费加快恢复，包括以大宗消费为抓手拉动消费；广东要求实行奖补政策，积极发放消费券，鼓励汽车消费；重庆强调，疏解市场主体困难，促进消费恢复。

3. 培育壮大新型消费

随着城市消费需求不断提升，商业创新多元化越来越成为商业活跃度的重要体现，夜经济快速发展，首店经济规模壮大，引领城市消费潮流。重庆着力多元化布局夜经济业态，加快夜市街区整合发展，升级洪崖洞等16个夜间经济集聚区，连续三年蝉联中国城市夜经济影响力榜首。首店经济主要向京沪高度聚集，2021年以来，北京有57家总部企业进入世界500强榜单，累计开设首店、旗舰店2160家，处于全国首店经济第一梯队，上海累计引入首店1078家，广州引入261家，同比增幅15%，天津引入194家，同比增幅超60%。重庆实施与东盟经贸合作行动计划，成功举办西洽会、重庆英才大会、中新金融峰会等，开展跨境贸易便利化专项行动，累计落户312家世界500强企业，引进300余个国际知名品牌和292家品牌首店。

4. 持续完善交通网络

高能效、全球化的交通网络体系是城市内联外通的纽带和桥梁。畅通对外运输大通道，协同区域力量减轻主要对外通道及分流路网交通压力，打通市内交通向外联通的交通脉络。天津承接北京国际航班分流，发挥了首都"护城河"作用，已基本实现"京津雄1小时、京津冀主要城市3小时"通达，便捷联系全国主要城市；广州借助轨道交通接入粤港澳大湾区网络联通全球；重庆协同成渝地区双城经济圈发展，完善交通布局。城市内部交旅融合，围绕城市轨道站点构建便捷通达、安全舒适的城市立体慢行交通系统，推进道路精细化打造，促进交通系统微循环，打造高品质街道空间。天津围绕建设一流绿色港口、推进交通污染深度治理等，打造绿色交通体系；广州探索开展共享停车、智慧停车新模式，缓解出行压力。打造多式联运立体交通网，创新多式联运组织模式，调整重点区域运输结构，提升运输承载能力和衔接水平。北京、上海、广州和天津基本形成轨道客货并重、公路串线成网、水运通江达海、航空联通国际、邮政普惠城乡的现代化高质量综合立体交通网体系；重庆集水陆空优势于一体，统筹东南西北四个方向，加快建设出渝出海出境大通道，完善市内出行"毛细血管"。

5. 优化消费配套建设

随着城市经济发展与生活质量提升，消费体验感愈发重视，需营造更舒适的消费环境、提供更优质的消费服务。营造特色消费环境。北京盘活文化消费场馆，加强艺术馆、剧院、博物馆等资源的开发利用，打造京城消费新地标；上海在吸引更多国际国内品牌总部入沪的同时，支持老字号品牌集聚发展；广州推进商业置换项目改造升级，营造国际消费环境氛围；天津挖掘文化资源优势，加强特色商圈建设，促进特色文化产业发展；重庆抓住山水之城、夜经济等特色优势，构筑商产文旅融合集聚区。丰富消费业态。北京从加快培育国际化的消费聚集地、打造城市体验消费新地标、打造满足地区综合消费圈等多方面持续推进业态和品牌结构升级。优化消费服务。从生活圈的网点布局、业态配置、服务创新等方面入手，提升城市便利度和智慧度。广州持续开展国际化新型社区商业，打通"最后一公里"，提高中心城区配置标准，强化"一站式"便民配置，实现独具特色的中心城区"5分钟便民生活圈"。

三 郑州建设国际消费中心城市的现实基础

(一) 优势条件

近年来,郑州以建设国际消费中心城市为引领,大力实施消费升级行动计划,商圈组团建设提质、国际消费品牌加快聚集、特色消费迅速提升、消费新业态新模式加快培育,取得了显著成效。

1. 综合经济实力较强

在多重国家战略叠加和突出区位优势助推下,郑州内陆开放高地加快建设,综合经济实力持续提升,为国际消费中心城市建设打下坚实的基础。2021年,郑州地区生产总值为12691.02亿元,位居全国城市的第16位,占全省的21.1%,社会消费品零售总额达到5389亿元,占全省的22.3%。随着人口规模不断增长,消费潜力巨大,第七次全国人口普查结果显示,郑州近年来人口增长迅速,2021年末全市常住人口1274.2万人,常住人口城镇化率为79.1%,随着人口规模不断增长,消费潜力巨大,郑州是"中国八大古都"之一的历史文化名城,共拥有两项世界性的文化遗产以及1项世界性的非物质文化遗产,国家5A级旅游景区和4A级旅游景区20余处,深厚且独特的文化内涵吸引了众多海内外游客。2021年来郑游客达1.1亿人次,其中国际游客23万人次,深厚且独特的文化内涵吸引了众多海内外游客。

2. 国际国内双循环战略链接加快构建

国际交通物流枢纽地位凸显。郑州是全国12个最高等级国际性综合交通枢纽之一,陇海铁路、京广铁路两大干线在这里十字交汇,8条国家高速公路和9条普通国道穿城而过、纵横交汇,拥有"亚洲最大的列车编组站"郑州北站、全国首个国家级航空港综合实验区。率先建成以郑州为中心的"米"字形高铁网,已形成辐射全省、通抵周边省会、通达全国主要城市的"123"小时经济圈,覆盖国内4亿人口的生活和消费;郑州新郑国际机场是中国八大区域性枢纽机场之一,开通客运航线194条,通航城市 132 个，初步形成覆盖全球主要经济体的国际枢纽航线网络。"四条丝路"协同并进。2021 年，新郑机场累计完成旅客吞吐量 1895.5 万人次、货邮吞吐量 70.5 万吨，分别位居全国第 12 位、第 6 位。中欧班列（郑州）获批建设中东部唯一中欧班列集结中心，是内陆地区功能性口岸数量最多、种类最全，成为世界产业链、供应链的重要组成部分。自 2017 年起，郑州市每年举办全球跨境电商大会，对全省朝着"买全球、卖全球"目标迈进，打造网上丝绸之路和内陆开放新高地意义重大。2020 年郑州市入选全国跨境电商 B2B 出口监管试点城市。2021 年跨境电商年交易额突破 394.9 亿元，同比增长 25%。2021 年"郑州港"国际代码获批，与青岛、上海、天津等港口实现了无缝衔接。外向型经济发展迅速。2021 年，郑州市进出口总额为 5892.1 亿元，比 2020 年增长 19.1%，稳居中部第一，经济外向度达到 46.4%，近五年来进出口总额持续保持高位、稳中有升。对外合作步伐加快，与 207 个国家和地区建立了经贸往来，181 家世界 500 强企业在郑落户。郑州晋身全球经济竞争力城市 100 强、全球营商环境 100 强。

3. 商圈组团建设提质提速

郑州古称"商都"，多年来形成了以主城区核心商圈和远郊区（县）城市核心商圈为骨干的"多组团、多中心"现代化商圈体系。政府层面上，申报"河南省老字号"和打造美食名区、特色商业名街等多项工程；金水区大力发展首牌、首店、首发、首秀经济，积极打造最有国际范、最有时尚味、最有科技感的全域消费的中部时尚消费中心，力争成为引领全国新零售产业集聚示范样板区；二七商圈区域城市复兴工程作为二七区"一号工程"，商圈基础设施和消费环境不断改善，2019 年二七广场入围全国十大"夜间 CBD"，2021 年德化步行街入选首批国家级旅游休闲街区；管城区适时出台了实施方案，提出依托商代王城遗址，着力打造世界商都文化创意旅游示范区；申报"河南省老字号"和打造美食名区、特色商业名街等多项工程。商圈发展上，郑州有二七广场、郑东 CBD、花园路—紫荆山商圈等多个商圈，拥有丹尼斯大卫城、正弘城、万象城、熙地港、国贸360、万达广场等知名品牌消费集聚区，商业消费和休闲娱乐氛围较好，周边特色餐饮、休闲娱乐等场所消费需求旺盛，成为节假日休闲消遣的重要场所。其中，2015年开业的丹尼斯大卫城2021年销售额突破80亿元，客流量达到2800万人次，每年位居全国购物中心销售百强排行榜TOP20。2021年郑州国际文创园区上榜第一批国家级夜间文化和旅游消费集聚区名单。消费品牌集聚上，国内外市场主体和高端品牌加快集聚，LV、GUCCI等全球一流消费品牌加快云集，目前已入驻国际知名品牌72个，国内知名品牌100个；本土消费品牌效应和商贸企业实力不断增强，根据2021年京东双11销售数据，全省本地老字号和知名品牌TOP5（双汇、好想你、卫龙、思念、三全）和增长TOP5品牌（思念、卫龙、华德、王守义、娅丽达）中，郑州占比一半。集聚了UU跑腿、蜜雪冰城等一批新零售明星企业集聚，逐步叫响"郑州消费"品牌。

4. 特色服务消费加快提升

国际会展上，郑州市加快中铁会展城、新国际会展中心、郑州国际文化交流中心等重点项目建设，通过举办中国（郑州）国际旅游城市市长论坛、全球跨境电商大会等国际展会，进一步策划引进国际文化旅游、国际消费品博览会等一批国际展会，提升郑州国际会展知名度。文化消费上，2020年河南省博物院率先把"盲盒"概念和文物结合，将馆内珍宝打造为"考古盲盒"，河南博物院快速成为网红打卡地。据携程发布的《2022元旦热门周边游大数据报告》显示，郑州入围前十目的地，其中，河南博物院位居热点目的地榜首。特色旅游演艺上，《禅宗少林·音乐大典》2021年累计演出182场，接待游客、演出收入比2020年同期增长8%；《只有河南·戏剧幻城》2021年接待游客50万人次，实现收入1.4亿元。消费新业态新模式发展迅速。"零售+金融""超市+餐饮"、城市奥莱、离境退税、跨境电商等新业态新模式加快发展，成为引领消费升级、释放消费潜力的重要引擎。引入盒马鲜生、苏宁小店等线上线下融合、零接触配送新零售模式。阿里巴巴、京东、美团、考拉海购、唯品会、小红书、字节跳动、科大讯飞等知名平台型企业相继落户，世界工厂网、中大门、万国优品等本土电商也不断壮大。随着疫情得到有效控制，先后开展"畅享豫品"直播创业大赛、"醉美·夜郑州"等促消费活动，加上消费券、减征乘用车购置税等政策效应，消费得到恢复性增长，2021年共发放2.5亿元消费券带动直接消费57.4亿元，有力促进了信息消费快速发展。

5. 政策支持体系基本形成

在国内外消费快速迭代的背景下，郑州抢抓培育国际消费中心城市这一重大发展机遇，快速行动部署，对创建工作作出总体安排的"设计图"和"施工图"。2021年，省委领导提出了郑州市要"当好国家队、提升国际化，着力提升核心竞争力，努力打造国际开放高地"的发展目标，指出郑州要加快建设国际消费中心。中央经济工作会议将"郑州建设国际消费中心城市"列入思考河南发展的28个问题中，指出郑州要从基础设施改进、平台建设、文旅、夜经济等诸多方面努力。2021年5月河南省政府办公厅印发《关于进一步扩大消费的若干意见》提出支持郑州、洛阳市建设国际消费中心城市。2022年3月郑州正式公布《郑州市创建国际消费中心城市实施方案》，提出九大工程，力争到2025年形成具有全球竞争力的文化、旅游、会展、教育、体育、医疗等一系列城市名片，打造独具郑州特色的国际消费中心城市。

（二）存在短板

1. 消费新业态新模式不足

线上业务占比偏低。目前郑州互联网消费业态发展不足，总体规模小、龙头企业少。根据中国互联网协会发布的《中国互联网企业综合实力研究报告（2022）》，中国互联网综合实力前百家企业排名，郑州市仅1家企业入选，位列第80位；成长型前20家企业的所属地和数据安全服务前10家企业排名中，郑州均榜上无名。此外，实体企业和商超数字化转型困难，如大型商超丹尼斯和知名食品企业三全等企业，互联网业务规模仍比较小。本地企业竞争力不强，缺乏有竞争力的拳头产品与服务，部分新型消费领域的企业，如绿色农业、数字文化创意、信息网络服务、智能和智慧服务、健康用品、时尚潮流和精致高端消费品等规模比较小，在研发、设计、营销和售后服务等高附加值环节缺乏竞争力。新消费场景缺乏。与国内其他地区相比，中华功夫、古都文化、丝路文明、黄河文化等一些文化 IP 整体形象老化，缺乏极具创新创意的体验感和场景化打卡内容。

2. 城市和产业开放度不高

郑州市产业发展层次总体较低，工业大而不强，现代服务业发展不充分，部分产业仍处于产业链前端、价值链低端，电子信息产业"缺芯少屏"、装备制造业基础不牢，未形成有规模竞争力的产业集群，产品缺乏国际话语权。2021 年，郑州市经济外向度在全国 21 个国际化大都市发展指数综合排名中名列第 15 位，在 9 个国家中心城市中居倒数第一位。产业平台能级亟待提升。郑州市现有国家级开发区两家，其生产总值占全市生产总值比重为 10.7%，低于全国 11.3% 的平均水平。对外开放通道载体优势不明显。郑州市现有口岸数量 9 个，与武汉市 13 个、南京市 17 个、杭州市 9 个、青岛市 13 个相比，处于中等偏下水平。国家赋予河南自贸试验区"两体系一枢纽"功能定位及总体方案确定的畅通航空物流通道、扩大航空服务对外开放等任务缺乏试验载体，功能定位和区域匹配性不够。城市开放度和外部吸引力不足。郑州市国际交流广度和深度不够，缺乏有影响力的国际会展、体育赛事、艺术表演等活动，尚未具备国际化城市应有的强大吸引力。

3. 品牌知名度不高

消费品牌在产品表达、氛围渲染、形象展示等方面均存在明显不足。特色商圈国际影响力不够。城市的标志性商圈是消费市场的最大亮点，目前，郑州的二七商圈等在国内小有名气，大卫城、正弘城、熙地港等商业综合体是郑州消费市场的重要地标，但从商圈特色、规模数量、业态结构、品牌集聚度、本土品牌国际知名度等方面看，郑州商圈业态创新不足，场景融合不够，国际知名度较低，整体吸引力有限。时尚高端供给少，对主力消费群体吸引力弱。2021 年郑州社会消费品零售总额 5389 亿元，而同期的上海、北京、广州、深圳、重庆、成都分别达到 15933 亿元、

· 217 ·

13716 亿元、9219 亿元、8665 亿元、11787 亿元、8119 亿元，差距比较明显，消费层次不高，消费结构不优，新消费活跃度不够。从入境旅游和旅游外汇收入情况看，郑州与上海、北京、广州、天津、重庆等率先开展培育建设的国际消费中心城市的差距不小。国际著名品牌吸纳力和消费引领力不强。当前郑州消费环境建设更多服务于本地消费者和商家，本地化色彩较浓，国际化消费的诚信环境标准体系和配套的国际诚信消费响应机制不足，难以满足国际游客和国际产品消费需要。第一财经《2021 年城市商业魅力排行榜》中，上北深广位居前四，15 个新一线城市依次为成都、杭州、重庆、西安、苏州、武汉、南京、天津、郑州、长沙、东莞、佛山、宁波、青岛和沈阳，郑州仅排第 9 位，国际著名品牌吸纳力和消费引领力不强。

4. 诚信消费环境较弱

消费场景匮乏、氛围薄弱。中消协发布的《2021 年 100 个城市消费者满意度测评报告》中部分指标如消费者满意度、省会城市消费者满意度，郑州在城市比较中排名均落后。以功夫品牌为例，目前郑州市内缺乏功夫品牌的市场消费环境，难以见到和功夫相关的产品和宣传场景，缺乏能够让消费者轻松触达并且可以消费体验的功夫文化氛围。创新机制较薄弱。近年诚信消费环境优化工作大部分集中在传统维权体系措施、食品等领域，个人信息、代购等领域新型消费诚信问题关注不足，任务性、专题性工作多，创新引领、连续性工作少，并且缺乏对国际消费需要的前瞻式布局。部门协同性较差。内部信息职能配置条块化增强了专业性，但对协同推进诚信消费环境优化造成困难，各部门分别制定发展目标，协同宣传传播影响力有限。

四　郑州建设国际消费中心城市的思路导向

（一）总体思路

充分发挥黄河流域中心城市和中原城市群核心城市的优势，锚定"两个确保"和"十大战略",结合郑州国家中心城市建设,考虑省域区域现状问题、消费特点和发展需要,进一步统筹郑州建设国际消费中心城市目标任务,深入探索谁来消费、消费什么、如何发展的根本性问题,以四大品牌明确郑州"三地一门户"战略定位,在提升消费辐射引领能力、加强消费软硬件设施建设、完善相关体制机制、提高对外开放水平等重点工作领域持续发力,加快建设立足河南、辐射全国、面向东北亚、特色彰显、功能完善、充满活力的国际消费中心城市。

(二) 发展导向

1. 彰显特色、提升内涵,打造"郑享往"国际消费目的地

充分发挥郑州在黄河文化中的核心引领作用,山川壮丽、积淀深厚的人文自然景观优势,突出"天地之中"、黄帝故里、少林功夫、大运河等的国际影响力和文化号召力,深入发掘、努力打造彰显本土人文气息、中原文化特色、中华文化根魂,兼顾传统特色和现代气息,能够满足生活消费、商务往来、文化交流需要的旅游、民宿、餐饮、文化产品体系,提升金融、交通、语言、教育等国际化服务品质,让郑州成为体味中华文化、寻根中华文明、增进中外交往的重要文旅消费、商务交往目的地。

2. 完善载体、引育品牌,打造"郑品位"国际消费中心地

适应人民群众和国际交往对高品质国际消费的需要,完善优化城市商圈、步行街、购物小镇、文旅小镇、免税店、国际社区布局,实施乡村振兴文旅提升工程,活跃文化消费、夜消费、假日消费氛围,打造一批国际知名、影响深远的会展、节庆、赛事活动,加快发展首发、首秀、首店经济,支持国际知名品牌、连锁服务企业落户区域总部、旗舰店,积极培育本地知名品牌、知名连锁服务企业,丰富线上线下消费场景,做好市场监督管理、消费者维权服务,为促进国际消费营造"优"的服务品位、"好"的消费环境。

3. 聚合资源、加强协同,打造"郑中心"国际消费集散地

依托郑州现代化都市圈发展的丰富资源,充分发挥郑州枢纽作用,支

持郑州完善提升金融、交通、文化、科研、教育职能,丰富拓展会展、赛事、文化交往、学术交流及其他国内外交往职能,建立健全都市圈生态环境、城际交通、公共服务、统一市场、公用品牌、区域网络等共建共享、协同互动的体制机制。以城乡消费为基础、文旅消费为先导、供给侧结构性改革为重点,加快建立以郑州为龙头和枢纽,职能清晰、分工明确、立体高效的城乡消费网络和产品供给体系。

4. 对接需求、联通内外,打造"郑便利"双循环门户城市

把握以国内大循环为主体、国内国际双循环相互促进新发展格局加快形成的重大机遇,充分发挥郑州枢纽作用,有效对接城乡高品质消费和豫货、国货出海需求,建立完善联通国内市场和海外市场的基础设施、创新网络、政策体系,打造市场化、法治化、国际化一流营商环境,提升"五通"项目支撑、要素集聚、服务供给、政策统筹水平,进一步提升郑州国际枢纽地位和服务效能,努力建成全国重要的双循环门户城市。

五 对策建议

顺应消费趋势,以"国际知名度""消费繁荣度""商业活跃度""到达便利度""消费舒适度""政策引领度"六个评价指标为指引,对标对表逐个落实,根据发展动能,联动城市群、都市圈发挥辐射作用,构建科学合力、精准有效的规划,不断完善顶层设计,挖掘优质消费资源,培育国际化消费生态,多措并举加快培育建设国际消费中心城市。

(一)创新消费供给,集聚优质消费资源

1. 塑造国际商业新高地

合理规划建设城市商业空间,重点打造一批集聚世界高端品牌、本土优质品牌和集购物、餐饮、文化、体验为一体的消费地标,建成集郑州优秀传统文化和现代城市文明融合交织的标志性、现代化特色建筑群和核心商业区。参照国际先进经验和标准,重点完善提升大卫城、正弘城、熙地

港等地标性都市级高端商圈，将中原文化、新国潮等文化特征融入，改造提升设施。通过聚力打造二七、高铁东站两大国际化核心商圈，培育壮大花园路、金水路、北龙湖、郑东CBD等功能错位的高品质特色商业中心，汇聚人气、激活商气。注重培育"站口商圈""新型潮店""地下超市"等休闲商贸新业态，完善办公、餐饮、城市客厅等功能，打造"15分钟商圈"，增强片区商业主体间联动，增强购物体验感。

2. 提档升级特色商业街区新样板

着力提升德化步行街、紫荆山路城市商业大街、商代王城遗址特色街区、农科路酒吧街、健康路体育夜市街等一批商都文化、豫菜文化、时尚文化、网红文化消费街区，培育提升郑州商都遗址博物馆、二砂文创园、芝麻街1958双创园等精品工程，谋划推动一批高端消费区建设，打造集国际消费目的地和标志性城市景观于一体的世界级地标性商圈，培育郑州"现象级"消费。

3. 完善社区商业新网络

加快建设智慧化便利化生活圈，强化"数字工程"建设，结合城市更新和老旧小区改造，完善社区、邻里两个层级的社区设施布局，形成线上与线下深度融合、商品与服务全领域覆盖、便捷化配置的社区商业服务网络。建设"邻里中心"等一站式数字化生活配套服务设施，推进智慧便利店进社区、无接触零售配送、智能快件箱进楼宇、品牌农产品进超市惠民"三进"工程，推广"互联网+生活性服务业"等新模式，着力打造15分钟智慧便民生活圈，提升居民生活便利度。

4. 扩大中高端消费品供给

对标海南自贸港、上海临港新片区，依托河南自贸区郑州片区、郑州航空港经济综合实验区、国际陆港等平台，中欧班列（郑州）国际铁路运输通道，深度对接中国国际进口博览会、中国国际消费品博览会等国家级展会，满足对海外优质产品的需求。大力发展外贸新业态，多渠道扩大中高端消费品进口，着力打造中高端国际消费品集散地和进口商品"世界超市"；围绕美欧等传统市场和"一带一路"、RCEP等新兴市场，优先发布境外市场需求目录。实施"豫货行天下"行动,组织企业参加广交会、服贸会以及各类"境内线上对口谈、境外线下商品展"。

(二)突出特色文化优势,培育国际文旅消费新亮点

1. 塑造国际消费城市形象

统筹做好文保、文旅、文创与城市文化、现代消费协调融合,塑造郑州古今辉映、创新时尚、繁荣开放的城市形象。特色资源优势转化为消费优势。聚焦"黄河、黄帝、商都、嵩山、大运河"等核心文化资源,深入挖掘黄帝文化、伏羲文化、嫘祖文化、嵩山文化等人文价值和精神内涵,以黄帝文化体验旅游、中国功夫体验旅游、中国古都文化旅游、丝路文明旅游等为重点,加快向海外推介以"山·河·祖·国"为主题的文化旅游精品线路和产品,推动中原文化走向世界。以打造"国际旅游目的地"和"全球华人寻根圣地城市"作为国际消费城市中心建设的"姊妹战略",实现旅游与消费的双促进。发展特色文旅消费。打造沿黄文化产业带,积极申办世界大河文明论坛;加快建设"天地之中"、黄帝故里、商代王城遗址等三大文化核心展示区;支持银基、方特创建国家级旅游度假区,支持电影小镇、只有河南、黄帝千古情等景区提升品牌影响力,继续办好黄河文化月等重大活动,办好首届中国非物质文化遗产保护年会;鼓励引导豫音脱口秀、街头艺术、假日集市、文化和非遗集市等集聚发展,形成一批新型文化旅游消费业态。加强对"老字号"的保护和支持。深挖郑州老字号文化内涵,加快产品创新和品质提升,支持"老字号"走出去,推动老字号上平台、进机场、进高铁、进免税店、进社区、进景点、进展会,提升知名度、美誉度和市场影响力、竞争力。加快郑州特色文化、非物质文化遗产创意产品开发,打造一批原创本土品牌。

2. 丰富数字文旅产品供给

新冠肺炎疫情期间,传统文化旅游业受到较大冲击,倒逼文旅产业加快数字化进程,迎合消费需求变化的客观要求,以技术赋能为文旅产业发展注入新动能。盘活传统文化旅游资源。积极推进文旅产品与 AR、VR 展

示、云计算、5G、元宇宙等深化融合，开发沉浸式体验产品。全面擦亮郑州国家历史文化名城"金名片"，加快打造具有国内外影响力的"博物馆群+大遗址公园"文明展示体系，发展优质文物资源保护、利用和展示技术，重点对"天地之中"历史建筑群等世界级文化遗产和文物艺术品进行数据采集和数字模拟，开展数字复原及保护展示，打造文旅数字体验空间。强化信息化建设和智慧旅游服务。推进文化和旅游数字化、网络化、智能化发展，进一步完善文化产业和旅游业"云、网、端"数字化基础设施覆盖面，发展云旅游、云演艺、云娱乐、云直播、云展览等，景区直播、景区短视频、虚拟现实景区、数字博物馆等新文旅业态，推动文化和旅游数据资源开放共享流通。同时，做好消费场景开发、消费业态拓展、主题活动及平台建设，促进购物、餐饮、休闲、旅游、文化等传统商贸行业与工业、农业、康养、生态等跨界合作，加速线上线下消费场景融合。

3. 打造城市文化 IP 品牌

持续提升区域形象辨识度，契合当前传统文化复兴和新国潮崛起，发挥郑州的丰富的文化旅游资源等优势，塑造郑州文化旅游品牌和文化IP体系，打造提升城市文化影响力。一方面，学习借鉴"好客山东""诗画浙江"等围绕地方特色主题形象打造城市品牌的经验，加快塑造"行走郑州·读懂最早中国"城市文化品牌，规划实施全面展示这些独特文化魅力的"现象级"、IP集群式重大项目，谋划实施诸如黄帝拜祖大典、国际功夫大会、国际古都论坛、黄帝文化国际论坛、嵩山论坛、世界电子商务大会等高端论坛。另一方面，塑造"奇妙中原·老家河南"主题形象。紧抓"奇妙游"超级IP系列频频破圈优势，通过对中原文化、河南元素的创造性转化、创新性发展，以"奇妙中原"引领河南文旅年轻化，吸引新生代消费者，带动"老家河南"焕新出圈，重获关注度和竞争力。如举办"奇妙中原旅游季"活动，推出一批奇妙文旅线路和新产品，融入元宇宙技术再现节目现场，吸引消费者打卡；依托二砂工业遗址建设"奇妙中原"国潮文创产业园吸引文创、设计类企业和独立设计师、品牌主理人集聚，创办国潮文化节、音乐节、文创节等，打造城市新潮消费空间；以"老家新潮"为主线重构"老家河南"体系,打造"老家潮味""老家潮礼""老家潮宿""老家潮营"等系列产品。通过塑造"既古老又新潮"的新形象,重塑辨识度,再造新优势。

(三) 推动消费融合创新,拓展国际消费新业态

1. 大力发展新型消费

充分发挥新型消费高效、便捷、智慧、融合等优点,突破产品营销、服务对接、消费评级、技术应用、市场融合的堵点难点,拓展生产生活消费疆界领域。培育一批龙头企业和优质企业。支持中小企业发展国际贸易,重点引进一批具有高端要素配置能力的总部型企业和国际国内一线品牌,形成国际消费新高地。围绕重点领域有针对性地做强做优一批引领新消费业态发展的"链主"龙头企业,构建多层次发展梯队。实现线上线下加速融合。鼓励传统农业、食品、服装及商超龙头企业,与京东、天猫、苏宁易购和拼多多等综合电商,盒马鲜生、网易优选等垂直电商,以商品供应、入驻平台、资源共享等方式,开展多层次、全方位的数字营销合作。鼓励实体企业和商超进行数字化经营转型,通过微信小程序、APP 等开展线上交易。发展线上业务代运营主体、初创企业孵化平台,培育在线经济新品牌和新企业。打造电商直播基地。吸引知名电商在郑州设立区域性、功能性总部,推动 UU 跑腿、中钢网等本地电商规模化发展,探索休闲食品、电子制造、轻纺家居、家用电器等特色产业与电商融合发展。谋划设立全球汇进出口商品展示销售平台。积极发展"直播经济""网红经济"。支持蜜雪冰城、锅圈食汇等 50 个新型消费明星项目提质发展。鼓励"在线娱乐""在线教育""在线旅游""在线医疗""在线会展"等在线服务经济发展。

2. 打造"夜郑州"特色品牌

借鉴北京"夜京城"、西安"大唐不夜城"等主题鲜明的夜经济示范区成功经验,打造郑州特色"夜"经济亮点。打造夜间经济发展格局。以二七、花园路、CBD 等重要商圈和德化街、农科路、健康路夜市、天下收藏文化街等知名步行街、休闲街区、文娱文创园区，以及方特欢乐世界、华谊兄弟电影小镇、只有河南戏剧幻城、黄帝千古情等城市文旅景区为主要节点，整合公共文化、商业街区和文旅文创资源。丰富夜经济模式。聚焦"游、购、娱、赏、品、健"夜间消费和活动需求，围绕"市、景、馆、展、演、秀"夜经济环境和氛围营造，发展全方位、多元化夜间消费场景，打造兼容传统与时尚、丰富多彩的"夜郑州"生活美景。注重文旅产业与"夜经济"深度融合。借助黄帝故里拜祖大典、少林功夫、登封窑陶瓷烧制技艺等国家非物质文化遗产，打造文化与"夜经济"发展融合体验区；依托瑞光创意工厂、陈寨花卉市场、郑州古玩城、"唐人街"茶城等知名传统文化及文创交易市场，组织夜间和周末大型文化旅游产品博览活动。打造夜经济消费IP。开发"夜郑州"视频号、专题小程序，利用数字技术，探索沉浸式体验产品打造、光影科技夜游产品制作等多元业务，打造"夜商都"等夜经济消费IP。此外，逐步放开酒吧、咖啡店、轻餐饮店等的"外摆位"限制，同步加强夜间交通配套。持续办好"醉美·夜郑州"，推出系列主题活动和特色活动，夯实郑州国际消费中心城市消费支撑能力。

3. 加强国际交流合作

打造国际会展赛事举办地。建立健全国际会赛引进和申办联动机制，争办具有国际影响力的品牌会展和赛事活动，高水平举办好国际少林武术节、上海合作组织经济论坛等重大活动；依托郑州国际会展中心、中原国际博览中心、郑州新国际会展中心、郑州国际文化交流中心等场所，大力拓展举办国际食品、新型材料、医药健康、文化旅游、金融服务等方面会展业务，做强郑州会展产业，将郑州全国商品交易会等项目打造成行业领先的专业展会；积极引进世界高水平单项体育赛事和综合性运动会，谋划全国顶级电竞赛事。组织好世界传感器大会、世界城地组织亚太区会员大会等国际性重大活动，增强会展国际竞争力。建设国际友好往来城市。加强与国际组织和外国地方政府的交流合作，积极推动外事机构、国际组织分支机构等落地郑州。加强与合作潜力大、互补性强的外国城市交往，新缔结一批国际友好城市和友好合作关系城市。

4. 打造消费时尚风向标

策划系列主题消费活动。把握国际消费新潮流，策划推广"主题消费""网络消费""文化消费""工业消费"等系列主题活动，制定"618""国庆""双十一"等促进消费方案，打造商贸、文化、旅游和信息消费等活动主题，满足居民消费升级需求，拉动城市消费升级。激活农村消费潜能。推动扩大健康消费。优化营养与健康食品、家庭保健器具、新型智能健康设备等健康类消费品，以及定制化健康体检、私人健康管理、高端疫苗注射等健康服务的供给。推广基于5G技术的远程会诊、远程监护等远程医疗应用，开发智慧医疗产品，扩大在线健康消费。加大养老服务设施建设，推动医疗、养生和养老一体化发展。吸引集聚外来消费。推进重点商圈离境退税商店全覆盖，扩大"即买即退"试点范围。在繁华商圈等重点区域增设市内免税店。借助RCEP的大势，探索建设RCEP经贸合作示范区，鼓励离岸贸易等新业态在郑州落地生根，探索建立免税购物和离境退税机制，提升退税服务便利度，缩短"即买即退"商店开单时间，改善机场退税流程，满足消费者更多购物需求。支持国产老字号、新品牌向税务部门申请退税商店。

（四）推进高水平对外开放，加快城市国际化

1. 高标准塑造产业开放优势

提升国际贸易服务能力建设。优化货物贸易产品结构，加快发展服务贸易，推进全国服务外包示范城市建设。申建国家文化出口基地，大力发展众包、云外包、平台外包新模式，支持开展离岸外包业务。支持郑州新郑综合保税区申请建设国家进口贸易促进创新示范区，打造国家重要进口基地。壮大外贸市场主体。实施自贸试验区、开发区、综保区产业促进专项行动，大力引进培育贸易型进出口企业和外贸综合服务企业，打造一批国家级外贸出口基地和千亿级外贸产业集群。提升高端产业集聚能力。打造优质内外资集聚地，优化招商引资结构，以制造业高质量发展为主攻方

向，推动传统产业提质发展、新兴产业培育壮大、未来产业谋篇布局，围绕千亿级产业集群培育，重点聚焦电子信息、汽车、装备制造等10条标志性产业链发展。提高招商引资质量效益，聚力引进一批优质项目。创新业态增后劲。联合外贸领域"链主"企业，加快建设郑州外贸综合服务平台，打造集贸易信息撮合、综合服务对接、外贸公共服务等功能的外贸领域互联网。提升跨境电商综试区、省级跨境电商产业园功能。

2. 完善内陆国际开放通道建设

建设国际性区域航空枢纽。加快新郑国际机场建设，适时启动郑州第二机场建设，积极推进郑州南站、新郑机场三期等重大基础设施建设。深化郑州—卢森堡"双枢纽"战略合作，充分利用第五航权，积极争取第七航权，大力拓展国际（地区）航线，积极引进航空公司总部，不断增强空中丝绸之路的辐射力和影响力。建设国际性区域铁路枢纽。充分发挥中欧班列（郑州）的通道优势，加快中欧班列郑州集结中心建设，做强中东欧、西欧、中亚和东盟线路，拓展北欧新线路，积极推进新建郑州—上海普通铁路项目。构建郑州与青岛、连云港、天津、上海等港口的多式联运系统，加快建设以东向为主的铁海联运国际通道。建设区域性国际口岸城市。做大做强郑州已有的9个功能性口岸，积极打造进口药品国内分拨中心，加快建设全国第四家邮政枢纽口岸。积极争取有利于郑州主导产业发展的口岸政策，建设直达贸易对象国的内陆起点口岸。同时，加快推动跨境电商进口药品试点业务发展，打造进口产品消费中心，积极布局海外仓和海外运营中心，加快跨境电商产业链上下游企业集聚，加速向"买全球、卖全球"目标迈进。

3. 提升开放平台消费能级

强化自贸引领作用，形成开放型经济新体制。高质量建设河南自贸区郑州片区。发挥好郑州航空港经济综合实验区开放引领作用，建设河南自贸试验区2.0版，打造河南省RCEP示范区，制定新一轮自贸试验区深化改革方案，全面完成改革创新试点任务，大力培育引进高技术、高成长、高附加值企业，促进外向型经济高质量发展。推进系统集成化制度创新，深入开展政务、监管、金融、法律、多式联运五大专项服务体系建设，打造制度创新先行区。高标准建设中国（郑州）跨境电子商务综试区。提升跨境电商"单一窗口"和线上综合信息服务平台功能，鼓励跨境电商为企业提供一站式综合服务。创新"电商+"发展模式，推动跨境电商+装备制造、跨境电商+智能终端、跨境电商+纺织服装等，促进跨境电商与制造业融合发展，带动一批实体经济。持续拓宽开放领域，构建连通境内外、辐射东中西的物流通道枢纽，稳步提升与"一带一路"沿线国家和地区、RCEP成员国的经贸合作水平。

（五）优化消费环境，培育良好消费生态

1. 强化消费保障

完善商业设施布局，强化国际化消费平台建设，引导商圈、商业综合体、公共服务场所升级国际化服务配套。加强市内交通设施与商业消费空间的有机融合，提高出行便利度和人性化程度。提升城市信息化水平，利用现代信息技术提升消费智能化、数字化和便利性。着力提升城市公共服务和空间环境品质，加快补齐养老、教育、医疗、文化、社会保障等公共服务供给短板，进一步规范在质量、产品标准、售后服务、信用体系建设等方面大力提升公共服务配套水平。建立完善的"放心消费"保障体系，包括售后服务机制、投诉快速反应机制、7天无理由退货机制、线上线下融合消费机制、安全保障机制等。

2. 编制消费新地图

整合郑州市优质消费资源，打造集实体手册、网站、手机APP、微信小程序于一体的O2O智慧消费新地图，形成郑州地标商业必逛、夜生活必游、美食必吃、礼品必购等特色主题消费地图，集合商户场景、商品种类、优惠折扣、交通配套等相关信息资源。结合文旅会展赛事资源，推出专时旅游购物地图。

3. 宣传城市新形象

实施"郑州购物"推广计划，开展整体营销，组织有针对性的国内外

宣传推介活动，提升城市消费文化认同度，结合本土品牌振兴计划、城市伴手礼招募计划，增强与国内机构合作，强化对消费文化的推广。

4 构建国际化市场化法治化营商环境

面对新业态、新模式、新经济的冲击，对标国际消费制度政策，推动签证、金融支付、关检等创新，完善知识产权保护制度，建立健全消费维权体系和消费争端解决机制，完善国际化消费规则体系。积极对接国际安全、环保、健康等消费标准规范，推动医疗、物流、餐饮住宿、教育等行业服务标准升级，提升教育、医疗等公共设施国际化水平。推进"放管服"改革，进一步推行外商投资"承诺+备案"制度，全面加强监管，放宽医疗、教育、文化、信息等外资投资准入限制。大力发展"免税经济"，加快布局国际化消费载体和场景，提升国际化服务功能，在市内增设免税店数量，打造国际消费承接地、国际消费结算地，提升免税消费便利度。

（执笔人：弋伟伟）

专题七

郑州都市圈人口变动的特征、影响与对策分析

摘 要：人口是城市发展中的基本要素，人口发展是社会经济发展中的重要一环。针对郑州都市圈的人口变动，本研究首先以迁移为视角，从人口流出、人口流入两个方面总结了河南省人口变动的规律性特点，对郑州都市圈整体以及各个地级市的人口的现状和变化情况进行分析，探索郑州都市圈各区县人口空间变化特征，包括：人口的变化模式、集聚模式的变化、转移路径、城市间的网络联系等；进而研究郑州都市圈人口变动给社会经济发展带来的影响，并为郑州都市圈人口的可持续发展提出相关政策建议。

关键词：人口；郑州都市圈；社会经济

在经济社会发展的进程中，人口作为最重要、且最为活跃的要素之一，其可持续发展对区域协调发展至关重要。郑州都市圈土地面积占河南省的35.24%，人口约占河南省的47.01%，工业总产值占河南省的近60%，高校总数、新毕业大学生就业总数、科研机构、科创产业等在全省占八成左右，郑州都市圈在中国未来的发展进程中必将发挥更大的作用。根据第七次人口普查数据，郑州都市圈的人口发展具有以下特征：流动人口大幅度增加；人口综合素质得到全面提升；人口老龄化问题凸显；城市规模集聚增强等。在推动郑州都市圈快速发展的同时，也必须进行宏观调控，以应对人口变动带来的社会经济问题。通过人口变动对社会经济发展

专题七 郑州都市圈人口变动的特征、影响与对策分析

影响的研究，制定针对郑州都市圈的人口可持续发展战略，处理好人口与经济、社会之间的关系，有利于推动都市圈的协调发展。

一 河南人口迁移的规律性特征

随着工业化、城镇化的不断发展，人口在社会经济发展中起的作用越来越重要，城市之间的人口流动经常大规模发生，而人口的迁移对社会经济发展有着深远的影响。河南省作为全国人口大省，每年的人口流动数量巨大，据第七次全国人口普查数据统计显示，河南省外省流入人口为127.4万人，流出人口为1610万人，有千万河南人在他乡工作生活，亦有百万异客在我省驻留，这迁移的过程中存在一定的规律性特征，总体归纳为农村人口流向乡镇，乡镇人口流向县城，县城人口流向大城市，大城市人口流向省会城市，省会城市人口前往一线城市，其间存在省内流动和跨省流动，系统性分析河南省人口迁移的规律性特征对河南省社会经济政策的宏观调整有重要意义。

(一) 河南省人口向国内发达地区跨省流出

1. 人口向发达地区流动，流出态势保持稳定

人口流向为向东部社会经济发达的城市迁移，北京、上海、广州、浙江以及江苏等省市为河南省人口主要流入地区，流入的经济圈载体多为国家级城市群，这种流动态势保持稳定。据第六次人口普查数据显示，河南省人口外出人数排在全国前列，流入的省份以东部沿海经济发达的城市为主；第七次人口普查数据显示：河南外出人口流入地区数量超100万的省市有5个，河南省外出人口流入广东省的最多，达200.2万人次，占外出人口的18.05%，外出人口流入浙江省其次，达180.4万人次，占外出人口的16.26%，外出人口流入江苏省排名第三，达168.6万人次，占外出人口的15.21%，北京、上海分别位于第四和第五，分别为130.8万人和118.3万人，分别占11.17%和10.67%，前五名外出人口比重占71.98%。

· 231 ·

其他外出人口流入的省市主要是新疆、天津以及河北、山西、山东、湖北等周边省份，沿海发达地区为主要的省际流动流入地的这一趋势并未改变。

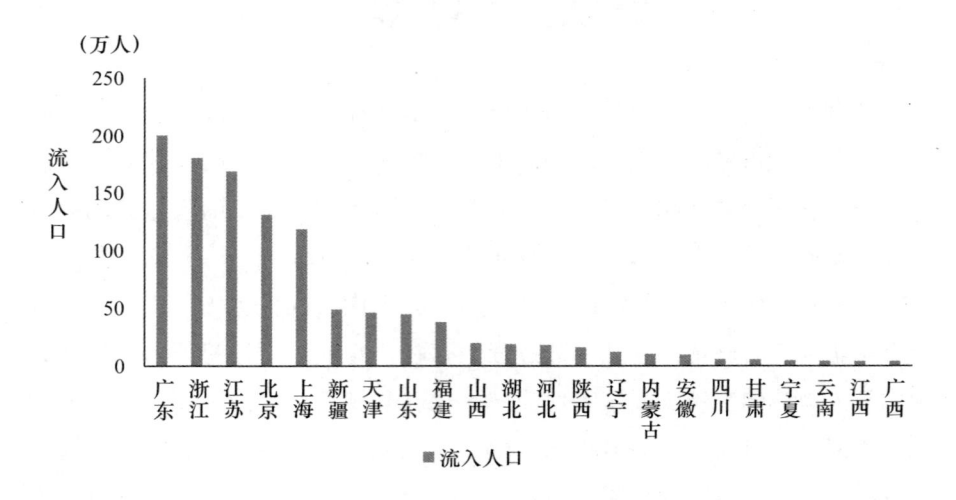

图 7-1 2020 年末河南省人口外出流入省市数量统计

数据来源：wind 数据库。

2. 借助"空铁"双核枢纽，人口向中长距离的产业集聚地转移

郑州都市圈拥有航空枢纽和铁路枢纽的"双核驱动"，是"国际性交通门户枢纽"，交通的便捷大大缩短了通行时间，扩大了通行范围，人口更容易向产业集聚地转移。从全国经济开发区空间分布来看，我国经济开发区主要围绕长三角城市群、珠三角城市群、京津冀城市群、成渝城市群、长江中游城市群、中原城市群分布，而郑州都市圈处于全国中心位置，有着中部地区重要的交通枢纽，沿铁路干线向东可达长三角城市群，向北邻接京津冀城市群，向南通向长江中游城市群和珠三角城市群，这些经济发达的国家级城市群和中原城市群对比，经济活动更为活跃，产业集聚度更高，存在非常多的就业机会，居民有着可观的收入，可利用的资源更多，河南外流人口也正朝着这些城市群中的中心城市集聚。

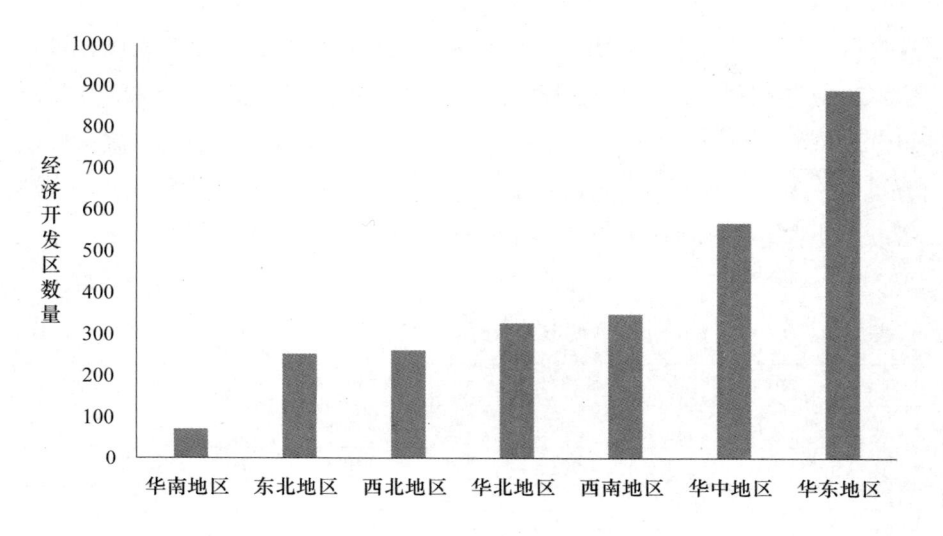

专题七 郑州都市圈人口变动的特征、影响与对策分析

图 7-2 中国经济开发区统计图

数据来源：根据各开发区数据绘制。

3. 跨省流动人数超过省内流动，河南南部县市为人口跨省流出

随着城镇化进程的不断推进，城镇化率有较大提高，城镇化进入以"结构调整为主""中小城市"加速发展和"回流"的阶段，人口的短线流动比例有所上升。据2020年末人口流动数据统计，河南省流动人口中，人口跨省流动占比超70%，省内流动占比不足30%，其中，在跨省流动人口中，流向城市群的人数超过60%。这部分跨省流动人口主要来自南阳市、商丘市、信阳市、周口市和驻马店市等小城市，占整体流动人口的50%，这些城市分布在河南省南部地区，其整体发展水平相对落后。

（二）河南省人口向省会城市省内流入

1. 流动人口向省会城市集聚

作为国家中心城市，郑州市虹吸全省人口的强度不断加大，大量的人口向省会城市集聚有助于打造全省核心增长极。2018年，郑州首次成为人口过千万、GDP破万亿的城市，城市的公共服务水平、就业机会让人口大量集聚，其在中部地区的影响力越来越大。根据第六、第七次人口普查数据，2010年郑州市人口流入规模为118万人，全国排名第二十，2020年郑州市人口流入规模为397万人，排名第五，相比较，郑州市人口流入规模增加279万人。在河南省内跨市流动人口中，有60%的流动人口进入到郑州市，外省流入河南的人口中的40%流入到郑州市。

表7-1　　　　　　　　　城市人口流动规模排名

排名	六普	流入规模（万人）	七普	流入规模（万人）
1	上海	890	深圳	713
2	深圳	776	广州	597
3	北京	700	成都	581
4	东莞	640	西安	448
5	广州	464	郑州	397
6	苏州	409	杭州	323
7	佛山	349	重庆	320
8	天津	304	长沙	300
9	成都	256	武汉	254
10	宁波	190	佛山	230
11	杭州	187	苏州	228
12	厦门	173	北京	228
13	无锡	171	东莞	224
14	南京	168	南宁	208
15	中山	163	昆明	202
16	武汉	142	合肥	191
17	温州	133	上海	185
18	泉州	128	宁波	180
19	惠州	122	金华	169
20	郑州	118	贵阳	166

数据来源：根据《2020—2026年中国共享经济行业市场发展规模及投资前景趋势报告》整理。

2. 流动人口以近距离流动为主

七普统计中，省内流动人口规模相比2010年有所增加，整体上在人口流动规模增加的同时，流动的距离模式未发生根本性的变化，就近迁移与流动仍然是郑州都市圈人口迁移流动的主要形式。这一方面体现出流动人口对于流入地的选择是理性决策的结果，另一方面说明政府不断改善社会环境、实施人力资源与人才计划等政策行为取得了一定成效。铁路和公路的便利让郑州市成为中部地区重要的物流集散地，相比其他城市，郑州市能提供较多的就业岗位，让目前还不是以科技创新为主的郑州市提供了适合河南省农村流动人口的就业岗位。从外省来豫人口看，与10年前相比，总量增加较少，主要是来自安徽、山东、河北、湖北这些周边省份的务工人员，这四个省份来豫人口共46.64万人，已占到外省来豫人口的近四成。

3. 郑州都市圈周边市县人口迁移情况

中牟和新郑是郑州明显的人口净流入地区。据统计，中牟县净流入人口27万，仅次于金水区（44万）和管城区（28万），新郑市净流入人口16万，高于上街区（2.7万）和惠济区（3.9万），巩义、荥阳、新密、登封则属于人口净流出地区。目前郑州市的人口比重和经济比重尚不匹配，郑州市GDP占全省的20%左右，但人口仅占全省的10%左右。南阳市、商丘市、信阳市、周口市和驻马店市等都是人口大市，同时也是河南省重要的农业生产区和人口净流出地区。据统计，周口市人口流出为385万，南阳市人口流出为241万，并且出省为主的人口占外出人口的比重超过50%，信阳市出省人数占外出人口的72%。南阳市、濮阳市和周口市三地出现常住人口负增长，主要是劳动力外流导致的人口"迁移负增长"。人口负增长一方面会加剧负增长地区的人口老龄化水平，另一方面则会进一步降低负增长地区的生育率，从而对人口均衡发展造成负面影响。

总的来看，河南省人口迁移有以下特征和规律：人口流出方面，河南省人口向东部发达地区转移的特点没有变，且伴随着郑州市航空、铁路双枢纽的"助力"，人口的流出距离加长，跨省流出的人口占比较大，河南省南部社会经济发展较为滞后的地区的人口跨省流出较多。人口流入方面，向小城镇、大城市、省会城市不断集聚，多以短距离迁移为主，郑州都市圈中，省会城市郑州下属的行政区划内的人口流入较多，主要吸引的是郑州周边地市的人口前来生活就业。

二 郑州都市圈人口现状及变化特征

（一）郑州都市圈人口发展的总体特征

1. 郑州都市圈人口规模不断加大，各城市人口比重存在变动

郑州都市圈人口规模呈现逐年递增态势，2010年郑州都市圈常住人口达到4092.08万人，2020年进一步增至到4339.96万人，共增长247.88万人，郑州都市圈常住人口占全省常住人口的比例由2010年的41.64%上升到2020年的44.13%。都市圈中部分城市人口占比存在变化，其中只有郑州市的人口比重在提升，由2010年的20%提升至27%，新乡市、开封市、济源市的人口比重维持不变，其他城市的人口比重有轻微下浮。

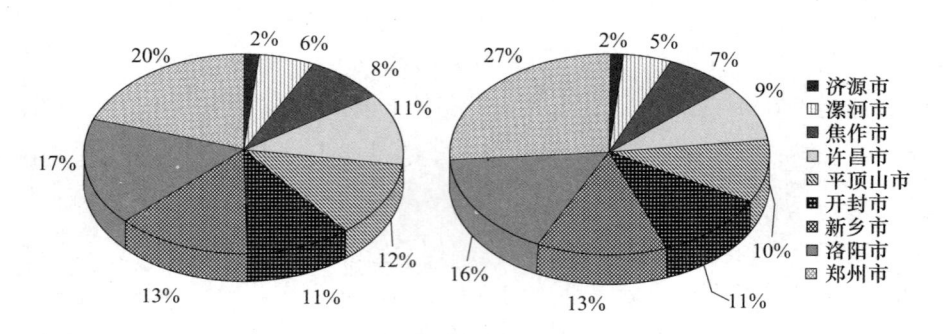

图7-3 郑州都市圈各地市人口占比

2. 郑州都市圈人口变化模式存在分化，以增长模式为主

以四个时间截面将十年时间划为三个阶段，相邻时间节点进行人口对比，人口增加即为Rise（R），人口减少即为Decrease（D），由此统计整个时间阶段中郑州都市圈的城市人口变化模式。依据占比的多少可将8种模式归为三种类型，统计数据显示：第一类型决定了郑州都市圈人口发展的

模式，主要为 DRR、RDR、RRR 三种，累计占比 79.73%，这类城市整体特征表现为人口数量存在轻微波动，但整体呈人口增加态势；第二类型为 DRD 与 RDD 两种，累计占比 13.92%，这类城市存在短时期的人口增长，但是整体呈人口减少态势；第三类型各个模式占比较小，分别为 DDD、DDR、RRD 三种，共 5 个城市，累计占比 6.32%，人口持续减少（DDD）的城市为新乡市的延津县，人口持续减少后增加（DDR）的城市为开封市的顺河回族区和禹王台区，人口持续增加后减少（RRD）的城市为郑州市的中牟县。

表 7-2　　　　　　　郑州都市圈城市人口变化模式统计

模式	数量	占比（%）	模式	数量	占比（%）
DDD	1	1.265	RDD	5	6.329
DDR	2	2.531	RDR	14	17.72
DRD	6	7.594	RRD	2	2.531
DRR	34	43.03	RRR	15	18.98

（二）郑州都市圈各地市人口发展特征

1. 城市人口增长与人口流失现象同时存在

对比第六次人口普查数据与第七次人口普查数据，郑州都市圈中各个城市存在人口增长与人口流失两种现象，其中人口为正向增长的城市有郑州市、开封市、洛阳市、新乡市、济源市，分别增长 46.47%、19.69%、8.45%、9.52%、7.62%，这些城市有着良好的基础设施、健全的公共服务、更多的就业机会、更大的上升空间，因此对人口等要素有更大的吸引力。周边城市的人口由相对欠发达的外围区流向核心区，导致外围城市人口下降，而中心城市的人口增长较快。随着交通便利度提高，这种流动进一步加快，近十年来人口负增长的城市有焦作市、漯河市、平顶山市、许昌市，分别减少了 0.53%、6.94%、6.48%、9.64%。

(万人)

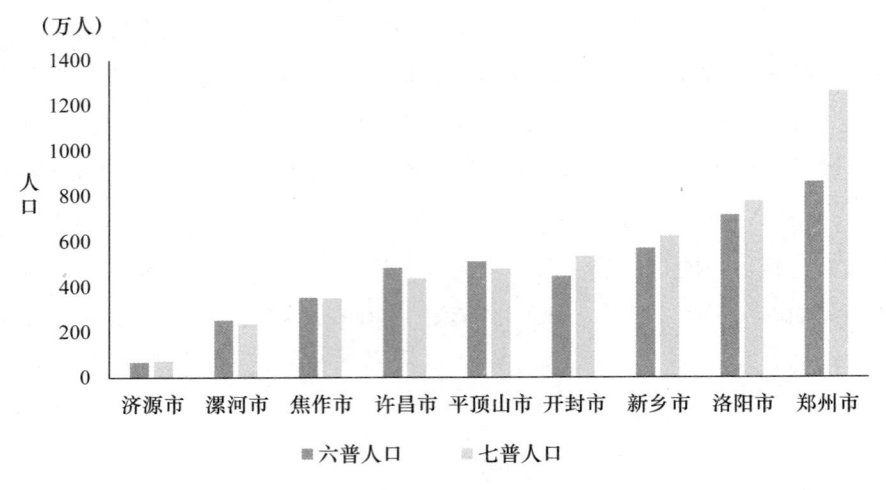

图7-4 郑州都市圈各地市人口数量

2. 城市人口性别比例有明显改善

男女性别比例失调不仅会影响家庭的组建，也会对社会经济发展带来不良影响，男女比例失调这一社会问题的有效解决有着重要现实意义。目前郑州都市圈各地市人口性别结构变化有以下特征：一是除郑州市外的城市的男女比例仍居高不下，这与城市就业机会对男性的吸引有很大关系；二是除郑州市外其他所有地市的男女人口比例均为下降，人口的性别组成有显著改善；三是都市圈东南方向的城市下降比例最大，依次有漯河市（3.88）、平顶山市（3.83）、许昌市（2.98）；四是郑州市（105.44）、济源市（102.86）、开封市（102.81）、平顶山市（102.12）、许昌市（102.06）的男女性别比例相比其他城市仍然较高。

3. 城市人口的抚养比不断减小

2010—2020年，郑州都市圈各地市人口结构发生了较大变化。第七次人口普查数据显示，学龄人口（0—14岁）占比在20%浮动，除焦作市外，学龄人口占比较第六次人口普查，各地市均呈现占比增加的态势，这一结果主要受二孩以及三孩政策的全面放开。劳动人口（15—59岁）占比在60%左右，与第六次人口普查相比，该阶段的人口占比在所有地市明显降低，各地

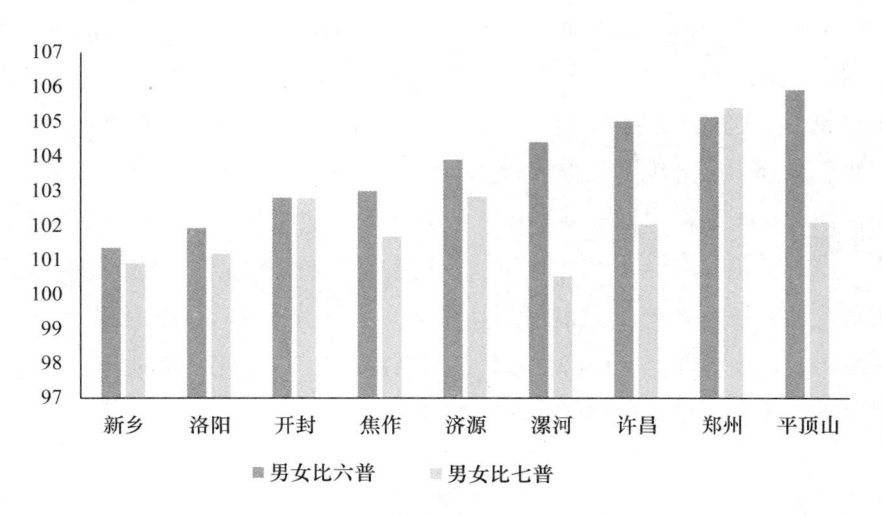

图 7-5 郑州都市圈各地市男女比

市开始出现用工荒。老龄人口（60 岁及以上）人口占比在 20% 左右，人口老龄化不断加深，其中 65 岁以上的人口占比更是第六次人口普查结果的 2 倍。

表 7-3　　郑州都市圈各地市人口年龄结构

郑州都市圈"1+8"	第六次人口普查				第七次人口普查			
	0—14 (%)	15—59 (%)	60 及以上 (%)	其中 65 以上 (%)	0—14 (%)	15—59 (%)	60 及以上 (%)	其中 65 以上 (%)
济源	17.2	71.54	11.26	6.56	19.47	61.86	18.66	12.99
焦作	18.86	69.67	11.47	7.45	18.71	62.41	18.88	13.28
开封	21.38	66.00	12.62	8.28	23.57	57.14	19.29	14.2
洛阳	20.05	67.70	12.25	8.11	20.85	60.84	18.31	12.97
漯河	17.89	68.07	14.05	9.37	20.34	58.64	21.03	16.01
平顶山	20.24	66.77	12.99	8.80	24.78	56.92	18.30	13.53
新乡	20.99	66.89	12.13	7.82	23.17	59.15	17.68	13.04
许昌	19.71	66.70	13.60	8.88	22.30	58.01	19.70	14.96
郑州	16.00	73.33	10.67	7.16	19.05	68.11	12.84	8.98

郑州都市圈人口老龄化在空间上发生显著变化，伴随着郑州国家级中心城市对周边各个地市中青年人口的吸纳，周边城市出现了人口老龄化加重现象。"六普"结果显示：郑州都市圈人口老龄化在空间上划分为三个层级，分别为以济源、焦作、新乡、郑州，洛阳、平顶山、开封、许昌以及漯河，呈现出在"西北—东南"方向上逐步加深态势，但该时期各个地市人口老龄化程度均在10%以下。"七普"结果显示：以郑州为核心的低老龄化城市被高老龄化城市包围，在空间上的分布为洛阳、济源、焦作、平顶山、新乡，漯河、许昌、开封，呈现由西向东方向逐步加深态势，该时期各个地市人口老龄化程度均在10%以上。

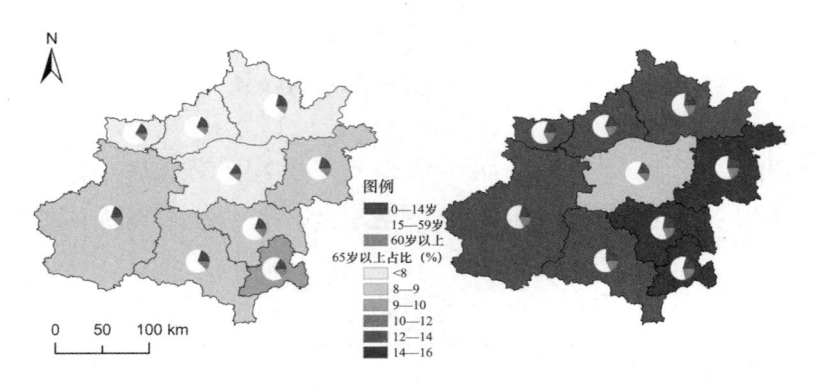

图7-6 郑州都市圈人口年龄结构空间分布情况（左六普、右七普）

4. 城市人口的综合素质得到提高

郑州都市圈各地市人口持续稳定发展，各地市中15岁及以上人口的平均受教育年限均有所提升，整体来看由六普的9.47年提升至七普的10.27年，增加了0.8年，其中按受教育年限增长的城市排序依次为：焦作市（1.2年）、洛阳市（1.17年）、新乡市（0.98年）、平顶山市（0.92年）、郑州市（0.89年）、开封市（0.67年）、许昌市（0.66年）、漯河市（0.62年）、济源市（0.06年），西北部分地市受教育增长年限较大。各地市文盲率有不同程度下降，整体来看由六普的3.12%降至七普的1.48%，降低了1.64%，其中文盲率降低的城市排名依次为：许昌市（2.36%）、开封市（2.21%）、新乡市（1.95%）、平顶山市（1.93%）、洛阳市（1.66%）、漯河市（1.51%）、焦作市（1.31%）、郑州市（1.27%）、济源市（0.51），在空间上的分布态势与受教育年限增长的空间分布保持吻合。各地市人口的受教育水平不断提高，每10万人拥有大学生文凭的人口数量增长明显，各地市的人才储备量不断增加，都市圈人口素质得到提升。

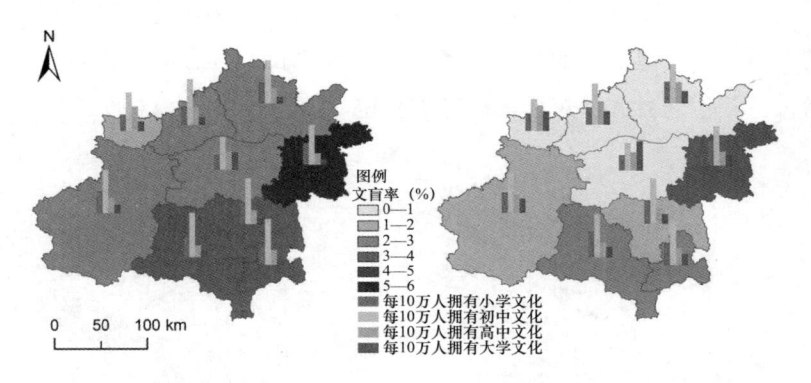

图 7-7 郑州都市圈人口受教育空间分布情况（左六普、右七普）

(三) 郑州都市圈人口空间变化特征

1. 从核心到边缘呈现人口增长到负增长的空间布局态势

经过十年的发展，郑州都市圈各区县人口规模等级发生轻微变动，将人口规模划分为 7 个等级，分别为：<20 万、20 万—40 万、40 万—60 万、60 万—80 万、80 万—100 万、100 万—150 万、>150 万。郑州都市圈中各个区县的人口规模有增有减，城市人口规模主要处于 20 万—80 万的范围，占 70% 以上。郑州核心区人口规模等级高且等级变化明显，边缘区域人口规模等级基本稳定。

从不同人口规模等级的区县数量来看，2020 年郑州都市圈人口规模处于 20 万以下的区县有 7 个，占整个都市圈的 8.75%，相比 2010 年减少了 5 个；人口规模处于 20 万—40 万的区县有 20 个，占整个都市圈的 25%，相比 2010 年增加了 5 个；人口规模处于 40 万—60 万的区县有 21 个，占整

· 241 ·

个都市圈的26.25%，与2010年持平；人口规模处于60万—80万的区县有18个，占整个都市圈的22.5%，相比2010年减少4个；人口规模处于80万—100万的区县有7个，占整个都市圈的8.75%，相比2010年增加1个；人口规模处于100万—150万的区县有5个，占整个都市圈的6.25%，相比2010年增加2个；人口规模大于150万的区县有2个，占整个都市圈的2.5%，相比2010年增加1个。在空间上可发现，以郑州市管城回族区、二七区、中牟县、新郑市、中原区、金水区以及许昌市禹州市为核心区的人口规模等级变化明显，边缘原人口基数较大区县的人口规模等级略有增长，其他区县人口规模等级基本稳定。

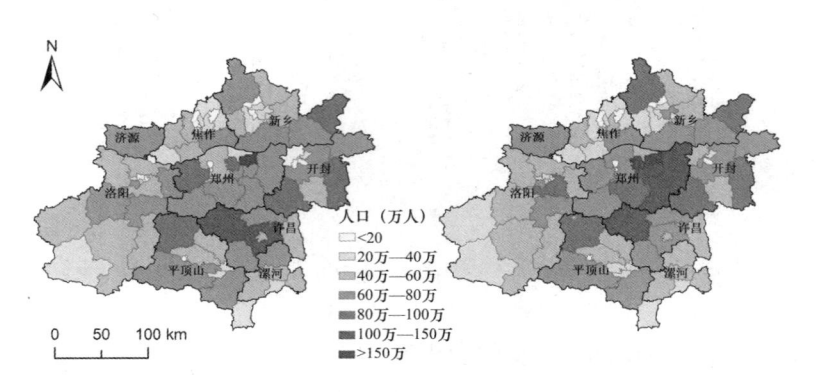

图7-8 郑州都市圈人口规模空间分布情况（左六普、右七普）

从各区县人口规模的增长情况来看，2020年相比2010年，有36个区县人口处于负增长，占郑州都市圈所有区县的45%，在人口负增长的区县中，焦作市有7个区县，开封市和平顶山市各6个区县，洛阳市有5个区县，新乡市有4个区县，漯河市和许昌市各3个区县，郑州市有1个区县，分别占各自地市所有区县的70%、66.6%、60%、33.3%、33.3%、60%、8.3%。有44个区县人口为正增长，占郑州都市圈所有区县的55%，在人口正增长的区县中，郑州市有11个区县，洛阳市有10个区县，新乡市有8个区县，平顶山市有4个区县，焦作市、开封市和许昌市各自有3个区县，漯河市有1个区县。从空间分布上来看，人口正增长的区县围绕洛阳市和郑州市呈连片分布，各地级市中心城区人口为正增长，人口为负增长的区县分布在郑州都市圈边缘区域以及各地级市中心城区周边区域。

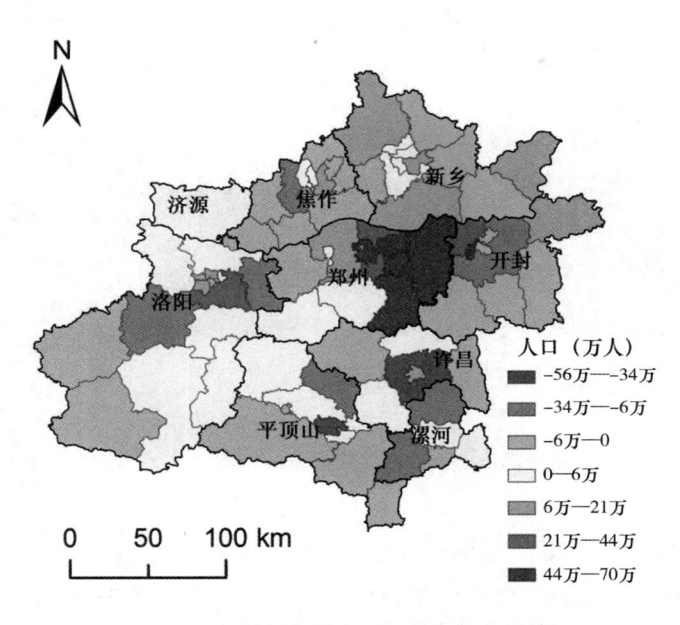

图 7-9　郑州都市圈人口规模空间变化情况

2. 人口密度的"中心—外围"结构明显

将人口密度划分为 6 个等级，分别为 0—500 人/km²、500—1000 人/km²、1000—2000 人/km²、2000—4000 人/km²、4000—8000 人/km²、8000—10000 人/km²。从整体的空间形态上来看，郑州都市圈人口密集程度呈现东北方向较高，西南方向较低，这一特点主要受地形以及经济发展影响，2010 至 2020 年间，人口密度在空间上呈现以各地级市核心城市为中心的集聚模式，"中心—外围"的空间分布趋势更为明显。

从不同人口密度等级的区县数量来看，2020 年郑州都市圈人口密度在 0—500 人/km² 的区县有 11 个，相比 2010 年少 1 个；500—1000 人/km² 的区县有 36 个，与 2010 年持平；1000—2000 人/km² 的区县有 12 个，与 2010 年持平；2000—4000 人/km² 的区县有 8 个，相比 2010 年少 4 个；

4000—8000 人/km² 的区县有 9 个，相比 2010 年多 2 个；8000—10000 人/km² 的区县有 4 个，相比 2010 年多 3 个。在空间分布上，随着时间的变化，郑州市、洛阳市、新乡市、开封市的"中心—外围"结构更加明显。

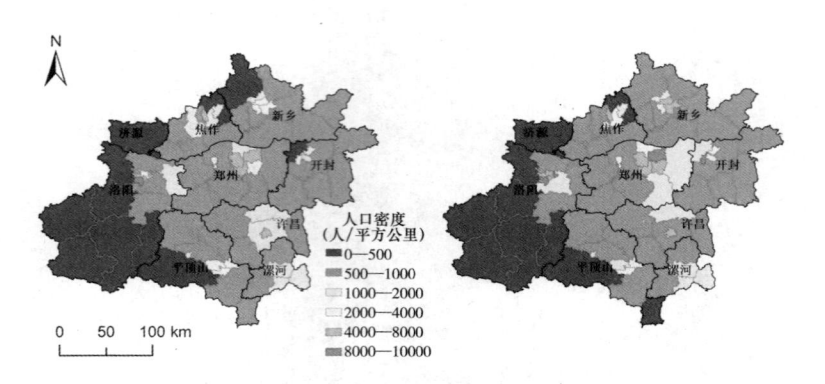

图 7-10 郑州都市圈人口密度空间分布情况（左六普、右七普）

3. 人口的"单核"集聚效应不断增强

空间自相关反映了研究对象的显著性分布状况。基于 Moran's I 指数可以检验和测度城市人口规模的集聚效应。在空间统计方法中，常用全局 Moran's I 指数（Global Moran's I）与局域 Moran's I 指数（Local Moran Index）来测度。

全局空间自相关反映的是人口规模空间关联程度的总体特征。其计算公式为：

$$I = \frac{n \sum_i \sum_j w_{ij}(x_i - \bar{x})(x_j - \bar{x})}{(\sum_i \sum_j w_{ij}) \sum_i (x_i - \bar{x})^2}$$

其中 I 为全局 Moran's I 指数，n 为城市数量，w_{ij} 为空间权重矩阵，x 为县域人口规模。Moran's I 指数的取值范围为 -1~1。若统计量 <0，则表示负相关，即高值与低值相邻、低值与高值相邻；若统计量为 0，则表示随机分布，即不存在空间自相关性；若统计量 >0，则表示正相关，即该区域在全局尺度上具有高值与高值相邻、低值与低值相邻的整体态势，表明在全局尺度上的各空间单元间存在空间集聚效应。基于 Geoda 平台，对郑州都市圈人口规模进行全局空间自相关检验，检验结果如下：

表 7-4　　　　　　郑州都市圈人口规模全局自相关检验

年份	I	Z	P	年份	I	Z	P
2011 年	0.2231	3.6712	0.001	2016 年	0.2312	3.4316	0.003
2012 年	0.2321	3.4405	0.003	2017 年	0.2739	4.0491	0.001
2013 年	0.2316	3.4342	0.003	2018 年	0.2739	4.0491	0.001
2014 年	0.2311	3.4303	0.003	2019 年	0.2739	4.0489	0.001
2015 年	0.2311	3.4304	0.003	2020 年	0.2740	4.0317	0.001

从全局来看，所有年份下的全局 Moran's I 指数均为正，指数范围在 0.2231 至 0.2740 之间，P 值小于 0.01，Z 得分在 3.4302 至 4.0491，通过了显著性检验。表明：郑州都市圈人口规模存在空间集聚效应，且随时间推移，集聚效应发生波动，整体来看都市圈人口规模的空间集聚效应是逐渐增强的，在 2017 年前后，郑州都市圈人口集聚效应出现明显增长，2020 年集聚效应达到最高。

然而，全局 Moran's I 指数只能揭示人口规模在郑州都市圈整体空间上的相关性，却不能揭示出这种空间相关的具体形式与分布规律，即郑州都市圈内究竟何处为人口集聚的高值或低值聚集区，故要基于 LISA 分析方法分析人口规模在空间上是否存在局部空间集聚。通过局域 Moran's I 指数检验郑州都市圈内各个城市人口规模是否存在空间关联并且识别出关联的类型。其计算公式为：

$$Ii = \frac{xi - \bar{X}}{S_i^2} \sum_{j=1, j \neq i}^{n} wij(xj - \bar{X}) \qquad S_i^2 = \frac{\sum_{j=1, j \neq i}^{n}(xj - \bar{X})^2}{n-1}$$

其中 I_i 为 i 城市的局部 Moran's I 指数，x_i 为 i 城市的人口规模，x_j 为其相邻城市 j 的人口规模，W_{ij} 为空间权重矩阵，n 为城市的数量。同全局莫兰指数分析类似，当 I_i 值大于 0 时，则存在局部的空间相关集聚，即在人口规模较大的城市,其周边区域的人口规模也是高值(H-H),或者在人口规模较小的城市,其周边区域的人口规模也是低值(L-L);当 I_i 值小于0时,则存在局部的空间相异特征,即人口规模较小的城市被人口规模较大的城市包围(L-H),或者人口规模较大的城市被人口规模较小的城市包围(H-L)。由此可以识别和检验各个城市之间人口规模的空间关系,进而进行统计分析。

对郑州都市圈人口规模进行局部空间自相关分析,结果如下:

2017年为郑州都市圈人口局部集聚新模式的转折点,各区县所在的空间模式基本保持稳定。高—高模式的区县数量在2017年之前均为27个,2017年之后均为30个;低—低模式的区县数量在2017年之前均为26个,2017年之后均为28个;低—高模式的区县数量在2017年之前均为16个,2017年之后均为15个;高—低模式的区县数量在2017年之前均为11个,2017年之后均为7个。表明:郑州都市圈人口规模局部空间集聚模式具有稳定性,2017年为转折点,新的集聚态势仍然稳定保持。这与郑州市在2017年推行的"人才引进"政策有明显的关系,郑州吸引外来人员落户从某种层面上加快了郑州都市圈人口的集聚。

表7-5 局部空间自相关统计表

年份	H-H	L-L	L-H	H-L
2011年	27	26	16	11
2012年	27	26	16	11
2013年	27	26	16	11
2014年	27	26	16	11
2015年	27	26	16	11
2016年	27	26	16	11
2017年	30	28	15	7
2018年	30	28	15	7
2019年	30	28	15	7
2020年	30	28	15	7

专题七 郑州都市圈人口变动的特征、影响与对策分析

为探索空间集聚模式在具体空间上的分布情况,选取 2011 年、2014 年、2017 年、2020 年 4 个截面进行人口规模空间局部集聚分析,显著性水平均通过 0.05 显著性检验。结果如下:

郑州都市圈人口分布的"单核"模式非常明显,局部空间集聚模式常年保持稳定态势。高—高集聚区存在扩张态势,许昌市的所有区县,郑州市的二七区、中牟县、新密市、新郑市、登封市,开封市的通许县、兰考县,平顶山市的郏县常年为高—高集聚模式,中原区、尉氏县、汝州市等县市逐渐变为人口的高—高集聚区;低—低集聚区数量减少,焦作山阳区常年为低—低集聚区,洛阳市的孟津县和新乡市牧野区的低—低集聚模式逐渐变得不显著;济源市为高—低集聚区,郑州惠济区为稳定的低—高

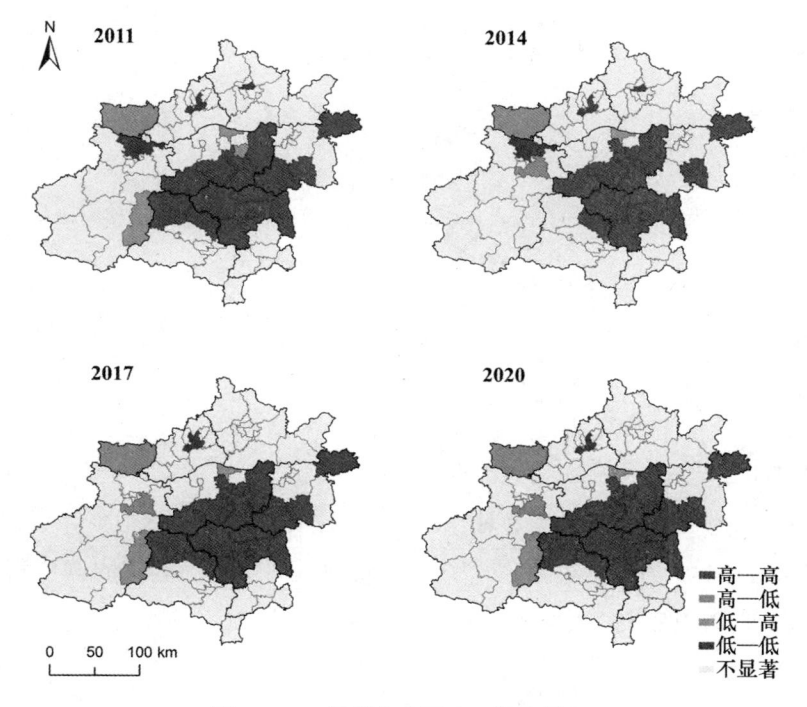

图 7-11 郑州都市圈人口集聚情况

集聚区,随着时间的变化,这两种集聚模式存在轻微变动,主要是高—低集聚模式中洛阳洛龙区的进入和退出,以及低—高集聚模式中郑州管城回族区和洛阳汝阳县的进入和退出。

4. 人口重心向东北方向转移且人口发展呈现"东—西"指向

标准差椭圆(Standard deviational ellipse,SDE)是分析地理要素的集中趋势、离散度和方向趋势的分析方法,该方法输出的参数包括标准差椭圆、平均中心、长轴、短轴、方位角、面积和周长等,分别测度了地理要素空间分布的主体区的空间变动、平均中心的空间移动、地理要素空间上的扩展或收缩、地理要素在空间方向上的变化等。其公式为:

$$SEC_x = \sqrt{\frac{\sum_{i=1}^{n}(x_i - \bar{X})^2}{n}} \quad SED_y = \sqrt{\frac{\sum_{i=1}^{n}(x_i - \bar{Y})^2}{n}}$$

$$tan\theta = \frac{A + B}{C}$$

$$A = (\sum_{i=1}^{n}\bar{x}_i^2 - \sum_{i=1}^{n}\bar{y}_i^2)$$

$$B = \sqrt{(\sum_{i=1}^{n}\bar{x}_i^2 - \sum_{i=1}^{n}\bar{y}_i^2)^2 + 4(\sum_{i=1}^{n}\bar{x}_i\bar{y}_i)^2}$$

$$C = 2\sum_{i=1}^{n}\bar{x}_i - \bar{y}_i$$

$$\sigma_x = \sqrt{2}\sqrt{\frac{\sum_{i=1}^{n}(\bar{x}_i\cos\theta - \bar{y}_i\sin\theta)^2}{n}} \quad \sigma_y = \sqrt{2}\sqrt{\frac{\sum_{i=1}^{n}(\bar{x}_i\sin\theta - \bar{y}_i\cos\theta)^2}{n}}$$

SED_x 为长轴,SED_y 为短轴,X_i 和 Y_i 是要素 i 的坐标,$(-X, -Y)$ 为椭圆圆心,n 为区县总数,θ 为旋转角,A、B 和 C 为椭圆的方位角,σ_x 和 σ_y 分别为 X 轴与 Y 轴的标准差。

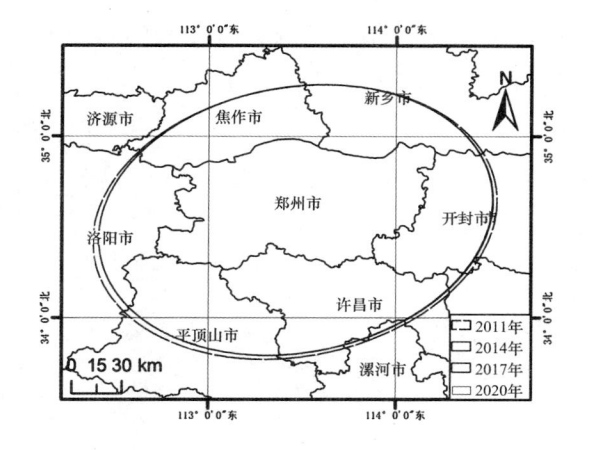

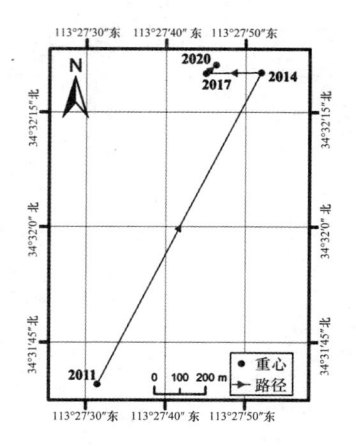

专题七 郑州都市圈人口变动的特征、影响与对策分析

图 7-12 郑州都市圈人口空间指向及人口重心转移图

表 7-6 郑州都市圈标准差椭圆参数

年份	X (°)	Y (°)	短轴 (km)	长轴 (km)	方位角 (°)	面积 (km²)	周长 (km)	距离 (m)	转移方向
2011	113.458	34.528	81.469	101.842	64.066	26064	577.66	—	—
2014	113.464	34.539	80.549	99.318	63.988	25131	566.60	1365	东北
2017	113.462	34.539	80.371	99.244	63.503	25057	565.83	177	西
2020	113.462	34.539	80.366	99.265	63.558	25061	565.88	47	东北

郑州都市圈人口发展呈现空间离散化集聚的特点，人口的重心位置位于郑州市新密市内，10 年的发展中，长轴和短轴分别缩短 2.577km 和 1.103km，面积减少了 1000km²，重心位置发生轻微迁移，重心移动轨迹为"东北—西—东北"的移动态势，其中 2011 年至 2014 年向东北方向迁移 1365m，2014 年至 2017 年向正西方向迁移 177m，2017 年至 2020 年向东北方向迁移 47m，方位角偏差在 1°之内，变化微小，表明了在东北方向上存在人口的空间集聚。

5. 人口的空间联系网络全面增强

重力模型是从"关系"视角描述人口的经典数学模型，可探索空间上

· 249 ·

各个区县之间的网络关系，通过重力模型可以计算出各区县之间的人口联系强度，分析空间网络分布情况。其公式如下：

$$F_{ij} = aQ_iQ_j/d_{ij}^2$$

其中，F为两个区县之间的引力，Q为两个区县的人口规模，d为区县之间的距离，a为常数项。

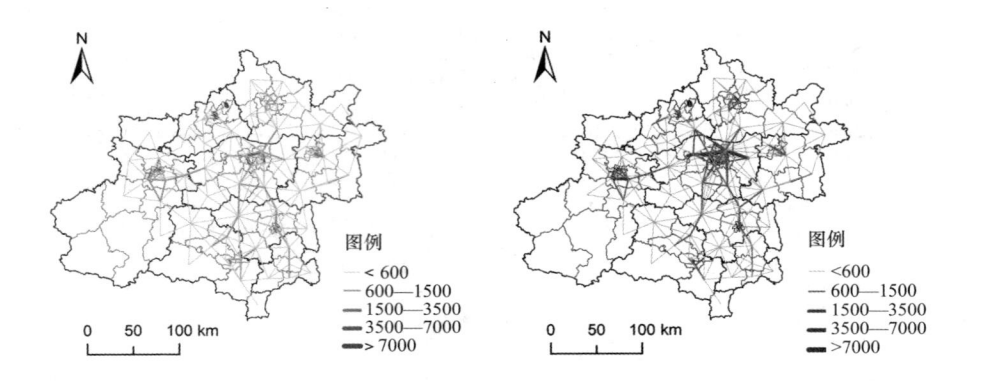

图7-13 郑州都市圈人口空间联系（左六普、右七普）

将六普、七普的各县区空间人口联系量值与空间联系网络结构图进行对比，可以看出人口空间联系存在着以各地级市为中心的网络分布特征。对联系强度系数进行等级划分，绘制 <600、600—1500、1500—3500、3500—7000、>7000 的网络联系图，统计显示10年内郑州都市圈人口空间网络快速扩展，除<600的无紧密联系的区县外，其他联系强度下的数量分别增加了25.6%、57.1%、50%、50%，网络规模不断扩大，联系强度不断加深，网络化程度不断提高，通达性不断优化，中心地市网络地位不断提升，中心节点的关联城市数量增加，网络生长呈邻近连接，变化最大的是郑州市，区域内部人口联系最为紧密，联系网络发育最为完善，表现为"强者愈强"的空间关联特点。

总的来看，郑州都市圈人口变化的特征是：

第一，从总体数量变化上来看，郑州都市圈人口的规模总量是在不断扩大。十年间,郑州都市圈常驻人口增长近250万人,人口在全省的比重增加了近3%,占比将达到45%,其中郑州市的人口增长最为迅猛。

第二,从各地市数量变化上来看,郑州市都市圈各区县人口的变化有较大差异。在郑州都市圈各个地级市的人口规模的增减上,各地市中的人口有增长也有流失,郑州市、开封市、洛阳市、新乡市、济源市的人口为正增长,焦作市、漯河市、平顶山市、许昌市的人口为负增长。其人口增减的原因可归为城市吸引力的强弱、地市的区位优势的高低、交通通达性的程度、城市环境与基础设施的完善程度、城市产业发展的好坏等。

第三,从人口的变化模式上看,各区县的人口整体表现为人口增长模式,存在个别区县的人口为降低模式。持续增长型和波动增长型的人口发展模式占比最大,是郑州都市圈人口变化的主要特征,存在一些区县的人口发展模式呈现波动降低型和持续降低型,这也是城市人口发展过程中的一种必然存在。

第四,从人口的性别以及年龄组成的变化上来看,郑州都市圈人口的性别比例已经有所改善,男女失调得到有效缓解,但整体上仍然为男多女少。老龄人口的占比不断加大,人口老龄化正不断加深,学龄人口占比也在增加。其中郑州市的老龄化程度较低,郑州都市圈的其他地级市的老龄化程度持续加重,极有可能是受到郑州市的影响,青年群体向郑州市迁移,致使周边地市的年轻人基数减少,导致人口老龄化不断加重。

第五,从人口的受教育程度的变化上来看,郑州都市圈人口的综合素质有显著的提升,平均受教育年限有所增加,人口受教育的质量不断提高,城市文盲率不断降低。

第六,从人口属性的空间变化上来看,郑州都市圈人口发展的空间结构为"中心—外围"结构,主要表现为以中心城区为核心,周边区县为外围的集聚特点,且这种结构正不断加强,其原因主要是在十年间,郑州都市圈内各个区县的行政区划面积基本保持不变,从核心到边缘地带的人口数量的增减表现为从正增长到负增长的布局,加速了这种结构的形成,随着社会经济的不断发展,郑州都市圈的"招才引智"政策的实施,这种集聚效应有明显的提高，尤其是在2017年前后有了质的飞跃，常年间郑州都市圈的人口集聚呈现为以郑州核心区为首的单核集聚，与此同时，郑州都市圈内各个区县之间人口联系不断加强，城市网络愈发复杂，整体的人口发展呈现为"东—西"指向，人口重心略微有所偏移，表现为向东北方向转移。

三 中西部地区都市圈人口发展对比分析

通过对比国内相同类型的都市圈人口发展情况，发现郑州都市圈在人口发展上的现实差距和存在问题，进一步明确郑州都市圈人口可持续发展的路径，为郑州都市圈人口健康发展提供参考。这里对中西部地区，以郑州、武汉、成都、重庆、长沙、西安、合肥为中心城市的都市圈进行分析比较，因其在城市发展中均处于都市圈快速成长的扩张阶段，具有一定的可对比性，各都市圈概况如下：

表7-7　　　　　　　　2020年中西部代表性都市圈基本情况

都市圈名称	面积（万平方公里）	范围	生产总值（万亿元）	常住人口（万人）
郑州都市圈	5.88	郑州、开封、洛阳、平顶山、新乡、焦作、许昌、漯河、济源	3.28	4670
武汉都市圈	3.22	武汉、鄂州、黄冈、黄石	2.31	2295
长株潭都市圈	2.81	长沙、株洲、湘潭	1.79	1484
西安都市圈	2.06	西安、咸阳、铜川、渭南、杨凌	2.4	1866
合肥都市圈	5.7	合肥、淮南、六安、滁州、芜湖、马鞍山、蚌埠、桐城	2.4	3032
重庆都市圈	3.5	重庆主城区、涪陵、长寿、合川、铜梁、潼南、璧山、大足、荣昌、永川、江津、綦江、南川	3.5	2352
成都都市圈	3.39	成都、德阳、资阳、眉山	2.11	2407

资料来源：根据各都市圈规划资料整理。

（一）郑州市人口增长率位居前列，人口规模持续提升

对中西部各都市圈中心城市的人口进行比较发现：郑州人口规模在 10 年内的增长率排名第一（26.42%），其他中心城市依次为成都市（17.59%）、合肥市（15.56%）、西安市（14.72%）、武汉市（12.96%）、长沙市（8.55%）、重庆市（-8.14%）；除重庆市外，其他中心城市人口规模均呈现正向增长，郑州市人口规模增长数量排名第二，增长了 188.58 万人，比第一名成都市少增长了 47.7 万人，其他中心城市依次为武汉市（12.96 万）、西安市（14.72 万）、合肥市（15.56 万）、长沙市（8.55 万）、重庆市（-8.14 万）；第七次人口普查数据显示，郑州市人口规模排名在 7 个中心城市中位列第五，相比第六次人口普查提高一个位次，位居第四，其人口规模与武汉市最为接近。人口规模排名前三的城市位次稳定不变，依次为重庆市、成都市、武汉市。因此，在人口体量以及吸引程度上，郑州市具有明显的竞争力，而且这种竞争水平仍在逐步提升。

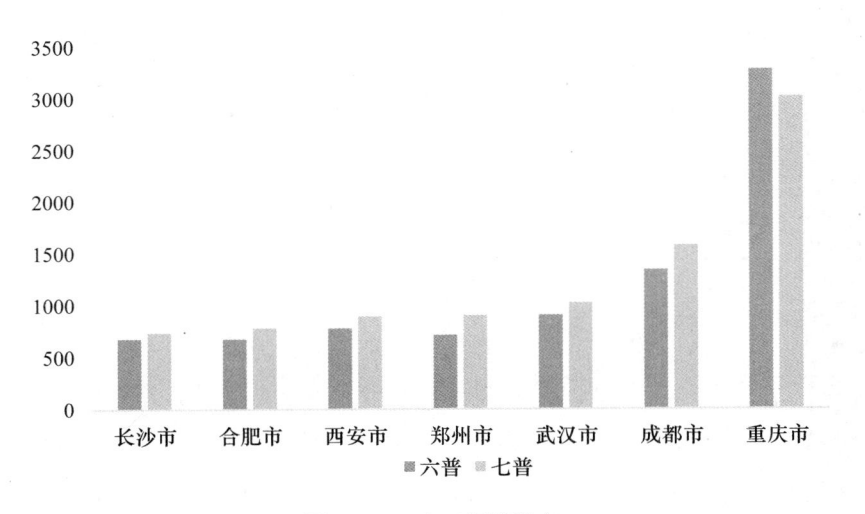

图 7-14　人口规模排名

（二）郑州都市圈人口集聚水平较高，但增速缓慢

基于前面章节运用的全局空间自相关分析方法，对各个都市圈区县层面的人口规模进行集聚效应计算，进行对比研究。对比显示：西安都市圈人口聚集效应最强，均为第一且远超其他都市圈，莫兰指数增加了0.15；其余都市圈在人口的集聚效应上略有差异，排名由第五突增至第二的合肥都市圈人口的集聚效应明显得到提升，莫兰指数增加了0.22，赶超其他都市圈；长珠潭都市圈的人口集聚效应不高，但已由开始不存在聚集效应转变至存在人口集聚，且追赶至与成渝都市圈水平相当；郑州都市圈人口的集聚效应位居第三，莫兰指数增长了0.05，虽集聚效应位居前列，但是增长速度缓慢，缺乏集聚动力。

表7-8　　　　　　　　　全局自相关统计

都市圈名称	六普 Moran's I	排名	七普 Moran's I	排名
合肥都市圈	0.12	5	0.34	2
武汉都市圈	0.21	3	0.18	6
西安都市圈	0.38	1	0.53	1
长珠潭都市圈	-0.02	6	0.21	5
成渝都市圈	0.12	4	0.22	4
郑州都市圈	0.22	2	0.27	3

注：0.05水平上显著。

（三）郑州市人口受教育程度排名靠前，各中心城市文盲率下降

对比分析各都市圈中心城市人口的受教育情况发现：各个都市圈的人口素质水平有显著提高，每10万人中拥有大学文化程度的人数普遍提升，各中心城市的文盲人口有不同程度的下降，文盲率显著降低，人口受教育年限增加的趋势明显。具体来看，第六次人口普查中，武汉市每10万人中拥有大学文化程度的人数最多，郑州排名第二，成都市最少；合肥市的人

口文盲最多文盲率最高，长沙市的文盲人数最少，文盲率最低；各中心城市人口的平均受教育年限10.46年。第七次人口普查中，武汉市每10万人中拥有大学文化程度的人数仍然最多，其次为西安市，郑州市排名第三；成都市的文盲人数最多，合肥市的文盲人数排名次之，合肥市的人口文盲率仍然最高，长沙市人口文盲率仍然最低；各中心城市人口的平均受教育年限为11.46年。

表7-9　　　　　各都市圈中心城市人口受教育统计

中心城市	普查时期	每10万人中拥有大学文化程度	拥有高中文化程度	初中文化程度	小学文化程度	文盲	文盲率	15岁及以上人口的平均受教育年限
武汉	六普	25191	21782	32977	13254	224328	2.29	11.12
	七普	33867	19690	25342	13649	156734	1.27	11.96
长沙	六普	19138	17647	34249	22162	55274	0.79	10.48
	七普	27453	19602	26995	18005	47608	0.47	11.52
西安	六普	22005	20662	35669	14636	103572	1.6	10.95
	七普	30999	18563	28727	13535	102740	0.79	11.85
合肥	六普	16036	14980	31790	15912	467786	6.27	9.58
	七普	26390	14934	26931	19791	348215	3.72	10.8
成都	六普	15710	16139	35295	25283	402824	2.66	9.79
	七普	25582	16186	28324	21802	356711	1.7	10.85
郑州	六普	23646	16409	32462	15143	399150	4.25	10.87
	七普	28992	18436	27520	15592	222540	2.24	11.76

（四）郑州市老龄化程度最轻，学龄人口占比相对较大

对比分析各都市圈中心城市人口的年龄结构发现："六普"中，重庆市的学龄儿童占比相较其他中心城市最多，郑州市排名第二，两个中心城市中0—14岁的学龄人口数量占比在15%以上，其他中心城市均在15%以下；武汉市15—59岁的劳动人口占比为78.62%，排名第一，远超其他中心城市,重庆市的 15—59 岁劳动人口占比为 65.58%,排名最后,其他中心城市的劳动人口占比差别不大;重庆市 60 岁以上的老龄人口占比为 17.42%,老龄化最为严重,郑州市 60 岁以上的老龄人口占比为 10.64%,老龄化最轻。第七次人口普查中,郑州市的学龄儿童占比位居第一,占比 19.05%,远超其他中心城市;武汉市 15—59 岁的劳动人口占比为 69.72%,排名仍为第一,其他中心城市差别不大,但相比"六普"数据,所有中心城市 15—59 岁人口占比明显下降,武汉市下降 8.9%,下降幅度最大;重庆市 60 岁以上的老龄人口占比为 17.08%,老龄化仍然最为严重,郑州市 60 岁以上的老龄人口占比为 12.84%,老龄化仍然最轻,但相较第六次人口普查,所有中心城市 60 岁以上人口的占比均有所提升,武汉市 60 岁以上人口占比增加 6.49%,增加幅度最大。

表 7-10　　　　各都市圈中心城市人口年龄结构统计

城市	第六次人口普查				第七次人口普查			
	0—14	15—59	60 及以上	其中 65 及以上	0—14	15—59	60 及以上	其中 65 及以上
武汉	10.65	78.62	10.74	6.31	13.05	69.72	17.23	11.81
重庆	17	65.58	17.42	15	15.91	62.22	21.87	17.08
长沙	13.57	72.78	13.65	9.03	16.64	68.03	15.33	11.11
西安	12.89	74.57	12.54	8.46	15.65	68.33	16.02	10.9
合肥	14.63	71.66	13.7	9.19	16.52	68.22	15.26	11.99
成都	11.5	73.6	14.9	10.02	13.28	68.74	17.98	13.62
郑州	16	73.33	10.67	7.16	19.05	68.11	12.84	8.98

(五)郑州市男女失调加重,其他中心城市男女比例有所下降

对比分析各都市圈中心城市的人口的性别组成结构发现:第六次人口普查中,男女比最高的为合肥市,男女比为 107.76,郑州市排名第三,男女比为 105.17;第七次人口普查中,武汉市的男女比最高,为 108.07,郑州市排名第三,男女比为 105.44;对比两个阶段可以发现武汉市男女比增

加最大，提升了4.32，郑州市男女比例稍有增加，增加了0.27，这两座中心城市的性别构成存在不同程度的失调；其他中心城市的男女比例明显下降，成都市下降最为明显，下降了1.97，合肥市下降了1.74，其他中心城市下降幅度不超过1，这些中心城市性别结构有所改善。

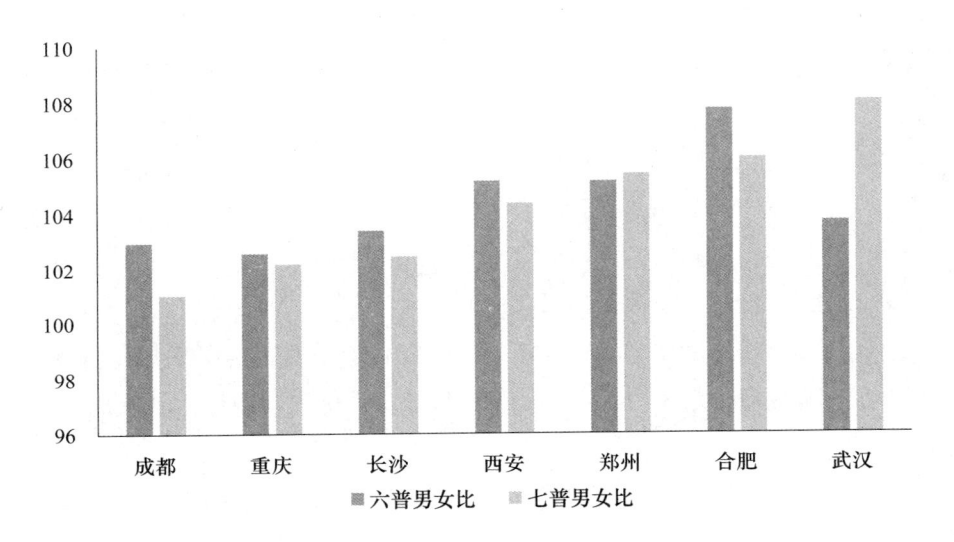

图7-15　各都市圈中心城市人口性别比

通过对位于中西部地区的郑州都市圈、武汉都市圈、长珠潭都市圈、西安都市圈、合肥都市圈、成渝都市圈进行对比分析，可以得出：

第一，从人口规模基数的变化上来看，十年里各个都市圈的人口规模都在增长。郑州都市圈的人口增长率在中西部地区众多都市圈当中排名第一，这表明在中部地区，郑州都市圈在对人口吸引上具有明显的优势，人口增加了近189万，人口规模增长幅度较大，排名第二位，这种人口发展模式在众多都市圈中存在较强的竞争力。

第二，从都市圈的人口集聚程度上来看，各都市圈的人口集聚程度有所变动。西安都市圈的人口集聚程度最高，在空间上的集聚态势比其他都市圈要强很多，郑州都市圈的人口集聚态势有所增强，但相比较其他都市圈的集聚程度排名有所降低，十年间，合肥都市圈、长珠潭都市圈的人口集聚有显著的提高。

第三,从都市圈中心城市的人口综合素质的变化上来看,不论是人口的受教育年限还是受教育程度,均有明显的提高,文盲率大幅度降低。武汉市、西安市、郑州市的大学生数量排名靠前,这与地市内高等院校的数量有一定的关系,但也存在一定的问题,河南省的知名高等院校较少,另外两个中心城市的知名高校较多,对培养综合素质更高的学生有些许影响。

第四,从都市圈中心城市的老龄化程度的变化上来看,老龄化已经成为各个中心城市的大趋势,各中心城市出现不同程度的老龄化问题。相对其他中心城市,郑州市的人口老龄化程度较低,重庆市的人口老龄化最为严重,武汉市老龄人口占比的增幅最大。

第五,从都市圈中心城市性别结构的变化上来看,武汉市与郑州市的男女比例失调较为严重,但整体上各中心城市性别结构均有所改善。

四 郑州都市圈人口变动的影响分析

(一) 县域人口流失加剧,发展动力不足

郑州都市圈各县域人口的净流出加快了县域常住人口由正增长向负增长的转变,一些小城市人口规模显著缩小,县域单元成为人口流失的主要区域,这一现象体现在城镇化的整个进程中,早期阶段人口从农村转向城镇,县城和大城市人口整体都在增长,随着城镇化不断推进,分化开始显现。从县城的角度看,不少县城仍在聚集人口,但有些县城人口开始向省会城市、其他大城市或是周边一些县城流动,人口流失的县城数量开始增加,其中有的县城人口流失较多,有的流失相对较少。导致人口流失的原因分外部引力和内部因素两部分,更好的城市发展环境对人口的吸引力更大,更广阔的工作发展空间以及不同地域之间的收入差距导致人口流向更发达的地区。在这些外部城市吸引之外,城市自身出现的问题加快了人口流失程度,一方面以消耗自然资源而发展起来的城市,随着资源的不断开

采利用，不可再生资源逐渐减少，城市开始面临资源枯竭、环境恶化等问题，地区人口承载力不断下降，人口流失加快。另一方面，位于传统的农业主产区、工业基地以及生态功能区的县城发展较为滞后，一些产业面临淘汰，与之相匹配的工作岗位减少，城市发展动力不足也会导致人口流失。

（二）住房成本继续上升，房地产市场进一步分化

人才吸引政策带动了高素质的年轻群体流入郑州，农民工、技术性人才不断回流，未来郑州市人口的增加以及经济活力不断上升的同时将会面临住房成本上升的压力。一方面，大量高素质年轻人口向省会城市聚集和安家落户，对郑州房地产需求较大，房价易升难降，下行概率不大。另一方面，在建设强省会举措下，郑州作为发展较快的二线重点城市，城市吸引力的不断上升将给楼市产销带来新一轮繁荣。正如西安、南京、杭州等城市放松落户限制一样，其城市内的常住人口快速增长，带动房价数月上涨。对于郑州周边地区的小县城而言，流动人口更多的向一线和二线城市、省会城市聚集，三四线城市的房地产受到冲击，年轻人口持续流出，老龄化人口储蓄动机强、消费结构单一，对当地房地产市场拉动有限，预计小县城房地产市场供给过剩将更加突出。在对房地产融资的"三道红线"监管下，县域城市的房地产开发企业或面临流动性恶化、融资压力和债务风险，加剧国内房地产市场分化。

（三）人口老龄化加重，公共服务需求升级

人口老龄化现象是人类社会发展到一定阶段的产物，是当前社会发展中的一大问题，给社会发展带来了诸多影响。从劳动力资源供给、就业上看，老龄人口占比增长，人口抚养比发生改变，被抚养人口的增加，"未富先老"的残酷现实，给年轻人带来极大的负担，劳动力年龄结构改变下的人口老龄化加剧了用工难、用工贵等问题，劳动力供给量的骤减给社会经济的高质量发展带来困难，对劳动生产率的提升也带来了负面影响。从

社会保障、日常生活上看，随着人口老龄化的不断加深，县域尤其是县域乡村地区的养老和医疗卫生的基础设施建设不完善，乡镇、县域的养老服务能力十分有限，对如今的康养、医治、社保等构成挑战，县域如何保障基本养老公共服务和基础设施有效统筹，同时满足不同养老需求成为重大社会问题。从生产及生活方式变革上看，地区年长的劳动力的文化素质水平较低，劳动技能欠缺，对新观念、新知识的吸纳能力有限，运用新技术、新机器较为困难，难以适应以科技成果创新与应用、发展高效生产为目标的产业生产需求，进而对地方产业调整带来不利影响，同时也难以完成由劳动密集型为主体向以知识技术密集型为主体的方向转化，在一定程度上制约产业结构高级化进程，对企业的生产方式变革提出挑战。

（四）农村劳动力流失，社会问题凸显

大量的农村人口流入城镇，对农村发展也会带来不利影响。从农村地区的家庭发展和社会稳定来看，农村地区有着众多诸如贫困、留守老人、留守儿童、残疾人等家庭，这些家庭存在着许多现实问题。家庭成员结构的不完善造成的家庭功能弱化，使家庭对外的抗风险能力降低，农村中陈旧的重男轻女思想、老年人的医疗护理等问题是影响地区家庭、社会和谐发展的重要原因。从留守儿童的成长方面来看，农村地区的大多数留守儿童都是由祖父母照顾的，由于祖父母年龄较大，受教育程度较低，无法在生活和学习上提供强有力的帮助和指导，这不利于农村留守儿童的健康成长。从农村生产力来看，农业生产的后劲不足，农村劳动力投入效率降低，对新技术、新产品的推广呈抵触心态，农业生产技术的更新以及农产品和产业结构的调整难度较大，使得农村经济的发展成本逐渐上升。与此同时，农村人口的流失加剧了农业劳动力的老龄化和女性化，削弱了农业的生产，导致耕地的荒废，村民甚至占用可耕地，退耕还林、增加建房用地，对粮食安全带来隐患。

五 对策建议

作为中部地区重要的经济增长极，郑州都市圈人口的健康、可持续发展关乎区域经济协调发展。因此，对郑州都市圈人口发展的战略选择显得尤为重要，要以促进人口可持续发展为目标，用长远的战略性眼光，加强政府主导、政策扶持，实施十大战略统筹人口的全面发展。

（一）推动现代产业集聚，创造更多就业机会

产业发展决定一个城市创造财富的能力，就业机会的多少是都市圈容纳人口多少的一个关键指标。郑州都市圈较为滞后的产业发展和有限的就业机会是影响区域人口流出的主要原因，这就要求不断推进现代产业发展，形成产业集群。

1. 在制造业前沿方向、战略性新兴产业上做文章

新一轮科技革命和产业变革正处于实现重大突破的历史关口，新技术、新业态、新模式、新产业层出不穷，单纯的产品竞争、技术竞争已逐渐演变为区域创新链及创新生态的整体竞争，创新已经成为决定国际和区域竞争力的核心因素，郑州都市圈需抓住时机，聚焦高端装备、新材料等优势产业及新能源汽车、生物医药、新型显示、智能制造、节能环保、电子信息和智能终端等具有一定优势的新兴产业，支持龙头企业整合创新资源，实现强强联合，形成若干有影响力的创新型地标企业。

2. 加大政府对中小企业政策和资金方面的支持力度

设立以政府为主导的创新基金，强化科技金融结合，加大资金支持力度，以高强度资金投入支撑高水平创新发展，帮助中小企业完成产业升级，以改造传统产业为路径，力争在都市圈发展竞争中掌握先机，把扩大劳动密集型就业作为主攻方向，充分发挥中小企业在劳动力就业上的吸纳作用。

3. 积极承接先进地区制造业的产业转移

以郑洛新国家自主创新示范区、沿黄科创走廊、开发区、大学科技园

等产业园区建设作为承接产业转移的载体，并设立分支机构和研发中心、制造业创新中心，培育具有郑州都市圈区域特色的新兴产业集群，推动现代产业集聚发展，提高郑州都市圈人口与产业的空间匹配，促进人口与制造业相互强化，缩小区域间的经济差距。

（二）留住人才，充分挖掘"人才红利"

1. 适当提升工资收入水平

工资水平的差距会影响人口能否长期驻留。从全国的工资水平来看，河南省的行业平均工资水平很低，社会经济发展较好的东部沿海城市的工资水平远高于省内，适当地提高薪水，对人才流失的问题有缓解作用，可以促进跨省流出人口回流，并吸引其他地区人才流入。

2. 发挥政府在劳动者"安居乐业"中的推动作用

迁入郑州都市圈的人口中，有着大量农村人口向城市人口的转变，除了一些拥有娴熟技术的劳动力外，还有许多返豫的教师、工程师、医生、IT 等领域的青年优质毕业生，这些人素质较高，用专业知识和精深的技术回馈城市，促进所在领域行业的发展。政府需继续推进人才引进政策的实施，可采取"放宽落户条件＋高额物质奖励＋住房保障"的组合拳政策，不断吸引高素质人才回流定居家乡。

3. 加强人才培养

要想促进未来经济的持续发展，不能单单依靠资源、劳动力、资金等，必须要从人才发展入手，不断加大高等教育的投入力度，为劳动生产效率的提升做基础支撑。要合理推动人才质量的提升，将人口红利向人才红利转变作为全面提升郑州都市圈"软实力"的一个关键环节，及时更新教学设备，坚持人才发展战略，大力引进出色的教育人才，提高教学质量，切实注重人才培养，以此来弥补人口红利的消失，为经济发展提供稳定的动力支持。

(三) 积极应对人口老龄化，推动老龄事业高质量发展

1. 根据人口老龄化程度分类实施区域人口发展战略

针对诸如郑州市这样人口老龄化相对较低的城市，持续提升经济发展质量水平，加大对产业和人口的集聚能力，促进经济由劳动力密集向技术密集型转变，为老龄化社会做好积累，对都市圈内人口老龄化较高的城市，提高经济发展水平，提升应对人口老龄化的能力。

2. 强化多元供给，完善幸福颐养的养老服务体系

加快建设"以家庭养老为基础，以社区养老为依托，以机构养老为补充"的多层次多样化养老服务体系，通过购买服务，引入专业护理培训机构为家庭提供护理技能培训，同时要发挥社会救助、社会福利、慈善事业、商业保险等的有益补充作用，探索开展兜底性长期照护服务保障工程，健全高龄人口长期照护服务体系。

3. 筑牢民生保障

逐步提高社会保障水平，完善老年人津补贴制度，统筹高龄津贴、护理补贴、服务补贴等政策，完善养老保险制度，建立健全老年人能力综合评估制度，提高老年人津补贴精准度和有效性，根据实际逐步提高特困老龄人的基础养老金水平，加强贫困、残疾、精神病老年人供养、医疗等政策融合衔接，发挥好政策叠加作用，做好兜底保障。

4. 立足老龄产业，发展银色经济

围绕老年人的消费需求、失能老年人的刚性照护需求等扩大养老服务产品和服务供给，利用智能化技术，在商业模式上进行创新，拓展大众养老消费市场，开发特色养老消费，提供个性化、分众化的养老产品和服务，培育新的养老消费增长点。

(四) 促进流动人口市民化，提高公共服务均等化水平

1. 持续深化户籍制度改革

适度降低城市尤其是小城镇户籍准入门槛，对符合落户条件的农村转

移人口解决户口迁移问题，相应给予市民待遇，对尚未具备条件或没有户口迁入意愿的农村转移人口，实行居住证制度，将居住证与基本公共服务待遇挂钩，实行以证服务管理，使之享受"准市民"待遇，逐步实现市民化，提高对新市民和流动人口的公共服务供给。

2. 着力推进转移人口子女教育均等化

以流入地全日制公办中小学为主，提供免费九年义务教育和普惠性学前教育，并开通接受义务教育在当地参加升学考试的路径，将家庭经济困难的农村转移人口子女纳入扶困助学范畴。

3. 完善社会保障

扩大职工基本养老保险、基本医疗保险、工伤、失业和生育保险覆盖面，完善基本养老保险关系转移接续办法，推进城乡和跨地区养老保障制度有效衔接，完善基本医疗保险关系转移接续办法和医疗费用结算办法，实现省内异地就医即时结算，逐步实现跨省异地就医结算。

4. 坚持"房住不炒"

落实增加保障性租赁住房的政策，缓解新市民、青年人等群体住房困难。落实城市政府主体责任，鼓励市场力量参与，加强金融支持，增加供给租金低于市场水平的小户型保障性租赁住房，推动租赁住房市场规范发展。

（五）搞好人力资源开发，强化人才保障和智力支持

1. 培养适于地方社会经济发展的技术人才

除郑州市外，郑州都市圈其他地市缺少能够投入到生产一线的技术人员。需要大力发展职业教育，加大职业教育的投入，不断强化技术人才的继续教育工作，持续推进企业技术创新，提高企业竞争力水平，针对劳动力市场需求，有针对性地开展职业技能培训，为郑州都市圈工业经济发展提供动力支持。

2. 优化人力资源配置

提高人力资源对郑州都市圈的经济贡献份额，不断推进人才管理体制

改革和创新，建立和完善人才的市场配置机制、激励机制，建立和完善有利于人才公平竞争、发挥作用、充满活力的管理方法和制度措施。积极开展留学人员的"智力回乡"活动，启动"人才兼职市场"，最大限度地配置人才，使其发挥更大的作用。建立有利于发挥人才作用的干部任免制度，有效配置现有人才资源，形成人才资源得以充分开发利用的良好局面。

3. 重视农村人力资源的开发和利用

开发农村人力资源是发展农村经济、建设社会主义新农村的重要途径。制定科学的农村人力资源开发战略规划，切实提高对农村人力资源开发重要性的认识。要根据农村的实际情况，发展农村职业教育，培养有文化、懂技术、会经营的新型农民。要启动和完善农村远程教育体系，利用现代远程教育网络，使新的科学技术和信息在短时间内传递到农村千家万户，加速农业知识更新，促进农业科技成果转化为现实生产力。要制定优惠政策，鼓励大中专优秀毕业生到农村就业和创业。要加强与农业科研院校的联系和对接，开发一批新的农民技术培训基地。

（执笔人：李登辉）

专题八

推动郑州都市圈更高水平对外开放研究

摘　要：当前，全球对外开放形势复杂，全球经济发展下行，国际市场需求疲软，全球产业链供应链加速调整，但全球开放合作、互利共赢仍是长期发展趋势，郑州都市圈对外开放发展机遇与挑战并存。近年来，郑州都市圈开放型经济发展取得了良好成效，但仍存在对外开放水平相对较低、产业支撑能力不足、本土外向型龙头企业较少等问题。本研究深入分析郑州都市圈开放型经济发展的优势条件，通过与国内其他都市圈的比较分析，找出存在的短板和不足，在此基础上提出推动郑州都市圈更高水平开放的对策建议。

关键词：对外开放；丝绸之路；开放平台

习近平总书记在党的二十大报告中提到：推进高水平对外开放，稳步扩大规则、规制、管理、标准等制度型开放，加快建设贸易强国，推动共建"一带一路"高质量发展，维护多元稳定的国际经济格局和经贸关系。郑州都市圈区位优势、产业优势显著，是河南省投资、出口和交通物流最发达的区域，是对外开放发展的增长极，推动都市圈更高水平开放发展，对促进我省经济高质量发展意义重大。

一　国际国内开放型经济发展的趋势特征

目前，国际环境错综复杂，国际市场需求疲软，全球产业链供应链加速调整，传统安全问题凸显，全球对外开放形势复杂，整体上看，全球开放合作、互利共赢仍是长期发展趋势，郑州都市圈对外开放发展面临的机遇与挑战并存。

（一）国际开放型经济发展趋势特征

1. 全球对外贸易逐步复苏

根据经济合作发展组织（OECD）数据，2015年以来，世界主要贸易大国进出口额呈上升趋势发展，欧盟27国、美国、日本、韩国、英国2015—2018年进出口贸易增速显著高于2018—2021年，而中国2018—2021年进出口贸易增速显著高于2015—2018年，说明中国在新冠疫情影响下，进出口贸易逆势增长，对外贸易发展水平高；其他国家进出口贸易受新冠疫情影响，2018—2021年贸易规模增长较缓慢。2015、2018和2021年欧盟27国进出口额均为最高，2021年与2015年相比增长37.44%。中国进出口增长最快，2021年与2015年相比增长52.41%，尤其在新冠疫情期间增速显著，2021年与2018年相比增长29.86%；2015年中国进出口总额比美国多2131.7亿美元，到2021年中国比美国多1456.75亿美元。

2. 国际区域合作高标准发展

当前，全球国际经贸规则不断创新和发展，呈现出领域广泛、标准较高、流程完善等特点。2018年3月，澳大利亚、文莱、加拿大、智利、日本、马来西亚、墨西哥、新西兰、秘鲁、新加坡和越南等11国签署《全面与进步跨太平洋伙伴关系协定》（CPTPP）。2020年11月，习近平主席在APEC领导人非正式会议上首次宣布中方将积极考虑加入《全面与进步跨太平洋伙伴关系协定》。2021年9月，商务部向CPTPP保存方新西兰提交了中国正式申请加入CPTPP的书面信函。2019年2月，欧盟和日本签署的《欧盟—日本经济伙伴关系协定》（EPA）正式生效。2020年1月，美国、墨西哥、加拿大签署了《美墨加协定》（USMCA）。2022年1月1日，《区域全面经济伙伴关系协定》（RCEP）正式生效，是当前世界上人口最多、经贸规模最大、最具发展潜力的自由贸易区。自"一带一路"倡议提出以来，我国已与149个国家、

32个国际组织签署200多份合作文件，国际市场不断拓展，"一带一路"合作共建国家互利共赢发展，贸易投资自由化便利化水平持续提升。

3. 数字经济迅猛发展

根据联合国贸易和发展会议《数字经济报告（2021）》数据，2022年的全球互联网协议流量将超过截至2016年的互联网流量之和。根据《世界互联网发展报告2022》，全球互联网发展排名第一、二的分别为美国和中国，2021年中国数字经济规模达到45.5万亿元，占GDP比重达到39.8%；美国数字经济规模15.3万亿美元。新冠疫情影响下，催生出新的消费场景和市场，流媒体成为数字贸易新载体，跨境电商爆发式发展，数字贸易成为促进国际贸易复苏的主要推动力，2020年全球数字服务出口占服务出口总额的比重达63.6%。2021年我国数字服务贸易额3605.2亿美元，占服务贸易的比重达43.9%，其中电信、计算机和信息服务贸易额在数字贸易中占比33.2%。

4. 全球供应链发展形势严峻

近年来，疫情冲击叠加地缘政治影响，对全球产业链供应链造成巨大冲击。西方发达国家民粹主义盛行、贸易保护主义抬头，逆全球化趋势更加明显，持续推动供应链"本土化""多元化"，多边贸易格局受到冲击。美国大力鼓吹在供应链产业链上与中国"脱钩"，实施"供应链韧性战略"，推动成立"印太经济框架""芯片四方联盟"，通过"在岸生产"支持国内产业、"友岸外包"培育中国替代者，借此增加中国经济发展的成本，加剧产业链从中国向外跃迁。美欧等加快出台制造业回迁计划，加速产业链供应链本土布局，跨国公司调整产业链供应链，全球双链面临新一轮重构，区域化、近岸化、本土化、短链化趋势凸显。制造业"缺芯"、物流受限、运价高企，全球产业链供应链面临压力。

（二）国内开放型经济发展情况

1. 我国对外贸易发展平稳增长

2021年，我国进出口总值39.1万亿元，同比增长21.4%，其中出口

21.73万亿元，同比增长21.2%，占进出口总值55.58%；进口17.37万亿元，同比增长21.5%，占进出口总值44.42%。我国一般贸易进出口24.08万亿元，占进出口总值的61.59%，同比增长24.7%，其中一般贸易出口13.24万亿元，同比增长24.4%。在进出口国别方面，2021年，我国与东盟进出口贸易额5.67万亿元，同比增长19.7%，占全国进出口总值的14.51%，是我国第一大贸易伙伴。2021年我国与"一带一路"沿线国家进出口11.6万亿元，同比增长23.6%。

2. 利用外资整体上呈上升趋势

2012—2021年我国实际利用外资保持较高增速。从来源看，2021年，我国利用外资主要来自中国香港，为1317.56亿美元，占全部实际利用外资总额的75.95%，是其他所有国家和地区总和的5.73倍；其次为新加坡、韩国和日本，实际利用其外资金额为103.32、40.45、39.13亿美元，分别占全部实际利用外资总额的5.96%、2.33%、2.56%。从投资行业看，2021年实际使用外资最多的是制造业，为337.31亿美元，占实际利用外资总额的19.44%，其次分别为租赁和商务服务业（330.86亿美元）、房地产业（236.08亿美元）、科学研究和技术服务业（227.55亿美元）以及信息传输、软件和信息技术服务业（201亿美元），分别占实际利用外资总额的19.07%、13.61%、13.12%和11.59%。

3. 自贸区、自贸港等国家大战略创新发展

近年来，我国自贸试验区改革开放水平不断提高，贸易投资便利化不断改革创新。2021年8月国务院正式印发《关于推进自由贸易试验区贸易投资便利化改革创新的若干措施》，在提升贸易便利度、投资便利度、国际物流便利度、金融服务实体经济便利度和探索司法对贸易投资便利的保障功能等方面提出了具体的改革措施，推动我国自贸试验区更高水平改革开放。2021年7月，商务部正式发布《海南自由贸易港跨境服务贸易特别管理措施（负面清单）（2021年版）》，是国家在跨境服务贸易领域公布的第一张负面清单，在世界贸易组织（WTO）关于服务业的160个分部门里，海南自由贸易港在120多个分部门的开放程度超过中国加入WTO时的承诺水平。

4. 积极融入RCEP推动我国制度型开放

2022年1月1日，中国、日本、韩国、澳大利亚、新西兰以及印度尼西亚、马来西亚、菲律宾、泰国、新加坡、文莱、柬埔寨、老挝、缅甸、越南等东盟十国签署的《区域全面经济伙伴关系协定》（RCEP）正式生效。RCEP的签署是东亚经济一体化建设的重大成果，将为我国在新时期构建开放型经济新体制，加快形成以国内大循环为主体、国内国际双循环相互促进的新发展格局提供巨大动能。RCEP签署后，我国对外签署的自贸协定达到19个，自贸伙伴达到26个。特别是通过RCEP，我国与日本建立了自贸关系，这是我国首次与世界前十的经济体签署自贸协定，是我国实施自由贸易区战略取得的重大突破，使我国与自贸伙伴贸易覆盖率增加至35%左右，有效提升了我国自贸区网络的"含金量"。

二 郑州都市圈开放型经济发展基础

郑州都市圈对外开放型经济发展基础较好，开放经济规模较大、开放通道基本形成、交通运输体系不断建设、开放平台不断完善、国际合作空间不断拓展以及开放制度环境不断优化。

（一）对外贸易在全省占据主导地位

郑州都市圈对外贸易在河南省对外贸易发展中占较大比重，2021年都市圈进出口总值7242.2亿元，占河南省总值的88.2%。分城市来看，郑州市对外贸易规模大、增速快，2021年进出口总值为5892.1亿元，在郑州都市圈占比81.36%，在河南省占比71.8%。郑州、济源、许昌、洛阳、焦作、新乡、开封、漯河、平顶山，2021年进出口总值在郑州都市圈所占比重分别为：81.36%、5.33%、3.5%、3.2%、2.3%、1.6%、1.3%、0.8%、0.6%。可以看出，郑州都市圈对外贸易发展以郑州为主，郑州市以绝对规模引领郑州都市圈的对外贸易发展，其他城市对外贸易发展相对较差，对外贸易发展空间格局不平衡，出现显著断层。

表 8-1　　　　　　　郑州都市圈各城市进出口总值　　　　　　（单位：亿元）

2021 年进出口		2021 年进出口	
河南省	8208.1	新乡	112.9
郑州	5892.1	焦作	169.5
开封	93.3	许昌	254.6
洛阳	232.4	漯河	59.2
平顶山	41.9	济源	386.3

数据来源：河南省商务厅、郑州海关。

（二）对外开放度呈现"北高南低"的时空特征

郑州都市圈开放度较高的是济源、郑州、焦作和开封，分布在都市圈北部，都市圈中开放度水平最高的是济源和郑州，开封、焦作等城市对外开放度水平高于河南省平均水平，表明郑州、济源、焦作和开封的对外贸易拉动经济增长的效应更显著。通过对外开放度计算公式可以发现，该指标测算结果是相对的而非绝对，对外开放度高，表明该地区对外贸易和利用外资对经济发展的拉动作用更大，相反则较小。

表 8-2　　　　　　　郑州都市圈相关城市对外开放度

	2017	2018	2019	2020
河南省	15.99%	15.67%	14.47%	15.46%
郑州都市圈	18.78%	18.15%	16.23%	17.87%
郑州市	27.73%	25.83%	22.89%	25.67%
开封市	16.42%	16.88%	15.05%	15.31%
洛阳市	10.47%	10.29%	9.86%	10.33%
平顶山市	14.80%	14.49%	13.39%	13.31%
新乡市	15.03%	14.93%	13.46%	13.70%
焦作市	16.87%	17.28%	15.03%	19.81%
许昌市	11.28%	10.97%	9.64%	9.87%
漯河市	12.59%	12.87%	10.46%	10.13%
济源市	28.68%	27.43%	27.00%	33.09%

数据来源：《河南统计年鉴》、《中国城市统计年鉴》等。

(三) 利用外资持续增长

2017—2020年，都市圈实际利用外资整体上呈增长趋势，实际利用外资占河南省的56.56%。在2017—2020年，郑州都市圈各地市实际利用外资排名较为稳定。郑州市实际利用外资远高于其他8地市，在都市圈中吸引外资能力最高，以2020年为例，郑州市实际利用外资分别是排名第二（洛阳）、三（新乡）、四名（焦作）的1.4、1.68、1.73倍，是济源市的5.25倍。

表8-3　　　　　　　郑州都市圈实际利用外资情况　　　　（单位：亿元）

	2017	2018	2019	2020
河南省	9106.8	9647.1	9993.8	10327.3
郑州市	1071.5	1134.7	1175.9	1214.9
开封市	582.6	618.3	638.1	659.3
洛阳市	765.6	811.6	838.4	866
平顶山市	550.3	579.3	599.1	619.2
新乡市	639.4	674.6	700.4	724
焦作市	620.9	657.5	679.9	702.4
许昌市	478.1	508.7	528.5	546.2
漯河市	240.7	255.7	265.1	274.2
济源市	204.8	217.6	224.1	231.4

数据来源：河南统计年鉴。

(四) 开放通道基本形成

空中、陆上、网上、海上"四路协同"联通世界。以郑州—卢森堡为核心的"空中丝绸之路"连接活跃的东亚经济圈和发达的欧洲经济圈，拓展至美洲、非洲及大洋洲，郑州—卢森堡"空中丝绸之路"综合带动作用日益显现，郑州机场已形成覆盖全球主要经济体的国际货运航线网络，在全球货运前20位机场中开通17个航点、前50位机场中开通28个航点，连通"一带一路"沿线国家 17 个。郑州机场客货运能力不断提升,具备年客运 4000 万人次、货运 120 万吨的运输能力。在"陆上丝绸之路"方面,中欧班列自 2013 年开行以来,由最初的单一线路和口岸已形成以郑州为枢纽中心的"1+3"国际物流大通道,实现"8 个口岸出入境、20 条线路直达"的线路网络,一干三支国际多式联运示范工程正式通过国家验收,开行频次达到去程 16 班回程 18 班,打造出"数字班列"、"恒温班列"和"运贸一体化"等河南优势特色名片。在"网上丝绸之路"方面,跨境电商综试区综合指标稳居全国第一方阵,业务覆盖 196 个国家和地区,累计业务总量、纳税总额均居全国前列。"海上丝绸之路"方面,构建海—公—铁国际联运大通道,开通郑州至青岛港、天津港、宁波舟山港、连云港港等港口的海铁联运班列。

(五) 开放平台不断完善

郑州航空港实验区引领作用持续增强。自 2013 年获批以来,航空港实验区从无到有,基础设施、公共服务、产业体系初步形成,2020 年地区生产总值突破 1000 亿元,达到 1041.2 亿元,七年年均增长 18.4%;外贸进出口总额突破 4000 亿,达到 4447 亿元,总量占全省的 60% 以上。河南自贸区制度创新成效明显。累计形成改革创新成果 416 项,截至 2020 年底累计新入驻企业 9 万多家,注册资本 1.06 万亿元,入驻世界 500 强企业 99 家、国内 500 强企业 109 家。跨境电商综试区快速发展。中国(郑州)跨境电商综合试验区全国首创"网购保税 1210 服务模式"和 B2B2C 监管服务方式,实现全球首家跨境零售 O2O 现场提货,在引领制定跨境电商规则体系、推动联动创新发展等领域形成"郑州共识"。继郑州之后,许昌、焦作成为全国跨境电商综试区。口岸体系日趋完善。建成国际邮件经转、整车、粮食、药品、肉类等 9 个功能性口岸,是功能性口岸数量最多、种类最全的内陆省份;拥有郑州新郑、郑州经开、洛阳、开封等综保区。2022 年 3 月,郑州成为继北京、上海、广州之后第四个建设全国重要国际邮政枢纽口岸的城市。

表8－4　　河南省保税物流中心、综合保税区、功能性口岸情况

保税物流中心（B型）	综合保税区	功能性口岸
1. 焦作孟州保税物流中心 2. 商丘虞城保税物流中心 3. 商丘民权保税物流中心 4. 许昌保税物流中心	1. 郑州新郑综合保税区（5.073平方公里） 2. 郑州经开综保区（3.204平方公里） 3. 洛阳综合保税区（1.37平方公里） 4. 南阳卧龙综合保税区（1.05平方公里） 5. 开封综合保税区（1.78平方公里）	1. 进境粮食指定口岸 2. 肉类口岸 3. 汽车整车进口口岸 4. 进境水果口岸 5. 澳洲活牛口岸 6. 食用水生动物口岸 7. 冰鲜水产品口岸 8. 国际邮件经转口岸 9. 药品进口口岸

数据来源：根据相关资料整理

（六）国内外合作空间不断拓展

主动融入重大国家战略，持续深化区域经济合作，在科技创新、产业发展、文化旅游、生态保护、基础设施、教育卫生等领域合作成果显著。举办郑州—卢森堡"空中丝绸之路"国际合作论坛，促进郑州—卢森堡航空物流双枢纽建设不断开拓，推动投资贸易、物流服务、航空产业等领域高层次合作。连续举办六届全球跨境电商大会，推动跨境电商规则制定创新，形成了郑州模式，推动跨境电商交流合作平台不断完善。中国（河南）国际投资贸易洽谈会、开放创新暨跨国技术转移大会、中国农产品加工业投资贸易洽谈会、河南招才引智创新发展大会、"一带一路"（洛阳）国际农业合作博览会等国际活动的影响力不断提升。数字科技赋能推动文化交流高水平发展，"科技＋文化"促进优秀文化资源、文娱模式数字化开发，以《唐宫夜宴》《洛神水赋》《龙门金刚》等为代表的典型节目，使得河南文旅频频火爆出圈，在海内外网络平台广泛传播。

（七）开放制度环境显著优化

发布《河南省优化营商环境条例》，建立营商环境评价机制，评价结果与评优考核绩效挂钩，评价考核机制不断完善。"放管服效"改革不断深化，办事流程持续简化，"证照分离"、"照后减证"等办法推行实施，有效提升

工作效率。国际贸易"单一窗口"服务能级不断提升，进出口环节监管证件统一纳入"单一窗口"受理，实现监管证件电子签发、自助打印，促进口岸整体通关时间大幅缩减。监管机制不断完善，海关特殊监管区域综合服务平台、"技贸通"等特色模块，海外仓综合服务、跨境电商零售进口药品、口岸绩效评估监测等系统促进服务管理能级有效提升。"外贸+金融""通关+物流"等服务模式不断创新，与银行、保险、邮政、民航、铁路等合作不断深化，推动了不同部门、不同运输方式之间标准融合、信息联通。与国际接轨的知识产权运用和保护机制建立健全，国家知识产权运营公共服务平台交易运营（郑州）试点平台功能不断提升拓展。

三 郑州都市圈与中西部都市圈对外开放的比较分析

选取中西部地区武汉都市圈、成都都市圈、西安都市圈、长株潭都市圈、重庆都市圈、西安都市圈等，根据开放型经济主要指标，进行比较研究，并分析郑州都市圈在对外开放过程中存在的短板和不足。

（一）主要指标的比较分析

1. 进出口贸易

都市圈中各城市在当地省份发展较好，大多以省会城市及周边发展较好城市为主，在经济总量、进出口贸易等方面占比较大。比如，四川省进出口贸易发展较好，2020和2021年进出口总值分别为8081.9、9513.6亿元，全国排名稳定在第八名，与其他省份2021年进出口总值的同比增长速度20%以上相比，四川省进出口总值的同比增长速度较慢。河南省进出口总值2020、2021年全国排名均为第十名，2021年进出口总值8208.7亿元，同比增长22.9%。重庆市2020、2021年进出口总值、同比增长速度与河南省相近，差距较小。湖北省、陕西省2020年进出口总值增速分别为8.8%、7.3%，而2021年为24.8%、25.9%，增速显著。

表 8-5　　　　　　　　　　　相关省份进出口情况

省份	2021 年 进出口总值（亿元）	同比增长	全国排名	2020 年 进出口总值（亿元）	同比增长	全国排名
四川	9513.6	17.6%	8	8081.9	19%	8
河南	8208.7	22.9%	10	6654.8	14.5%	10
重庆	8000.6	23.0%	11	6513.4	12.5%	12
安徽	6920.2	26.9%	13	5406.4	14.1%	13
湖南	5988.5	22.6%	14	4874.5	12.3%	14
湖北	5374.4	24.8%	17	4294.1	8.8%	17
陕西	4757.8	25.9%	19	3772.4	7.3%	18

数据来源：各省市商务厅、海关。

2. 利用外资水平

与其他省份相比，河南省利用外资总额最少，2020、2021 年分别为 1119、1052 亿美元，全国排名分别为第 22、23 名，分别是全国利用外资总额的 0.82%、0.59%。江苏省利用外资最多，2020、2021 年全国排名第三、第四，分别占全国比重的 10.04%、7.97%，分别是河南省利用外资总额的 12.24、13.6 倍。2020、2021 年陕西省利用外资全国排名均为第 17 名，分别是河南省的 1.64、1.86 倍，远超河南省，另外陕西省地区生产总值 2021 年全国排名第 14，而河南省第 5，表明河南省吸引外资能力与之相比较低。

表 8-6　　　　　　　　　　　部分省份利用外资总额

省份	2020 年 利用外资总额（亿美元）	全国排名	2021 年 利用外资总额（亿美元）	全国排名
全国	136439	—	179574	—
江苏省	13697	3	14309	4
安徽省	3227	9	3248	12

续表

省份	2020 年 利用外资总额（亿美元）	2020 年 全国排名	2021 年 利用外资总额（亿美元）	2021 年 全国排名
四川省	2963	12	2386	13
湖北省	2371	14	2327	16
湖南省	2149	16	2357	14
陕西省	1833	17	1955	17
重庆市	1239	21	1335	22
河南省	1119	22	1052	23

数据来源：《中国统计年鉴》。

3. 机场营运能力

在旅客吞吐量方面，成都双流机场排名第一，年旅客吞吐量为4074.15万人次，其次为西安咸阳机场3107.39万人次，郑州新郑机场旅客吞吐量为2140.67万人次，成都双流机场旅客吞吐量是郑州新郑机场的1.9倍。在货邮吞吐量方面，郑州新郑机场排名第一，货运能力优势明显，年货邮吞吐量63.94万吨，同比增长22.5%，规模大、增长速度快，在疫情期间仍实现高速增长。成都双流机场货邮吞吐量61.85万吨，同比增长 -7.9%，其次为西安咸阳机场、长沙黄花机场等。在起降架次方面，成都双流机场起降架次最多，其次为西安咸阳机场、洛阳北郊机场、郑州新郑机场、长沙黄花机场等。

表 8-7　　**部分都市圈机场 2020 年客货运和起降架次情况**

都市圈	机场	旅客吞吐量（人次）本期完成	同比%	货邮吞吐量（吨）本期完成	同比%	起降架次 本期完成	同比%
成都都市圈	成都/双流	40741509	-27.1	618527.72	-7.9	311797	-15
西安都市圈	西安/咸阳	31073884	-34.2	376310.858	-1.5	255652	-26.1
郑州都市圈	郑州/新郑	21406709	-26.5	639413.394	22.5	178682	-17.4
郑州都市圈	洛阳/北郊	959448	-37.6	702.83	-39	180286	-8.3

续表

都市圈	机场	旅客吞吐量（人次）		货邮吞吐量（吨）		起降架次	
		本期完成	同比%	本期完成	同比%	本期完成	同比%
长株潭都市圈	长沙/黄花	19223825	-28.6	192017.968	9.3	156321	-20.3
	岳阳/三荷	564189	1.4	51.149	12.9	6294	11.6
重庆都市圈	重庆/巫山	43064	222.3	18.922	1098.4	888	382.6
	重庆/仙女山	200	0	0	0	2	0

数据来源：中国民用航空局。

4. 中欧班列比较

由于目前各省份对中欧班列统一命名统计，都市圈各城市开行数据不可获得，故分析各省份中欧班列开行情况，相关省份中欧班列开行情况如表9所示。在中欧班列开行方面，成都、重庆开行数量最多，2021年超4800班次，全国排名第一，陕西省2020、2021年分别开行3720、3841班次，分别排全国第一、第二。河南中欧班列（中豫号）开行班次与其他省份相比最少，2020、2021年分别开行1126、1508班次，成都重庆、陕西2021年开行班次分别是河南的3.18、2.55倍，中欧班列发展竞争激烈。

表8-8　　　　　　相关省份中欧班列开行情况

省份	开行时间	2021年中欧班列开行情况		2020年中欧班列开行情况	
		开行数量	全国排名	开行数量	全国排名
河南	2013.7	1508		1126	7
陕西	2013.11	3841	2	3720	1
重庆	2011.1	超4800	1	2603	2
成都	2013.4			2600	3
山东	2018.10	超1800		1606	4
江苏	2015.02	1800		1273	6
浙江	2014.11	1904		1399	5

注：从2020年12月起，成渝两地获批合并中欧班列；数据来源：各省份商务厅。

5. 产业结构比较

河南省第二、三产业增加值在全国分别排名第五和第七，分别占国民生产总值的 41.32%、49.14%，第二产业比重超过国家平均水平（39.29%），第三产业比重低于全国平均水平（53.41%）。江苏省第二产业增加值全国排名第一（51775.4 亿元），占总产值比重的 44.49%，远高于全国平均水平，第三产业增加值全国排名第二（59866.4 亿元），第三产业占总产值比重 51.45%，低于全国平均水平。安徽省、重庆市、陕西省第二产业的比重均在 40% 以上，高于全国水平，其中重庆市第三产业占比 53.01%，第三产业发展较好，而陕西省第三产业占其生产总值的 45.6%，远低于全国水平。四川省、湖北省第二产业占比在 37% 左右，第三产业占比在 52% 左右，产业结构发展较好。

表 8-9　　　　　　　　2021 年部分省份工业和第三产业情况

地区	第二产业增加值（亿元）	第二产业占比（%）	第三产业增加值（亿元）	第三产业占比（%）
全国	447021.3	39.29	607636	53.41
安徽省	17613.2	41.00	21985.4	51.18
河南省	24331.6	41.32	28934.9	49.14
湖北省	18952.9	37.90	26398.4	52.78
湖南省	18126.1	39.35	23614.1	51.26
重庆市	11184.9	40.10	14787.1	53.01
四川省	19901.4	36.96	28287.6	52.53
陕西省	13802.5	46.32	13589.1	45.60

数据来源：《中国统计年鉴》。

（二）存在的问题

1. 产业支撑能力不足

郑州都市圈产业体系门类齐全，但总体外向度不高。一是传统产业占比仍然较高。冶金、化工、建材、轻纺、能源等五大传统产业占规模以上工业增加值比重较高，高耗能工业发展规模在工业行业中占比较大，传统产业发展的负外部性较高，创造的税收远低于全国平均水平。二是主导产业创新能力不强。郑州都市圈以及我省创新主体不足不强的问题比较突出，我省规模以上工业企业有研发活动的仅占24.7%，有专利申请的仅占14.9%，2020年全国制造业企业500强中我省仅18家入围，远低于浙江的89家、山东的77家；全国193家单项冠军示范企业中我省仅有11家，低于山东的40家、浙江的31家。三是新兴产业体量相对较小。战略性新兴产业规模较小，远低于浙江、江苏、安徽等省发展规模，且在重点领域缺乏类似武汉长江存储、合肥京东方的产业链龙头企业，发展后劲仍需强化。四是外向型产业结构不平衡。临空、临港型制造业的基础相对薄弱，临空产业结构单一，都市圈外向型产业发展过度依靠富士康等少数几家外商投资企业，富士康等智能终端产业增长动力减弱，航空制造、维修改装、航空金融、新型显示等关联产业规模较小，外向型产业层次总体处在产业链中低端和全球分工的价值创造低地。

2. 国际化程度不高

中原文化在国外影响力还较低，郑州城市名片和"国际范"不鲜明，金融、营商环境国际化水平还有很大提升空间。国际化配套设施不足。软件配套方面，目前郑州仅支持外国人过境24小时免签，而成都、重庆均已实现144小时免签；硬件配套方面，郑州都市圈内国际社区、国际医院等设施还不多，没有建设外籍人员子女学校等设施，领事馆区仍处在规划阶段，需要进一步完善配套，提升城市国际化水平。国际化营商环境要素支撑不足。国际化营商环境还需要进一步优化。以郑州为例，科尔尼管理咨询发布《后疫情时代中国城市营商环境指数评价报告（2020）》显示，郑州营商环境位列全国第27名，落后武汉（6）、成都（9）、长沙（12）、合肥（14）、西安（15）、重庆（16）、太原（26）等中西部城市。在符合国际惯例的地方性法规建设方面还有所欠缺，行政服务质量和效率有待提高，企业自由度、市场开放度和经济对外依存度相对发达地区还存在差距。

3. 交通枢纽发展质量和运输服务水平有待提升

都市圈枢纽交通发展质量仍待提高。郑州机场国际地区通航城市数量不高，机场国际化水平偏低，在航班时刻、航班运力、航线开辟等资源倾斜上尤其在国际旅客占比和国际客运航线上仍有较大差距。郑州机场缺乏本土主基地客运航空公司、大型物流集成商，导致客源货源支撑不足，航空枢纽优势面临弱化风险。港口基础设施不完善，内河航道多为四级及以下低等级航道，三级及以上航道尚未实现零突破，能够通江达海的水运通道仅沙颍河、淮河两条。中欧班列开行压力不断增大，班次排名呈现逐年下滑态势。物流企业仍以"小散弱"为主，A级以上物流企业不足全国的3%，专业化多式联运枢纽站场依然匮乏。另外，都市圈内尚未设置统一的综合运输组织和管理机构，运输资源整合难度较大，跨区域、跨行业、跨部门的大交通管理机制亟待建立。

四 推动郑州都市圈更高水平对外开放的对策建议

（一）以"四条丝路"高效协同为牵引，优化都市圈开放布局

1. 提升开放通道优势

习近平总书记在庆祝中卢建交50周年与卢森堡大公亨利互致贺电时指出，郑州—卢森堡"空中丝绸之路"搭建了中欧互联互通的空中桥梁。以卢森堡为点，拓展开放至欧洲各国，加强与欧洲国家航线网络通达，增强"空中丝绸之路"辐射力。加快"陆上丝绸之路"扩量提质，加快境外枢纽和节点网络建设，建设海外分拨集疏中心，拓宽"陆上丝绸之路"业务网络。推动"网上丝绸之路"创新发展，加强海外仓布局建设，提升贸易平台综合协调、监管服务能力，建立健全服务体系。加强与东部沿海地区、跨境电商领先地区对接合作，推动跨境电商高质量发展。积极对接"海上丝绸之路"，提升互联互通能力，积极建设东向、南向铁海联运通道，优化铁海联运监管，推动周口港、平顶山港等内河港配套产业和设施建设。

2. 强化开放平台载体效能

推动自贸试验区改革创新，促进我省贸易自由化便利化水平，推动"政务、监管、金融、法律和多式联运"五大服务体系高水平建设，建设对外信息服务平台，提升综合协调能力。支持郑州加快建设全球枢纽经济区，提升郑州国家中心城市国际竞争力、高端产业集聚力、高层次人才汇聚力，集聚航空物流、多式联运和跨境结算等全球要素资源，打造全球产业链供应链中心城市，推动由区域"中转型"交通枢纽向全球"门户型"枢纽经济区转变。依托综合保税区、开发区、跨境电商综试区等平台载体，高质量建设国别合作园区、出口加工区等合作园区，提升平台综合服务水平。

3. 加强区域经济合作交流

探索"产业链+价值链+物流链"发展新模式，促进新兴产业与高技术产品的经济贸易，推动服务贸易创新发展，探索推进内外贸融合发展。完善健全公平竞争制度，创新招商引资机制，鼓励社会资本参与重点领域项目建设，以高质量供给创造新的市场需求。探索建设郑州都市圈重点技术和生产能力储备基地，提升保供保建能力。提升郑州都市圈强大内需市场优势，促进商旅文体等跨领域融合发展，推动电商平台与实体制造企业耦合发展，培育智能消费、时尚消费等新兴消费市场，推动郑州都市圈国际消费市场不断完善。

（二）提升产业支撑能力，推动"走出去"和"引进来"相结合

1. 优化出口商品结构

目前在我省出口产品中，以手机、铝材、农产品、服装鞋帽和人发制品为主，多为劳动密集型产品，自主品牌产品、高附加值产品较少。通过优化产业结构，制定出台相关促进政策，发挥"万人助万企"作用，推动外贸企业快速成长，提升外贸规模和国际市场占有率，引育规模大、能力强、辐射带动效果显著的进出口贸易企业，提升技术、品牌、质量、服务等核心竞争力，延长产业链、提高价值链、推进创新链高质量发展。以制造业高质量发展为主攻防线，推动传统产业高质量发展，壮大培育新兴产

业，积极谋划布局未来产业，加快建设现代化产业体系。提升我省产业发展基础，提高招商引资力度，吸引跨国企业、龙头企业、世界500强企业来我省投资建设，推动国内国际产业融合发展。依托RCEP，聚焦关税减让幅度较大的机电、汽车、光学设备、液晶显示、医疗设备等高附加值产品，加快我省高端智能装备、新能源汽车、生物医药及高端医疗设备等新兴产业发展，支持骨干企业加强新技术研发，形成一批拥有自主知识产权和自主品牌的高技术含量、高附加值出口产品，推动出口商品结构由单一产品向"产品+服务+标准"转变。

2. 高水平发展服务贸易

巩固发展我省国际劳务、境外承包工程、跨境旅游等传统优势服务贸易，加快发展服务外包、离岸金融、航空物流、国际供应链等新兴服务贸易。实施省级服务外包城市试点建设工程，研究出台促进服务外包产业发展的若干政策，建立服务外包发展专项引导资金，支持劳动力资源丰富的省辖市高标准建设服务外包园区，打造一批国际有影响力的服务外包品牌城市。紧盯欧美、日韩等国家以及我国港澳台地区发包市场，强化国际服务外包接包能力，积极发展离岸外包业务；充分挖掘长三角、粤港澳大湾区等地制造业服务外包需求，以承接产业转移为纽带，加强企业间战略合作、项目对接，大力发展在岸外包。

3. 不断开拓国际市场

围绕加快建设现代产业体系，加强与世界各国合作，加大引进重大项目、科技成果、国际人才力度，在省级开发区布局建设一批国际产业合作园区，集聚一批国际知名品牌和优势企业，打造一批优势特色显著的产业集群。支持郑州航空港实验区加快培育壮大电子信息、生物医药、飞机维修等具有国际竞争力的临空产业集群。推动郑州建设一批国际化社区，争取设立一批领事馆或经贸代表处，举办一批具有国际影响力的大型展会，打造国际高端人才宜居宜业的发展环境。注重产业与贸易联动发展，引进外向型项目，实施外贸主体培育行动，打造特色出口产业集群，推动我省更多企业"走出去"。加大稳外贸政策落实和创新力度，稳住产业链供应链。发挥 RCEP 企业服务中心作用，用好自贸协定。实施一般贸易提升、加工贸易提质、新业态扩容行动，扩大跨境电商综试区、市场采购贸易试点、国家加工贸易产业园、76 个外贸转型升级基地和各类海关特殊监管区域进出口规模，用好郑州航空港经济综合实验区进口贸易促进创新示范区，在重点市场布局一批海外仓。推动豫企"出海"，拓展海外营销网络，促进对外承包工程投建营一体化，带动技术、设备出口。推动郑州、洛阳国家级服务外包示范城市提质发展。鼓励宇通等省内龙头企业走出去开展投资、贸易合作，培育一批"河南制造""河南贸易"跨国企业。鼓励企业抱团出海，形成设计、施工、装备制造等产业链企业抱团出海的局面。鼓励企业积极利用海外创新资源，建设一批离岸实验室、成果孵化基地。推动跨境电商和物流企业在境外建设海外仓，打造我省企业"走出去"和外贸供应链稳定的战略支点。

（三）实施自贸区提升战略，深入推动制度型开放

1. 全面对接 RCEP 高水平贸易规则

充分利用 RCEP 协定的新规则、新标准、新制度，结合我省比较优势，积极参与 RCEP 跨境电商、原产地、服务贸易等规则、标准的研究制定。在跨境电商方面，开展与"一带一路"沿线国家和地区合作，进一步完善跨境电商信息系统建设、通关监管、金融、物流、财税、外汇等制度，加强跨境电子商务国际认证和监管等合作，推动建立符合跨境电商发展的国际通用规则。在原产地认证方面，深化各级部门之间原产地管理信息共享、互认，推广应用原产地证书自助打印和智能审核，为外贸企业提供 RCEP 原产国认定、海关关税查询等线上服务和一体化便利服务。在服务贸易方面，积极对以贸易便利、投资便利为重点的服务业开放领域和范围进行"压力测试"，走在中西部前列。

2. 打造自贸区升级版

深入学习借鉴海南自贸港、迪拜自贸港等国内外自由贸易港（区）的先进经验，全面实行准入前国民待遇加负面清单管理制度，进一步简化负面清单内容，更大力度促进国际贸易、投资、金融等领域的便利化，吸引外资外企入驻，促进战略性新兴产业和高端服务业发展，给予进出口企业在投资、雇用、经营、人员出入境等方面更大便利和自由。积极推动河南自贸区升级为自由贸易港。

3. 构建与国际接轨的服务体系

探索建立国际化的政府运作制度，在国际化的政府审批制度、政府采购制度、投资服务和信用监管等领域先行先试，按照国际惯例提升政务服务供给水平，深入开展与"一带一路"沿线国家和地区以及 RCEP 成员国的人文交流与经贸活动，引入 RCEP 成员国经贸代表处、商会、协会等，汇集人流、物流、资金流、信息流、技术流；依托航空港区加快建设海外人才离岸创新创业基地和国际社区，实施人员跨境流动便利化、合作办学、共建国际咨询智库等措施，集聚全球高端人才和资本，打造国际一流的政务环境、法治环境、生活环境。

（四）加强对外交流合作，建立高水平开放环境

1. 加强人文交流

扩大文化交流，健全文化交流平台，打造文化交流品牌，深入开展教育、科学、文化、体育、旅游、考古等各领域人文合作，提升郑州都市圈文化影响力和传播度。深化郑卢"双枢纽"合作机制，在卢森堡旅游签证（郑州）便捷服务平台的基础上，进一步拓宽我省居民赴欧便捷通道，做实中欧区域政策合作平台，共建中欧创新能力合作高层次研发平台。加强国际友城建设，与欧洲、非洲、东南亚、拉美等地区"一带一路"节点城市拓展缔结友好城市，建立国际城市合作平台与合作机制。争取友好国家在我省设立商贸办事处、签证中心或领事馆，吸引国际组织、跨国公司在我省设立代表处或分支机构。推进省内院校和科研机构与境外机构合作办学，开展人才联合培养，鼓励企业在境外设立实习培训基地，支持有条件的高等院校为更多沿线国家培养教师、学者、管理和各类技术人才。加强对外宣传，推动公共外交和民间交流，讲好郑州都市圈更高水平对外开放的故事。

2. 统筹实施重大人才工程

引才蓄能，养才培能、聚才扩能，建立健全人才服务保障机制，立足重点产业发展需求，引进具有国际视野的学科带头人、产业领军人才、知名豫籍人才和高水平团队来豫工作，鼓励高校、研究机构、企业与国内外机构建设高水平实验室和研发中心，吸引顶尖专家来豫科研攻关。完善科研人才双向流动机制，鼓励高校院所科技人员离岗创新创业或到企业兼职。引进国内外知名猎头公司等高端中介组织，拓宽国际化人才寻访途径。鼓励有条件的人力资源服务机构"走出去"与国外人力资源服务机构开展合作，在境外设立分支机构，积极参与国际人才竞争与合作。加快发展高等教育和现代职业教育，加强国际化人才培养和智库建设，在国际商务、金融、物流、智能制造、大数据等领域打造高级管理和技术人才队伍，服务开放门户建设。

3. 健全多元投融资体系

提升重点行业跨境人民币业务和外汇业务便利化，促进跨境贸易、投融资结算自由化、便利化。积极争取国家金融改革政策先行先试，加强与卢森堡、新加坡等国际金融中心战略合作，在金融标准、金融科技、金融基础设施等领域互联互通。探索设立中外合资证券公司、公募基金管理公司、消费金融公司、金融租赁公司等，大力引进财务审计、法律咨询、资产评估、信用评级等外资金融中介机构，提升金融集聚发展水平。积极对接国际龙头企业，争取各类国内外总部机构和大型企业集团将金融结算业务汇聚，在郑州设立亚太结算中心。鼓励外资金融机构设立中部地区总部、功能总部、后台服务与外包机构。建立健全金融合作网络，加强跨境监管合作，促进金融基础设施互联互通。鼓励在自贸试验区探索设立金融科技等新型金融公司，支持条件成熟的银行业金融机构探索多样化的科技金融服务模式。围绕支付清算、登记托管、征信评级、资产交易、数据管理等环节，支持金融科技重大项目落地，提升金融基础设施服务水平。

（执笔人：张亚凡）

参考文献

陈宪：《从城市到都市圈：变化与价值》，《全球城市研究（中英文）》2022年第3期。

邓仲良、张车伟：《国内大循环背景下人口流动与区域协调发展》，《经济纵横》2022年第10期。

段娟：《中国区域经济发展研究》，华中科技大学出版社2019年版。

方创琳、张国友、薛德升：《中国城市群高质量发展与科技协同创新共同体建设》，《地理学报》2021年第12期。

方创琳：《新发展格局下的中国城市群与都市圈建设》，《经济地理》2021年第4期。

冯奎、顾强等：《新发展格局与都市圈战略》，经济管理出版社2021年版。

冯琰玮、张衔春、徐元朔：《粤港澳大湾区区域合作与产业一体化的演化特征及耦合关系研究》，《地理科学进展》2022年第9期。

傅娟、耿德伟、杨道玲：《中国五大都市圈同城化的发展审视及对策研究》，《区域经济评论》2020年第6期。

高国力：《增强城市群都市圈综合承载能力 培育高质量发展增长极和动力源》，《宏观经济管理》2021年第11期。

郭文尧、刘维刚：《现代化都市圈建设的问题、国际借鉴及发展路径》，《经济问题》2021年第8期。

国家发展改革委国土开发与地区经济研究所课题组：《新时期我国区域经济发展格局研究》，中国财政经济出版社2018年版。

河南国际数字贸易研究院：《跨境电商蓝皮书：中国跨境电商发展报告（2022）》，社会科学文献出版社 2022 年版。

黄春元、王冉冉：《人口老龄化、人口流动与地方政府债务》，《中央财经大学学报》2022 年第 6 期。

黄庆华、向静、周密：《国际消费中心城市打造：理论机理与现实逻辑》，《宏观经济研究》2022 年第 9 期。

黄艳、安树伟：《中国都市圈：识别、特征与发展态势》，《中国投资（中英文）》2022 年第 3 期。

焦张义、孙久文：《我国城市同城化发展的模式研究与制度设计》，《现代城市研究》2011 年第 26 期。

林创伟、白洁、何传添：《高标准国际经贸规则解读、形成的挑战与中国应对——基于美式、欧式、亚太模板的比较分析》，《国际经贸探索》2022 年第 38 期。

林柳琳：《新发展格局下广州打造国际消费中心城市的路径与对策》，《城市观察》2022 年第 3 期。

刘庆林、白洁：《日本都市圈理论及对我国的启示》，《山东社会科学》2005 年第 12 期。

刘社建：《"双循环"背景下上海构建国际消费城市路径探析》，《企业经济》2021 年第 1 期。

刘世锦：《都市圈是中国经济增长最重要的结构性潜能》，《中国经济时报》2020 年 5 月 26 日第 1 版。

刘涛、仝德、李贵才：《基于城市功能网络视角的城市联系研究——以珠江三角洲为例》，《地理科学》2015 年第 35 期。

刘涛、张家瑞、曹广忠：《人口流动对区域老龄化进程的影响——一个方法论探讨》，《地理研究》2022 年第 41 期。

刘云中、刘嘉杰：《中国重要都市圈的发展特征研究》，《区域经济评论》2020 年第 4 期。

陆军：《都市圈协同发展的理论逻辑与路径选择》，《人民论坛》2020 年第

27 期。

陆军等：《中国都市圈综合发展能力评价》，北京大学出版社 2021 年版。

马俊平：《国内外都市圈发展研究对西安都市圈建设的启示》，《产业创新研究》2022 年第 18 期。

马学广、窦鹏：《中国城市群同城化发展进程及其比较研究》，《区域经济评论》2018 年第 5 期。

马艳坤：《中国都市圈：理论机理、空间态势与产业协同发展》，经济管理出版社 2020 年版。

马振涛：《关于都市圈发展演变规律的三个基本认识》，《决策咨询》2021 年第 5 期。

齐爽：《加快构建现代化都市圈一体化发展机制的策略重点》，《区域经济评论》2022 年第 3 期。

申现杰、袁朱：《城市群高质量发展的理论逻辑与路径选择》，《开放导报》2021 年第 4 期。

盛毅：《成德眉资同城化：为双城经济圈建设探路》，《先锋》2020 年第 3 期。

孙承平：《我国上海北京深圳广州等都市圈高质量发展研究》，《城市》2021 年第 12 期。

孙先科、蒋丽珠、杨东方等：《国家中心城市建设报告（2021）：双循环格局下我国特大型城市建设》，社会科学文献出版社 2021 年版。

索超、徐海贤：《以枢纽经济发展助力都市圈建设》，《群众》2021 年第 10 期。

覃成林、贾善铭、杨霞、种照辉：《多极网络空间发展格局：引领中国区域经济》，中国社会科学出版社 2016 年版。

唐任伍：《我国城镇化进程的演进轨迹与民生改善》，《改革》2013 年第 6 期。

陶希东：《国际消费中心城市的功能特征与核心要义》，《人民论坛》2022 年第 5 期。

汪光焘、李芬、刘翔、高楠楠、高渝斐：《新发展阶段的城镇化新格局研究——现代化都市圈概念与识别界定标准》，《城市规划学刊》2021 年第 2 期。

汪婧：《国际消费中心城市：内涵和形成机制》，《经济论坛》2019 年第 5 期。

王春萌、谷人旭：《空间分工对区域经济增长的影响研究：以长三角地区为例》，经济科学出版社 2018 年版。

王明国、王春梅：《区域金融中心形成理论与青岛区域金融中心建设的战略选择刍议》，《华东经济管理》2010 年第 24 期。

王鹏飞、吴昀华：《构建大都市圈由"通"向"融"新格局》，《群众》2022 年第 5 期。

王新军、张宪尧：《基于国际经验的我国都市圈产业合作研究》，《商业经济研究》2021 年第 12 期。

王新军：《借鉴国际经验促进我国都市圈产业合作研究》，《北方经济》2022 年第 10 期。

王学信、刘佳、冯诣深：《我国区域金融中心建设的可行路径探讨》，《发展研究》2016 年第 10 期。

王振坡、宋嘉卓、王丽艳、严佳：《新型城乡关系下中国都市圈发展的驱动机制》，《城市发展研究》2022 年第 29 期。

魏颖：《新时代我国国际消费中心城市建设思考》，《产业创新研究》2020 年第 1 期。

席悦：《多式联运枢纽：地区经济发展的新驱动器》，《中国物流与采购》2018 年第 20 期。

向爱兵、黄征学：《枢纽经济：内涵特征、发展逻辑与演化趋势》，《理论与现代化》2022 年第 5 期。

肖金成：《关于新发展阶段都市圈理论与规划的思考》，《人民论坛·学术前沿》2021 年第 4 期。

徐海贤：《同城化的阶段特征、形式与趋势探析》，《规划师》2017 年第

2 期。

许思萌、林贤英、刘烁仪：《双循环格局下区域金融中心发展效率影响机制研究》，《特区经济》2022 年第 4 期。

许竹青、赵成伟、王罗汉、巨文忠：《高效协同联动：都市圈创新发展策略》，《开放导报》2022 年第 6 期。

杨文毅、王磊、张伊娜：《城际消费流的边界效应研究——以长江中游城市群为例》，《财贸经济》2019 年第 40 期。

衣保中、黄鑫昊：《我国同城化发展的现状及其效应分析》，《理论探讨》2012 年第 6 期。

袁建军：《都市圈建设促进共同富裕的内在逻辑、制约因素与实践路径》，《学习论坛》2022 年第 5 期。

张明、魏伟、陈骁：《五大增长极：双循环格局下的城市群与一体化》，中国人民大学出版社 2021 年版。

张启祥：《宁镇扬推进同城化中动力机制研究》，《改革与开放》2013 年第 3 期。

张伟：《都市圈的概念、特征及其规划探讨》，《城市规划》2003 年第 6 期。

张学良、林永然：《都市圈建设：新时代区域协调发展的战略选择》，《改革》2019 年第 2 期。

张学良：《以都市圈建设推动城市群的高质量发展》，《上海城市管理》2018 年第 5 期。

张震、徐明威、张燕：《新发展格局下广州都市圈经济高质量发展成效及对策分析》，《商业经济》2022 年第 12 期。

钟睿：《我国人口老龄化城乡倒置的空间转移和规划应对——基于人口流动的视角》，《城市发展研究》2019 年第 2 期。

周阿利：《丝绸之路经济带建设中西安金融的定位与发展研究》，《西部财会》2015 年第 9 期。